앨리스와 함께 떠나는 논문나라 여행

어서와! 논문은 처음이지

이채현 · 이종섭 · 김영대 · 최정일

Alice의
단계별
고급통계분석

SmartPLS, SPSS, AMOS, R

도서출판 청람

| 머리말 |

본 저서는 저자들이 통계학을 전공했거나, 학위논문이나 수십, 수백 편의 학술논문을 리뷰하고 작성한 경험을 했다고 해서 집필을 시작한 것이 아니다. 저자들은 그보다 초보 연구자나 학업을 병행하는 직장인의 입장에서 그들의 눈높이에 맞추어 단계별로 어떻게 논문을 준비해야 하는지, 논문을 작성하면서 자주 부딪치게 되는 고민을 어떻게 해결해야 하는지, 논문을 구체적으로 어떻게 작성해야 하는지를 알려주는 논문 길라잡이를 만들고자 하였다.

논문과 복잡한 통계의 세계에 온 초보 앨리스(Alice)라면 논문 작성이 어렵고 막막할 것이다. 어디서부터 해야 하는지? 무엇을 연구해야 하는지? 내가 할 수 있을지? 여러 가지 고민이 많을 것이다. 연구조사방법론을 여러 번 수강했어도 정작 논문을 작성할 때에는 앞이 캄캄하고 막막하다. 본 저서의 저자들도 논문을 처음 작성할 때 지도교수님과 선배들의 도움도 많이 받았지만 책이나 인터넷, 유튜브, 블로그, 온라인 강좌 등에서 관련 내용을 습득하고 터득해 갔다. 그러나 대부분의 자료들이 근본적이거나 기초적인 부분은 제대로 설명하고 있지 않아 아무래도 시행착오를 많이 겪었다.

본 저서는 논문을 준비하며 많은 어려움을 겪을 초보 연구자들이 처음 논문을 준비하는 단계부터 헤쳐 나가야 할 고민들과 해결책을 정리하였다. 특히나 석박사과정의 연구자들이 많이 겪는 시행착오와 헷갈리는 부분, 사소하지만 기본적으로 갖춰야 할 사항들, 궁금한데 물어볼 데가 마땅치 않은 사항들을 정리하여 일련의 방법론과 해결책을 제시하고자 하였다. 저자들의 실제 사례나 경험들이 공개되는 것이 부담스러웠지만 초보 앨리스들이 자신 있게 논문을 쓸 수 있게 되고, 저자들의 지식과 경험을 나누어 사회에 긍정적 도움을 줄 수 있다면 그 또한 보람된 일이라 생각한다.

논문 작성의 과정은 주어진 일정계획대로 진행을 하면서도 순간순간 어려움에 봉착하게 된다. 논문 작성은 시작이 반이면서 그 결과는 평생 남게 된다. 논문은 쉽게 완성되지 않고 계속해서 수정의 과정을 거치면서 조금씩 나아지는 모습을 스스로 발견하게 된다. 인생에서 대학원에 진학하여 논문을 작성하는 과정은 자기자신에게 또 다른 기회와 값진 경험을 가져다준다는 것을 경험자들은 모두 공감한다.

부디, 본 저서가 논문 작성을 준비하는 모든 분들에게 유용한 가이드가 되길 바란다.

2023년 3월

저자 일동

| 차례 |

01 설문 Forms을 정복하라

02 램프의 요정 SmartPLS

03 통계나라의 SPSS 마법사

04 통계나라의 AMOS 판타지

05 수수께끼의 R 세계로 떠나다

06 논문통계 보는 눈을 높이자

1

설문 Forms을 정복하라

설문지 제작하기

설문지 제작도구로는 여러 가지를 활용할 수 있다. 앨리스가 자주 썼던 무료 구글 설문지 도구 활용법을 공유한다. 구글 이외에는 '네이버폼, 오픈서베이, 모아폼, 서베이몽키' 등을 이용할 만하다. 참고하여 설문지 구성 시 활용해 보자.

1 Google 사이트에서 **'로그인'**한다.

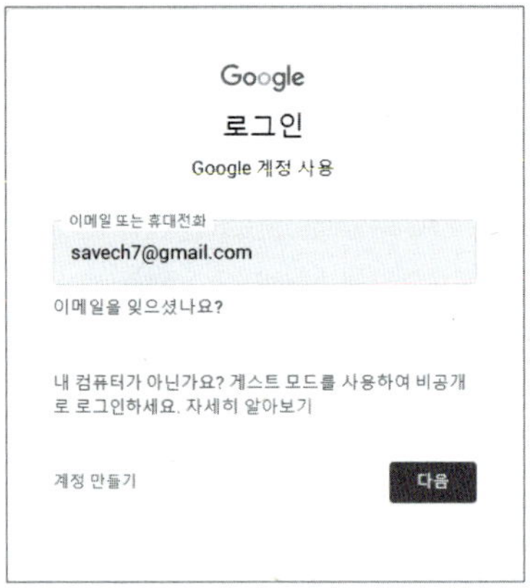

2 오른쪽 상단을 클릭하여 **'드라이브'**를 클릭한다.

3 왼쪽 상단에서 '**새로 만들기**'를 클릭하고 '**Google 설문지**'를 클릭한다.

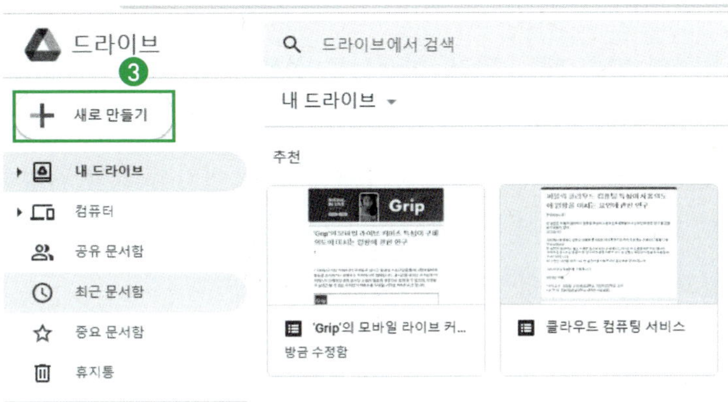

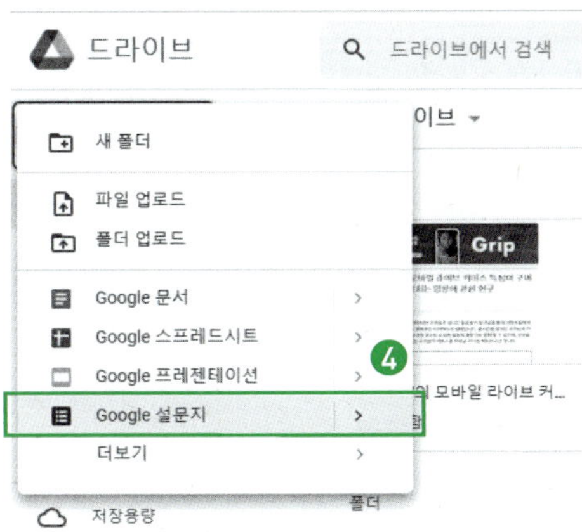

연구제목, 연구 설명 페이지 만들기

설문지 폼을 활용하여 만들 때는 먼저, 한글논문 설문지 양식에서 개념, 연구 의미, 연구자 소개, 이미지, 동영상 등 내용을 만들어 놓은 상태에서 해당 내용의 글을 드래그한 후 붙여넣기를 활용하면 더욱 설문지 제작이 순조롭다. 여기서 글만 작성하여 연구에 관한 설명을 해도 되지만, 설문을 받아본 사람들이 쉽게 본 연구에 대해서 이해할 수 있도록 이미지나 참고할 만한 동영상을 추가해 주면 좋다.

1 논문 제목을 설문지 제목에 작성한다.

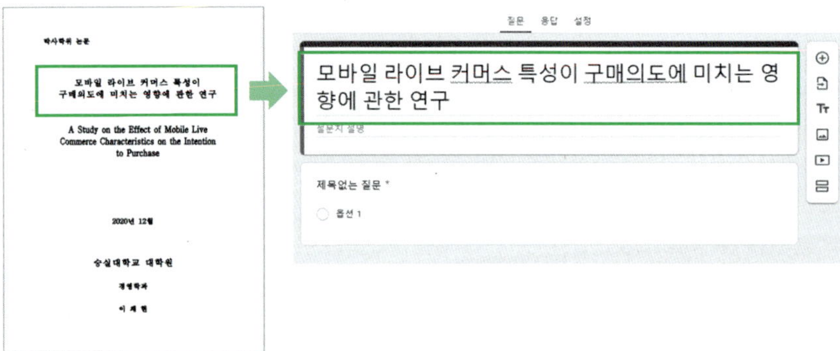

2 '**설문지 설명**' 부분을 클릭하여 논문의 목적과 연구자 소개 등을 작성한다.

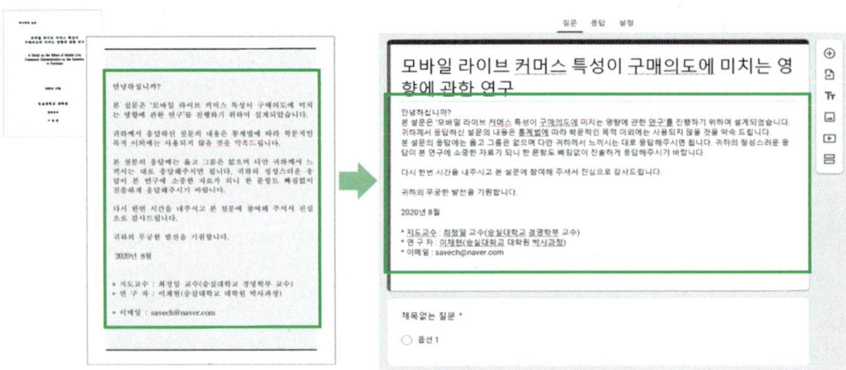

3 처음 설문 작성 박스를 삭제한다. ❶ '제목없는 질문'을 클릭한다. ❷ '휴지통' 모양을 클릭하여 삭제한다. ❸ '이미지 추가'를 클릭한다.

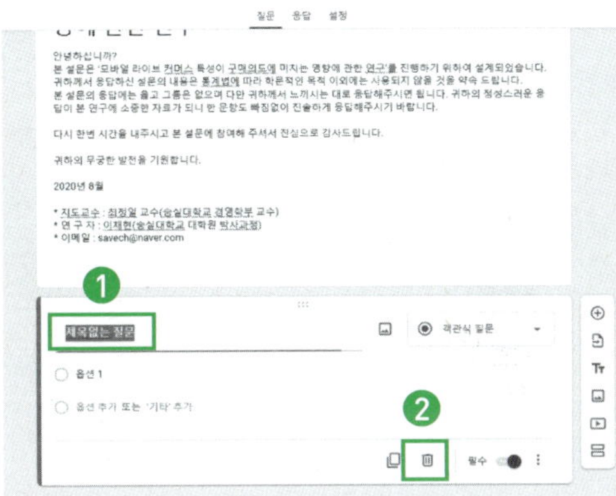

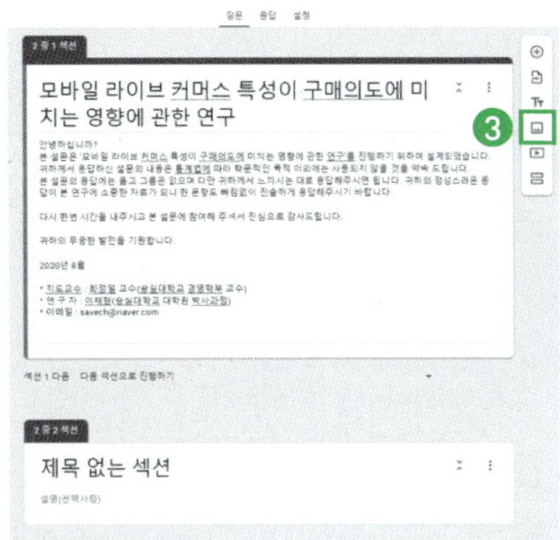

4 연구 개념, 의미, 예시로 이미지를 넣는다.

❖ 한글논문 설문지 ❖

❖ 설문지 폼 ❖

5-1 ❶ '**동영상 추가**'를 클릭한다. ❷ 원하는 '**동영상의 제목**'을 검색한다. ❸ 해당 영상을 클릭하고 '**선택**' 버튼을 누른다. ❹ 동영상의 제목을 작성한다.

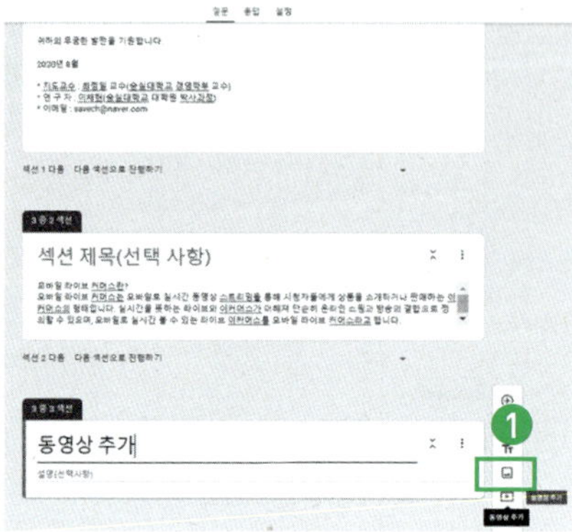

5-2 ❶ '**동영상 추가**'를 클릭한다. ❷ '**URL**'을 클릭하여 링크 주소를 붙여넣기를 한다.

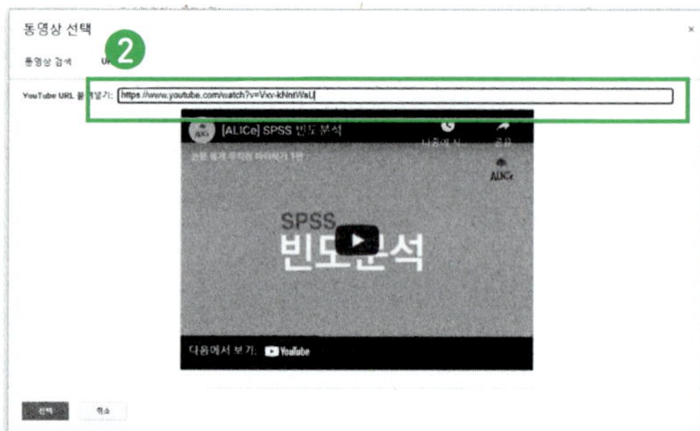

설문지 문항 페이지 만들기

연구 설문 문항을 구성하기 전에 연구모형을 바탕으로 어떻게 구성할지를 먼저 고민해 보자. 직접 설문지를 만든다고 가정해 보자. 한 페이지에 질문을 5개씩 넣는 게 나을까? 아니면 각 변수를 5개 문항으로 치고, 페이지당 25개의 질문을 넣는 게 나을까? 앨리스의 경우, 후자가 보기에 편했기에 한 페이지에 20~25개의 질문을 넣고 페이지를 넘기는 방법으로 설계했다.

1 연구모형에서 섹션 구분을 생각하여 설문을 구성하고자 한다. 섹션별로 5개의 설문 문항으로 가정했을 때 2섹션은 20개 문항, 3섹션은 15개 문항 등으로 생각해 볼 수 있다. 자칫 독립변수를 한꺼번에 한 섹션에 넣는다면, 45문항을 한꺼번에 체크한 후 다음 페이지로 넘어가기 때문에 지루함을 줄 수 있고 편리성, 편재성과 같이 각각의 변수의 문항 5개 질문 후 다음 페이지를 반복한다면, 이 또한 설문을 하는 사람들이 지루함을 느끼게 되고 지루함을 느끼면 본 설문 답변에 성의 없이 답변을 할 수 있기에 최대한 설문자의 입장을 고려하여 섹션을 구분하는 것이 좋다.

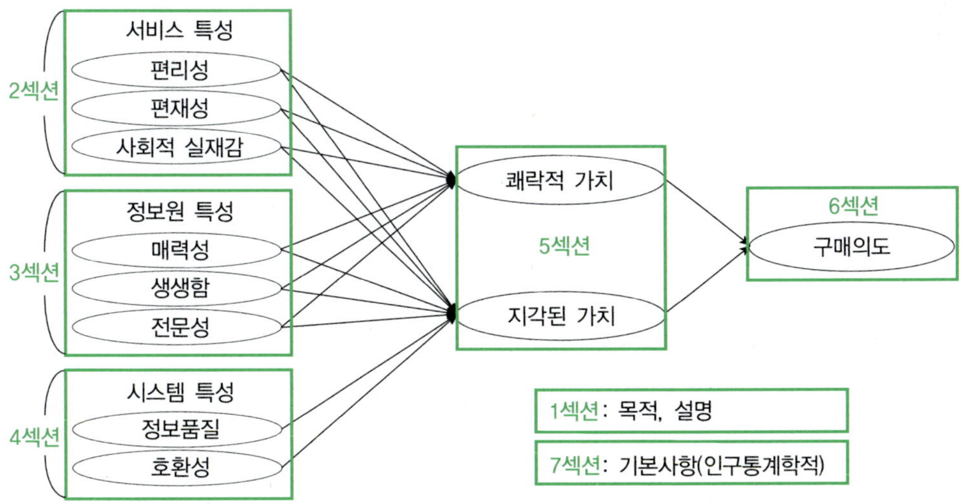

2 동영상 추가 후 ❶ '섹션 추가'를 클릭한다. ❷ '2중 2섹션'이 추가된 것을 볼 수 있다.

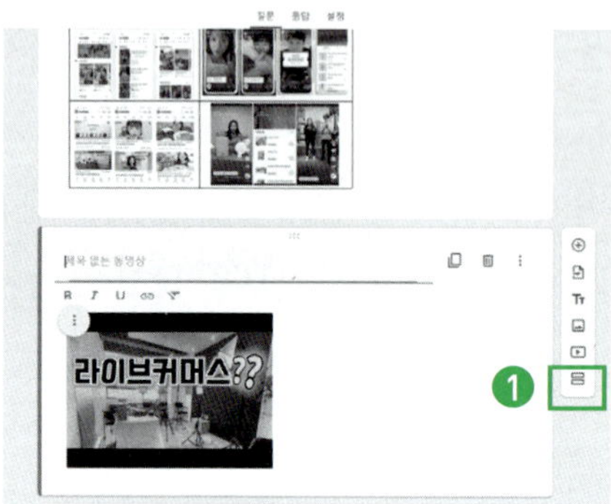

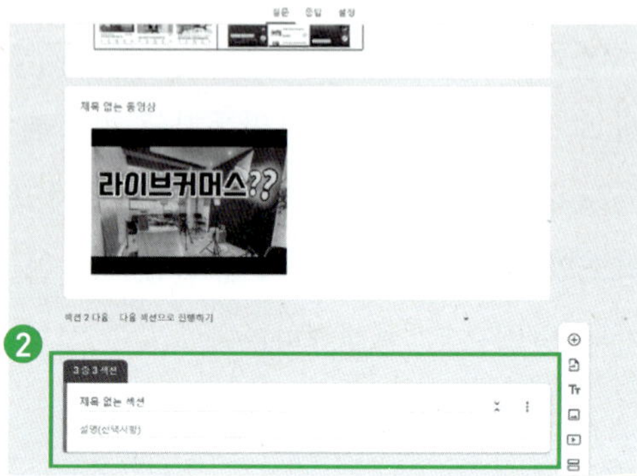

3 ❸ '설문 문항의 설명'을 작성하고 체크 당부의 말을 작성하는 것은 선택사항이다. ❹ '질문 추가'를 클릭한다. ❺ '설문 1번 문항'을 작성한다(편리성의 1번 문항). ❻ '선행배율'을 클릭한다. ❼ 1~5를 설정하는데, 이는 5점 척도일 때 5로 지정하고 7점 척도라면, 7로 설정하면 된다. 값을 설정 후 1은 '전혀 아니다', 5(또는 7)는 '매우 그렇다'라고 작성한다. ❽ 본 설문 내용 '복사'를 누르면 동일하게 설문 틀이 복사된다. 그러면 질문 내용만 바꿔서 2섹션에 해당되는 질문을 모두 이어서 진행한다. 이때 편리성, 편재성, 사회적 실재감과 같은 변수를 보이게 표시하여 설문지를 작성하면 질문에 대한 편견을 줄 수 있기에 1번부터 13번까지 번호로 구분하여 2섹션을 마무리한다.

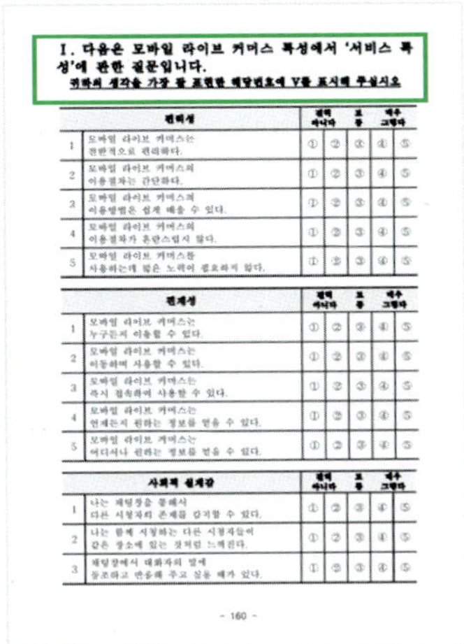

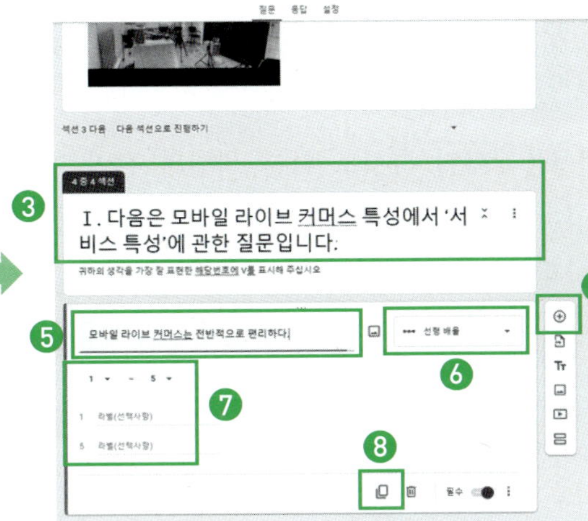

4 ⑨ '**섹션 추가**'를 추가하여 3섹션에 대한 내용을 2섹션의 내용을 참고하여 동일 형식 6섹션까지 작성한다.

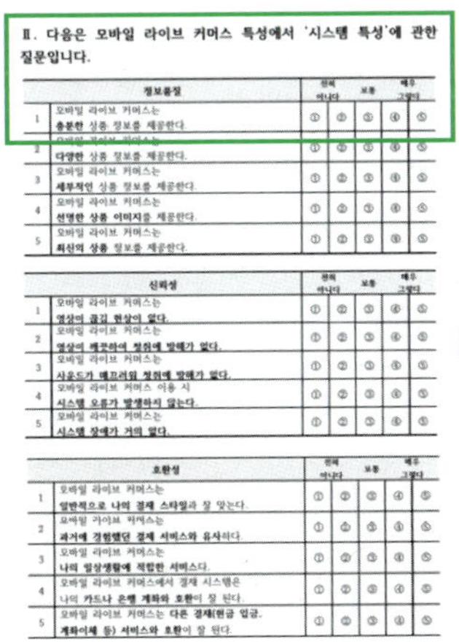

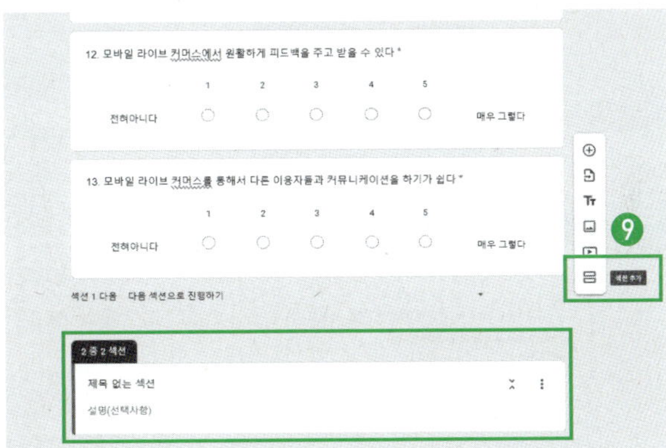

인구통계학적 특성 만들기

인구통계학적 특성도 다른 섹션과 같이 추가하여 작성한다.

1 ❶ 섹션 제목을 작성한다. ❷ '객관식 질문'을 선택한다. ❸ 질문 문항들을 작성한다.

2 질문 문항 중 '기타', 즉 글로 작성하는 부분도 활용할 수 있다.

취합된 설문지 다운로드받기

필요한 수량만큼 설문을 취합했다면 설문을 다운로드받아서 엑셀로 저장하여 데이터를 활용하여 통계를 진행하면 된다. **2**와 같이 B셀에서 '1. 모바일 커머스'는 편리성 변수의 1번 문항에 해당되는데 이와 같이 전체 변수에 맞는 질문을 해당 변수 1, 2, 3 등으로 수정하여 통계를 진행한다.

1 ❶ '응답'을 클릭한다. ❷ '엑셀 '을 클릭한다. ❸ '새 스프레드시트 만들기'를 클릭하여 다운로드받아서 저장할 제목을 작성한다. ❹ '만들기'를 클릭한다. ❺ '파일'을 클릭한다. ❻ '다운로드'를 클릭하여 'Microsoft Excel'을 클릭하여 원하는 폴더에 저장한다.

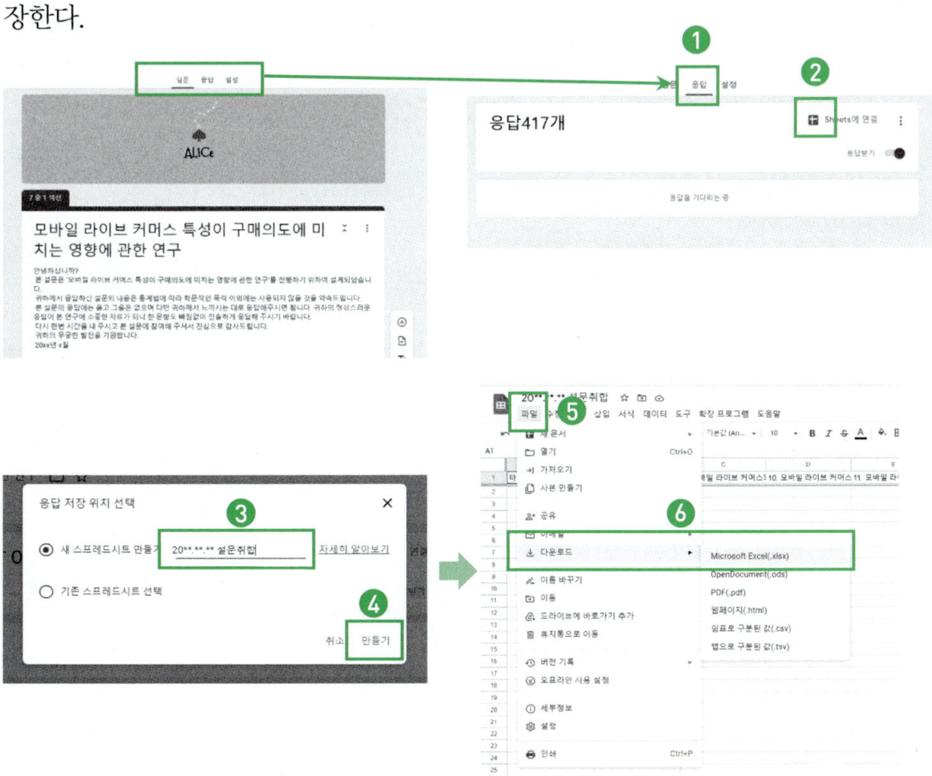

2 다운로드받은 엑셀 파일에서 A셀은 삭제하고 각 질문을 해당 변수에 맞게 명칭으로 수정한다. 예를 들어 '편리성 → CON1(Convenience 줄임말)', '편재성 → UBI1(Ubiquity 줄임말)'으로 작성 또는 '편리성', '편재성'으로 한글로 작성해도 된다.

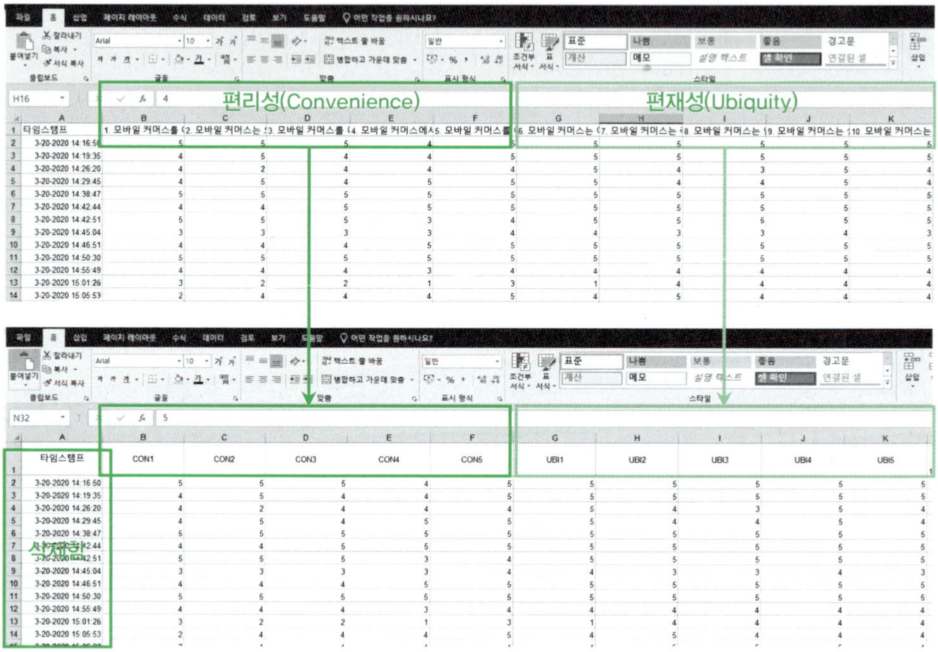

기타 유용한 옵션

1 '**결측치 예방**'을 위해 '**필수**'를 설정하면 무응답률이 0%가 된다.

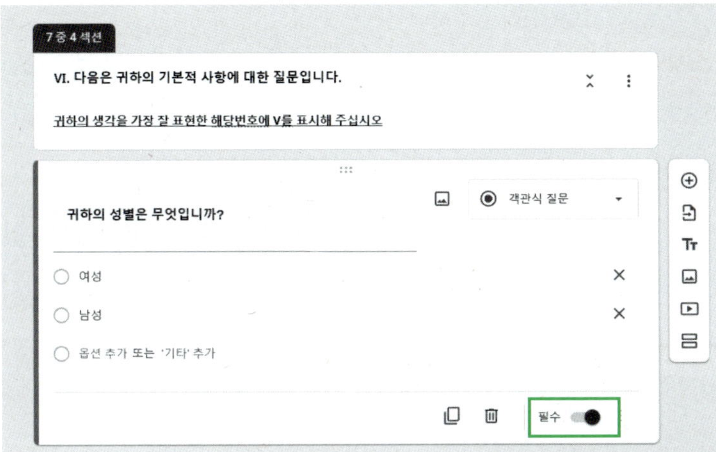

2 전체적으로 온라인 설문지를 디자인할 수 있다. ❶ '**물감 팔레트**' 모양을 클릭한다. ❷ '**이미지**'를 선택한다. ❸ '**업로드**'를 클릭하고 원하는 이미지를 클릭한다(또는 테마에서 선택해도 된다). ❹ '**완료**'를 클릭한다.

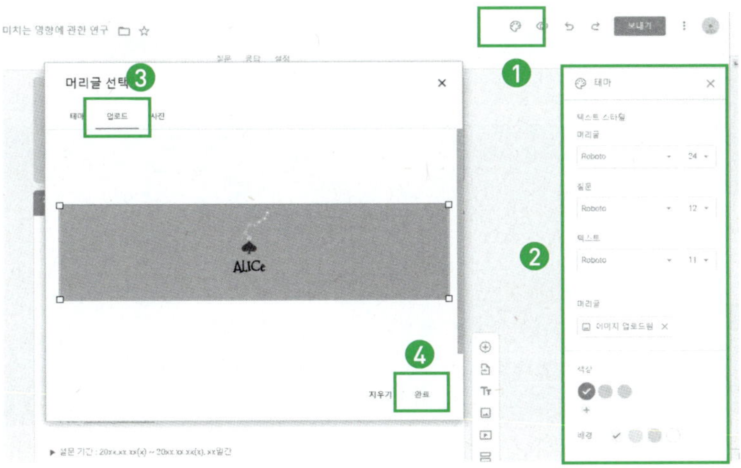

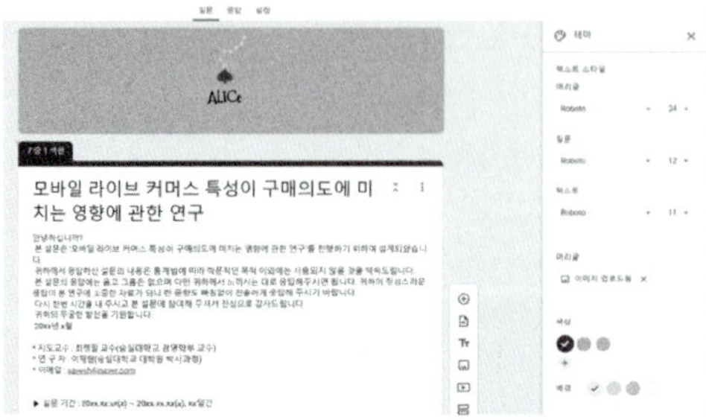

3 응답 횟수를 제한할 수 있다. 1인 1회 설문을 진행한다. 주의할 점은 **'응답 횟수 1회 제한'**을 하게 되면 응답자는 Google에 로그인을 해야만 설문을 진행할 수 있다. ❶ **'설정'**을 클릭한다. ❷ **'응답'**을 클릭한 후 **'응답 횟수 1회로 제한'**을 클릭한다.

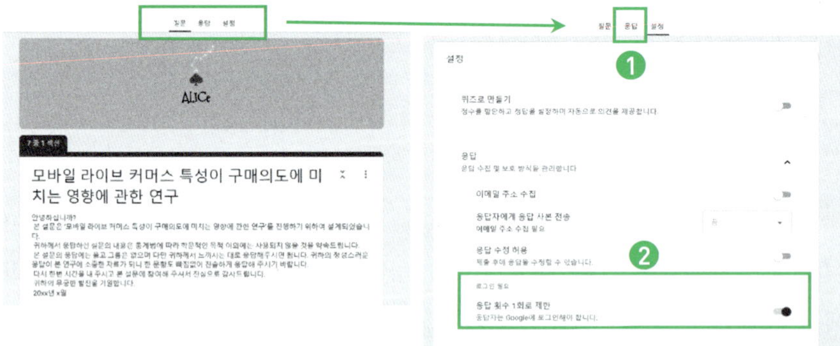

모바일 설문 참여 시	PC에서 설문 참여 시
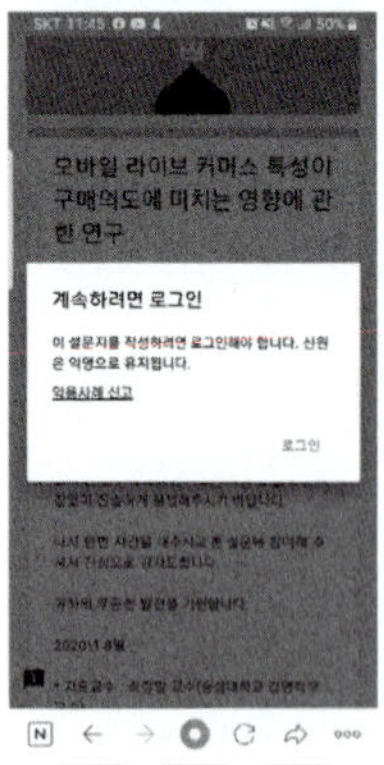	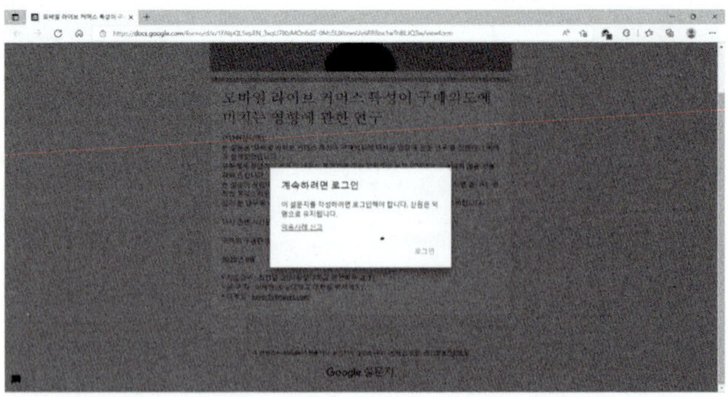

4 설문 요청에 필요한 링크주소를 생성한다. ❶ '보내기'를 클릭한다. ❷ '체인' 모양을 클릭한다. ❸ 'URL 단축'을 클릭한다. ❹ '복사'를 클릭한다. ❺ '링크주소'를 활용하여 설문 요청을 한다.

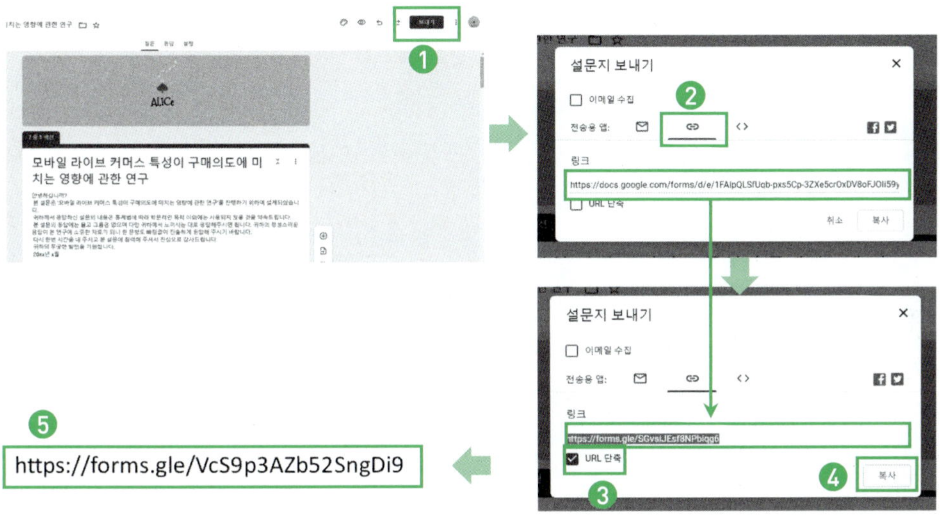

5 연구 내용에 따라 설문지를 디자인해 보자.

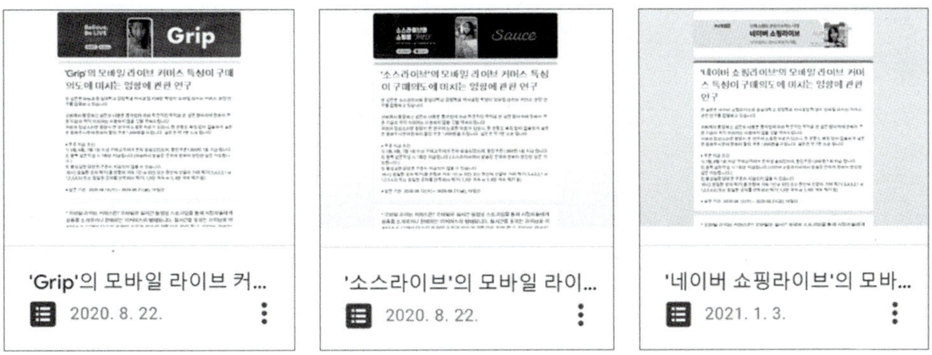

2

램프의 요정 SmartPLS

제안 발표 준비할 때 강추

논문나라의 동굴 끝에서 희미한 빛을 발견하고, 2권으로 넘어온 초보 앨리스를 환영한다. 2권에서는 '논문의 꽃' 실증분석을 아름답게 표현할 수 있는 SmartPLS, SPSS, AMOS, R 통계분석을 다룰 것이다. 제안 발표를 준비할 때 앨리스는 너무 긴장되어 램프의 요정이 소원 좀 들어줬으면 좋겠는 심정이었다. 논문 발표 준비를 위해 "여러분은 어떤 준비를 하고 있으신가요?" 제안 발표를 대비해 100개 미만의 데이터를 활용해서 파일럿을 실행해 보는 것도 현재 나의 연구단계를 미리 보여줄 수 있는 좋은 기회가 될 수 있다. 이런 준비과정에서 마치 램프의 요정이 소원을 들어주듯이 시원하게 결과치를 보여줄 수 있는 통계도구 SmartPLS를 소개하고 싶다.

인구통계학 분석, 요인분석, 신뢰성, 타당성, 경로분석을 제안 발표에 포함시킨다면 본문의 내용이 좀 부족하더라도 전체적으로 통계값을 통해 연구를 계속해도 될지에 대한 실마리를 얻을 수 있다. 가능하다면 본 연구논문을 진행할 때 100부 이상 통계를 SmartPLS로 진행하는 방향을 강추한다. 한 가지 유의점은 SPSS와 AMOS도 마찬가지겠지만 프로그램 비용이 든다. 연구자가 잘 고민하여 여러 가지 통계도구를 살펴보고 선택하기 바란다.

본 내용은 100부 미만 샘플 데이터를 바탕으로 통계를 실행할 때 활용하면 좋은 SmartPLS를 활용해서 제안 발표를 준비하듯이 실습을 하고자 한다. 본격적인 논문을 진행할 때 SPSS는 클릭을 많이 해야 하고 어느 부분에 무엇이 있는지 잘 기억이 안 날 수 있으며, AMOS는 한 땀 한 땀 시간을 많이 투자하여 연구모형을 구성해서 통계값을 구해야 하고, R은 각 해당되는 소스도 필요하고 사용하는 방법도 초보자에게는 여러 가지로 부담될 수 있다. 하지만 SmartPLS는 어떤 초보자라 할지라도 쉽고 간편하고 단시간에 분석할 수 있는 통계도구이므로 제안 발표를 준비하는 연구자에게 논문통계분석 시 활용할 것을 강추한다. 30일 무료 사용을 등록하여 활용해 보고 사용하기 편하다고 생각한다면, 구매해서 진행하는 것도 좋을 것 같다.

데이터 불러오면서 기술통계분석 자동계산

통계분석을 생각하면 어렵게만 느껴진다. 여러 통계프로그램을 활용해 보았지만, SmartPLS와 같이 간편한 통계프로그램이 있을까? SmartPLS는 고객 맞춤형 통계프로그램이라 생각된다. 몇 번의 클릭으로 통계값이 알아서 계산되므로 비용을 주고서라도 활용해 보고 싶은 통계라고 할 수 있다. 우선 맛보기로 100개 미만의 데이터를 활용해보고 본 연구를 진행할 때 구매해서 통계를 실행해 보는 것을 추천한다. 시험판 프로그램 다운로드는 여러 유튜브나 홈페이지에 들어가서 다운받는 방법을 알아보고 활용해 본다.

- SmartPLS 홈페이지: https://www.smartpls.com/
- SPSS 사용자 포탈 홈페이지: https://spss.datasolution.kr/store/store.asp

❶ '**새 프로젝트**'를 클릭한다.

❷ 저장할 프로젝트의 명칭을 작성한 후 ❸ 'OK'를 클릭한다.

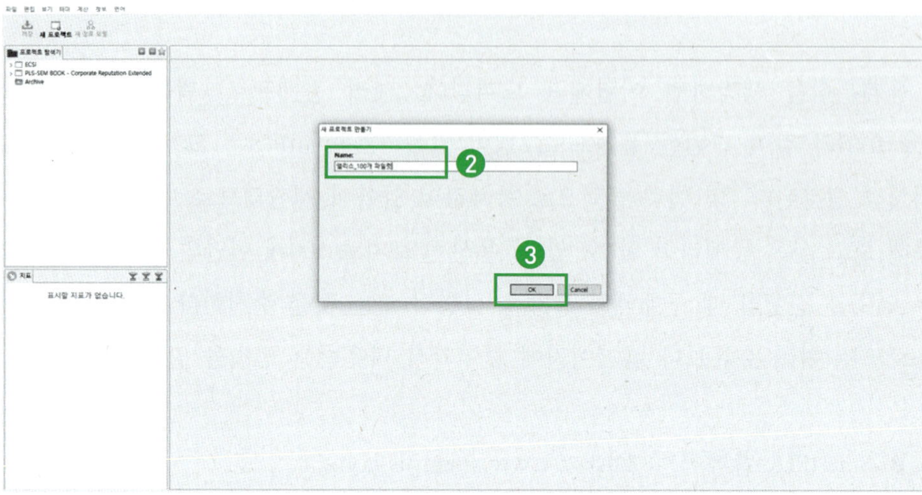

❹ '두 번 클릭하여 데이터 불러오기'를 더블 클릭한다.

❺ 준비된 데이터(100개 미만) csv 파일을 클릭한다. ❻ '열기'를 클릭한다.

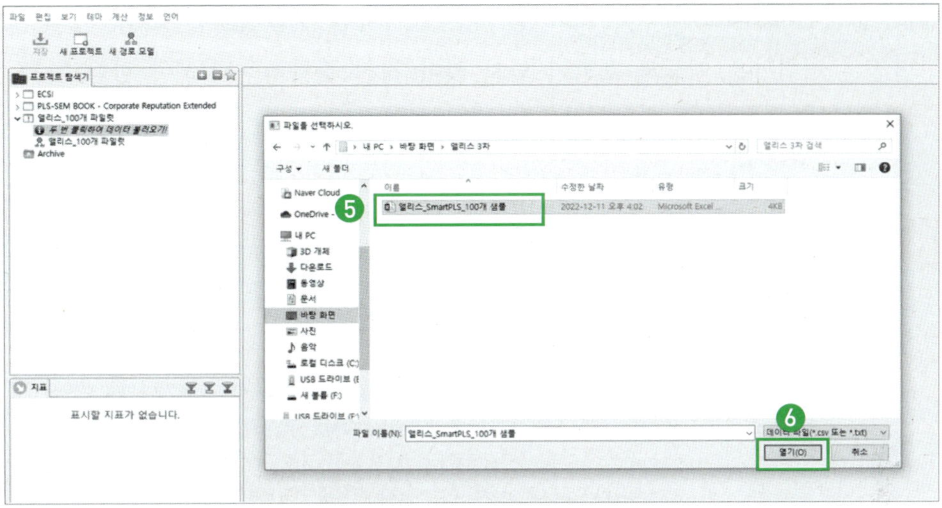

❼ 'OK'를 클릭한다.

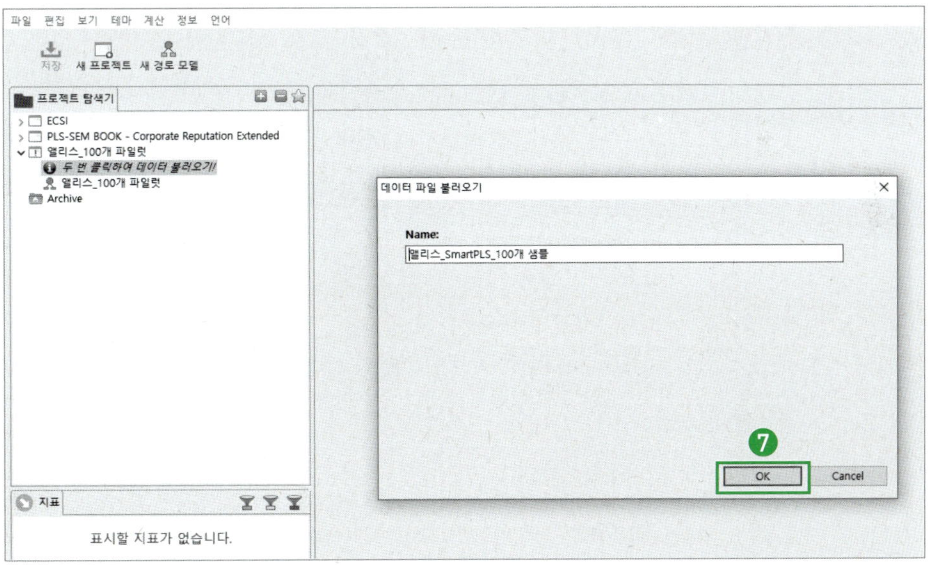

이와 같이 7번의 과정으로 데이터를 불러오고 기술통계분석(평균, 중앙값, 최소값, 최대값, 표준편차, 왜도)이 자동으로 첫 화면에 나타난 것을 알 수 있다.

단점은 시험판은 엑셀과 호환이 되지 않아 직접 숫자를 작성해야 한다.

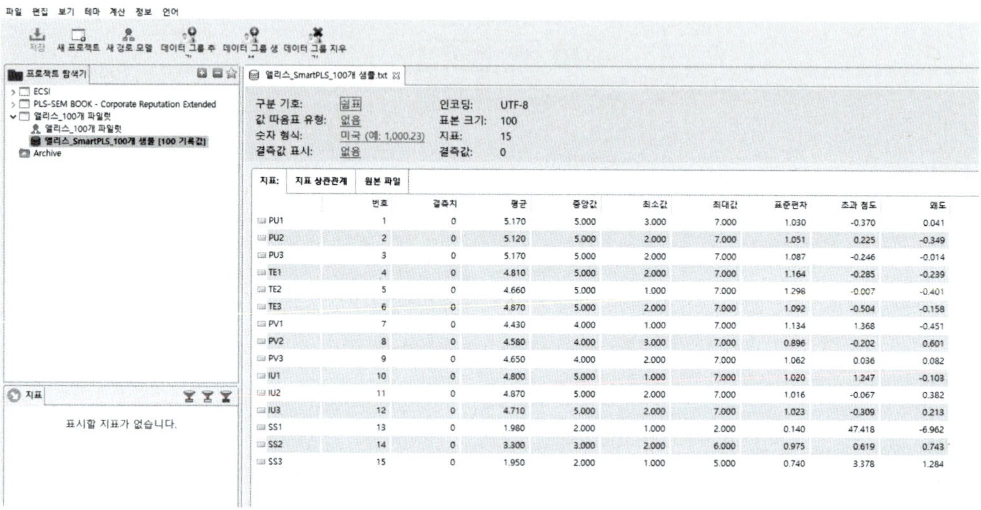

	번호	결측치	평균	중앙값	최소값	최대값	표준편차	초과 첨도	왜도
PU1	1	0	5.170	5.000	3.000	7.000	1.030	-0.370	0.041
PU2	2	0	5.120	5.000	2.000	7.000	1.051	0.225	-0.349
PU3	3	0	5.170	5.000	2.000	7.000	1.087	-0.246	-0.014
TE1	4	0	4.810	5.000	2.000	7.000	1.164	-0.285	-0.239
TE2	5	0	4.660	5.000	1.000	7.000	1.298	-0.007	-0.401
TE3	6	0	4.870	5.000	2.000	7.000	1.092	-0.504	-0.158
PV1	7	0	4.430	4.000	1.000	7.000	1.134	1.368	-0.451
PV2	8	0	4.580	4.000	3.000	7.000	0.896	-0.202	0.601
PV3	9	0	4.650	4.000	2.000	7.000	1.062	0.036	0.082
IU1	10	0	4.800	5.000	1.000	7.000	1.020	1.247	-0.103
IU2	11	0	4.870	5.000	2.000	7.000	1.016	-0.067	0.382
IU3	12	0	4.710	5.000	2.000	7.000	1.023	-0.309	0.213
SS1	13	0	1.980	2.000	1.000	2.000	0.140	47.418	-6.962
SS2	14	0	3.300	3.000	2.000	6.000	0.975	0.619	0.743
SS3	15	0	1.950	2.000	1.000	5.000	0.740	3.378	1.284

클릭, 드래그, 이름 바꾸기, 연결선만 연결하면 연구모델 끝

AMOS로 연구모형을 그려봤다면, 연구모형을 그리기가 아주 많이 힘들고, 생각과 다르게 왜 이렇게 엉망진창으로 그려지는지, 다시 그려봐도 어렵게만 느껴지는 것에 두려움을 느낄 것이다. 앨리스는 그림 그리는 감각이 제로여서 미적 감각이 없다고만 생각했다. 하지만 그건 앨리스가 잘못해서만은 아닌 것 같다는 생각이 든 건, SmartPLS를 알게 되면서부터이다. 몇 번의 클릭과 드래그 그리고 연결선만 연결하면 쉽게 연구모형을 그릴 수 있고 하나 하나 수정하는 것에 애먹지 않아서 너무도 좋은 통계도구라 할 수 있다.

❶ '앨리스_100개 파일럿'을 더블 클릭한다. 하단 지표 부분에서 잠재변수가 보이는 것을 알 수 있다.

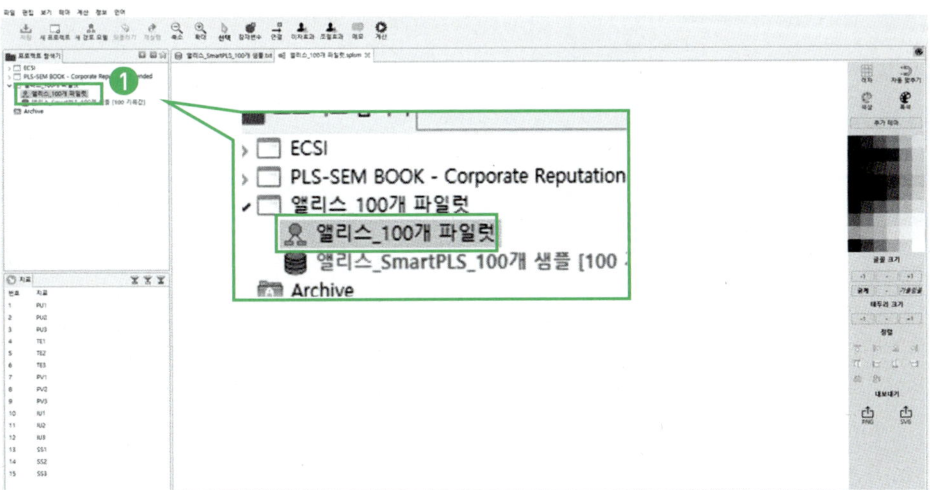

❷ 지표에 보이는 'PU1'을 클릭하고 Shift 키를 누른 다음 'PU3'을 클릭하면 3개의 잠재변수가 한꺼번에 클릭되는 것을 확인할 수 있다. 이때 Shift에서 손을 떼도 그대로 연한 파란색(박스로 선택된 음영 부분)으로 클릭이 된 것이 보이는데, 이때 마우스로 왼쪽 보드판에 드래그하여 붙여넣는다. 그러면 한 변수의 모양이 만들어진다.

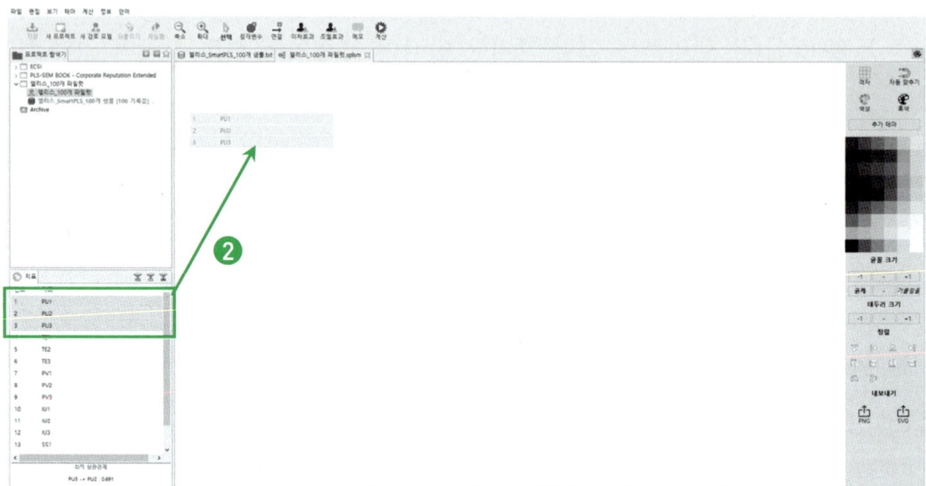

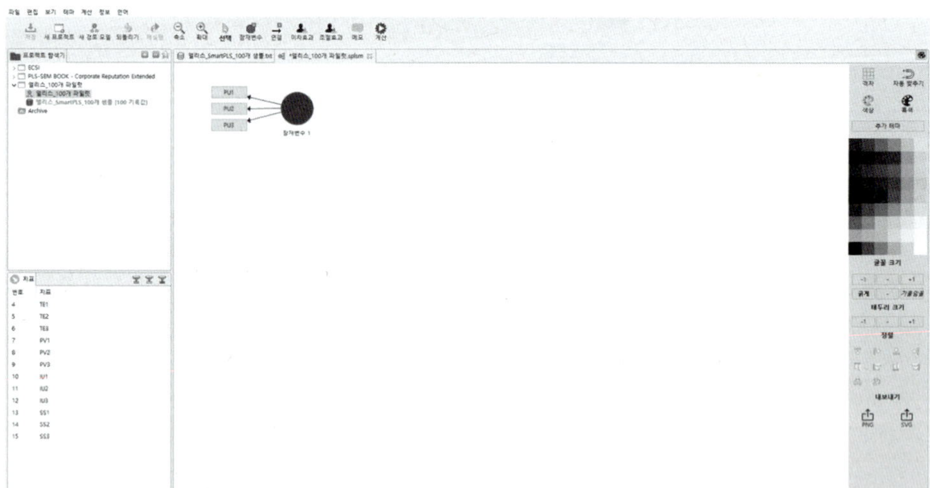

❸ 이와 동일한 방법으로 종속변수까지 같은 방법으로 드래그하여 보드판에 붙여넣기를 한다. 이때 연구자 본인의 연구모델과 같이 구조화하여 구색을 맞춘다.

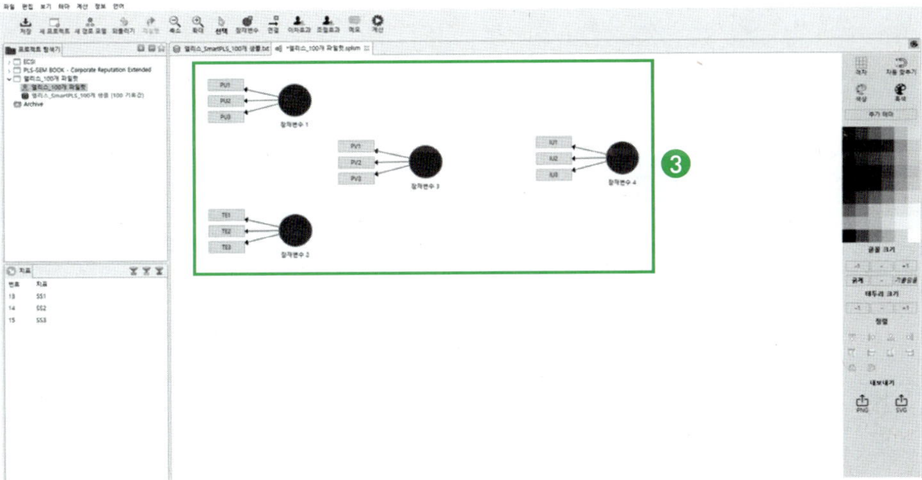

❹ 원형을 마우스로 클릭하여 마우스 오른쪽 버튼을 클릭하여 '**이름 바꾸기**'를 클릭한다.

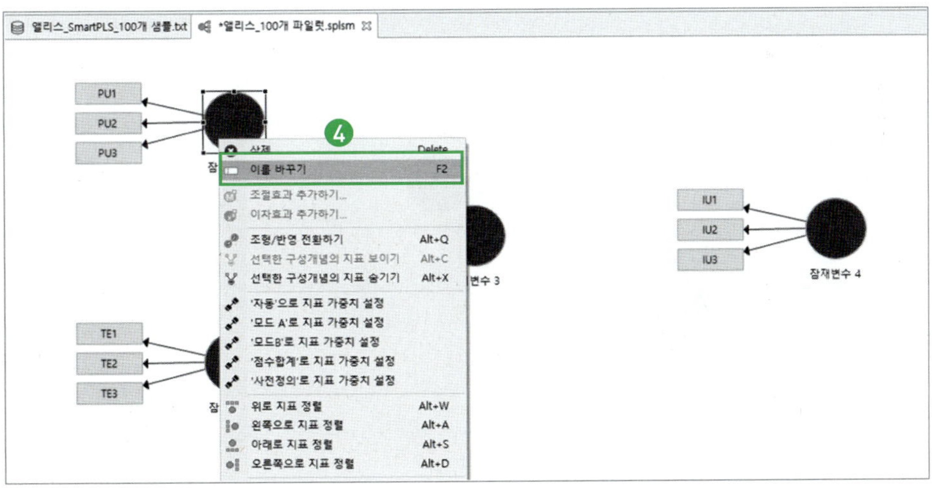

❺ 해당 잠재변수의 명칭을 작성하고 'OK'를 클릭한다. 이와 동일하게 모든 변수의 이름을 바꿔준다.

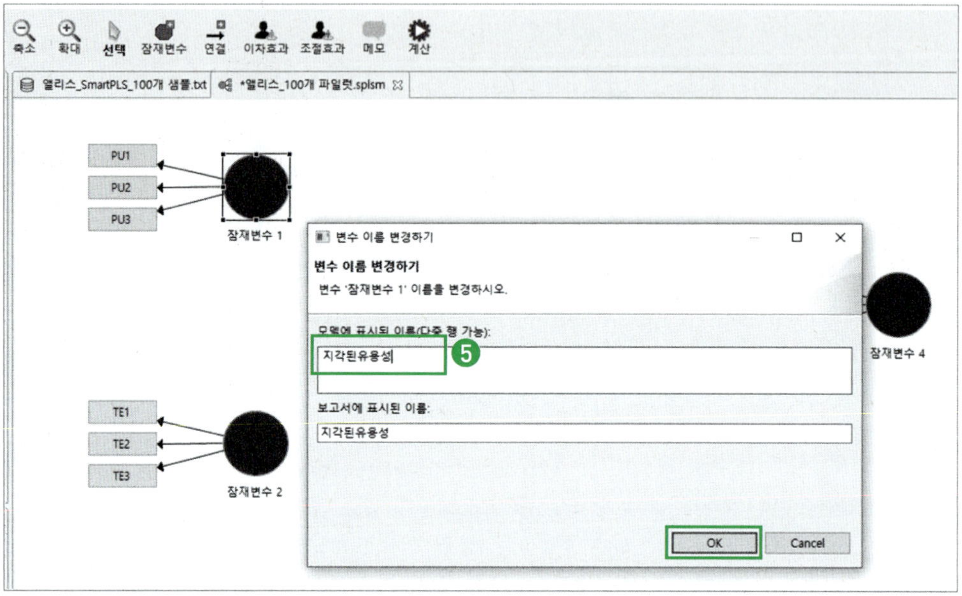

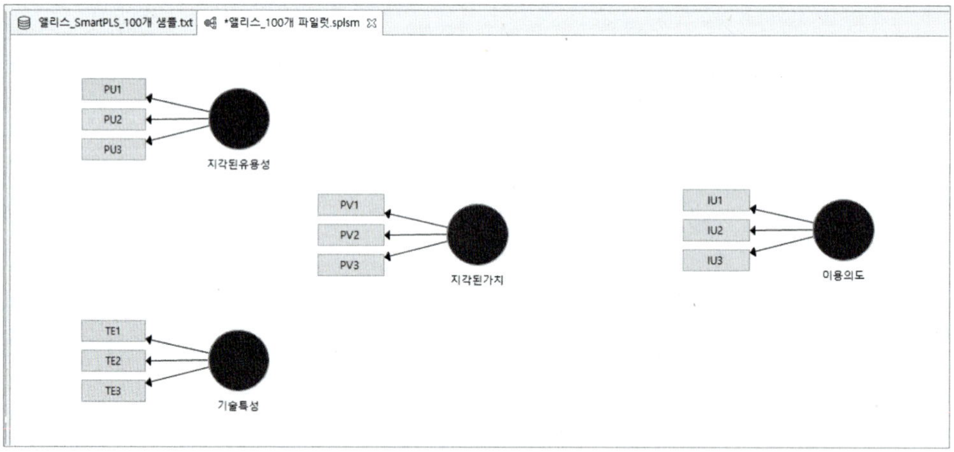

❻ 연구모형과 같이 각 변수마다의 연결선을 그린다. 상단에 '**연결**'을 클릭한다.

❼ '**지각된유용성**'을 클릭하고 드래그하여 '**지각된가치**'에 화살을 당겨서 붙여넣는다. 이러한 방법으로 해당 연구모형의 연결선과 같이 선을 연결하면 각 변수가 빨간색(진한 음영)에서 파란색(연한 음영)으로 변경됨을 확인할 수 있다. 이때 독립변수의 네모 모양의 관측변수들은 왼쪽에 정렬이 되어 있어서 괜찮지만, 매개변수와 종속변수는 위 또는 아래로 선 연결과 겹치지 않고 잘 보이도록 정렬을 해야 하는데 관측변수의 정렬은 예를 들어 매개변수(원형)를 클릭하고 마우스 오른쪽 버튼을 누르면 메뉴박스가 열리는데 이때 중간쯤에 어느 부분에 정렬할 것인지 문구를 선택하여 손쉽게 정렬을 할 수 있다.

가끔 연구모형의 균형이 잘 안맞을 때는 잠재변수(원형)을 클릭하여 마우스로 위, 아래, 좌, 우로 잡아 당기면 쉽게 자리를 이동할 수 있으니 그림을 못 그려도 쉽게 수정이 가능하다.

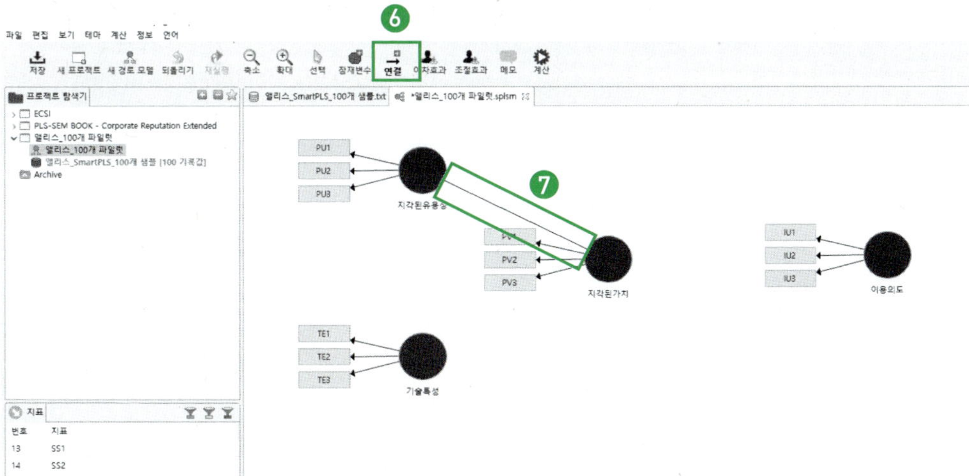

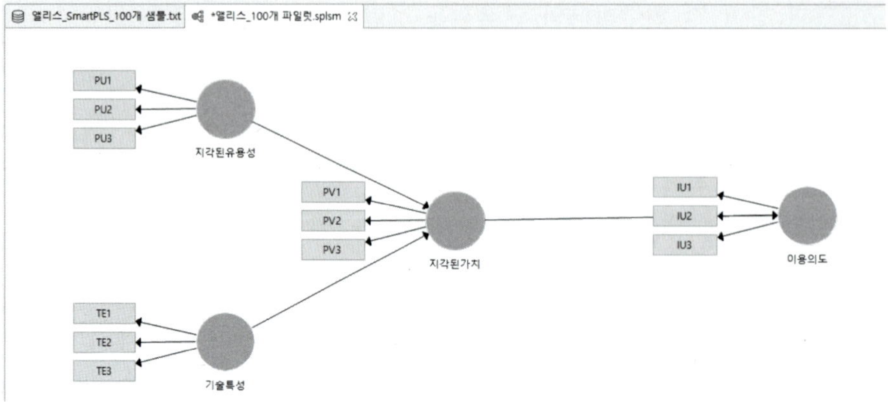

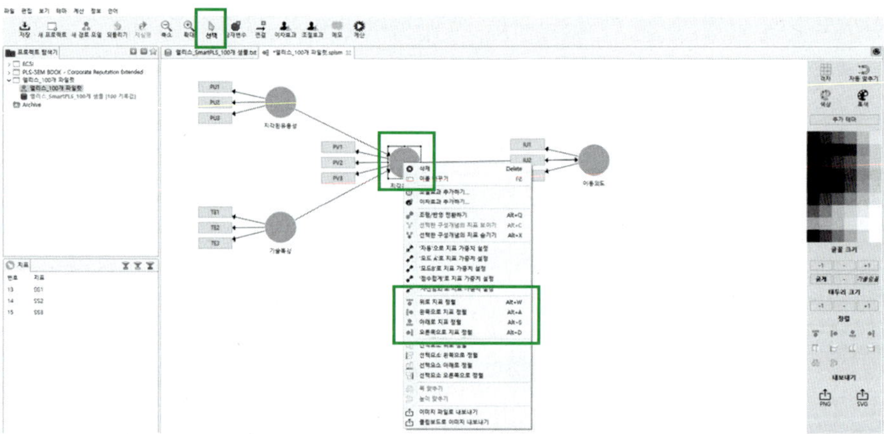

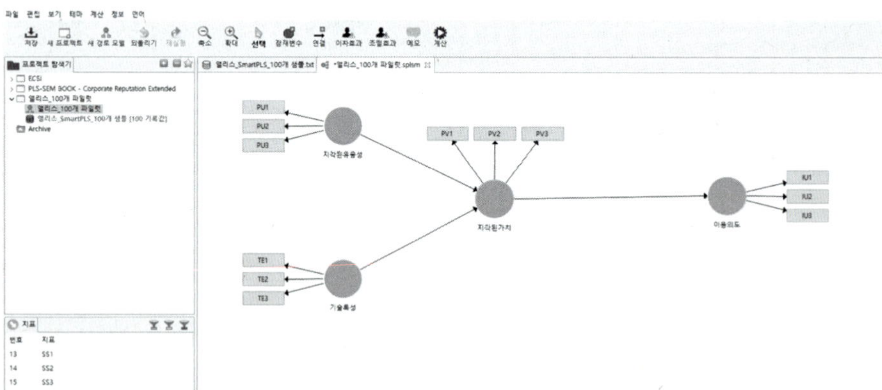

자! 여기까지 연구모형의 구조를 만들었다면 바로 통계를 실행해 보자!

소원을 말해봐! 클릭 세 번에 통계값이 나오게 해주세요!

논문통계를 실행하는 것은 항상 쉽지 않다. “정말 클릭 몇 번에 통계값이 나오면 얼마나 좋을까?”, “큰돈 들이지 않고 통계를 누가 실행해 주면 얼마나 좋을까?” 등 논문을 작성할 때 항상 많은 고비가 있지만, “통계는 항상 내가 하는 게 아니야, 그건 전문가가 해야지!”라고만 생각했다. 하지만 SmartPLS에서는 연구모형 구조만 잡아주면 클릭 3번으로 기본 통계값을 구할 수 있다.

“자! 이제 소원을 말해봐! 클릭 세 번에 통계값이 나오게 해주세요!”

❶ 연구모형이 그려놓은 상태에서 상단의 ‘계산’을 클릭한다.
❷ ‘PLS 알고리즘’을 클릭한다.
❸ 알고리즘 해당 팝업창이 뜨면 ‘계산 시작’을 클릭한다.

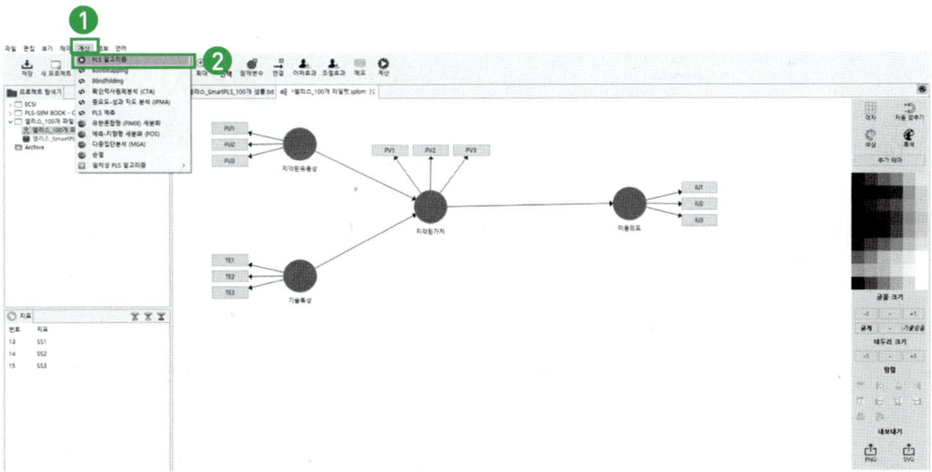

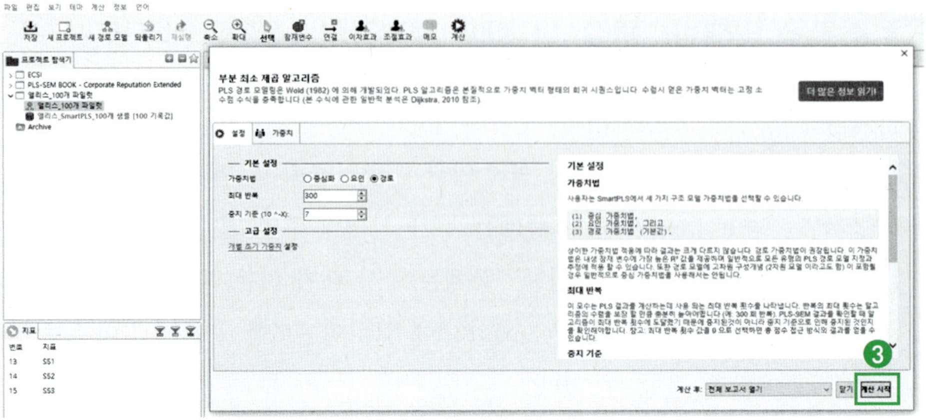

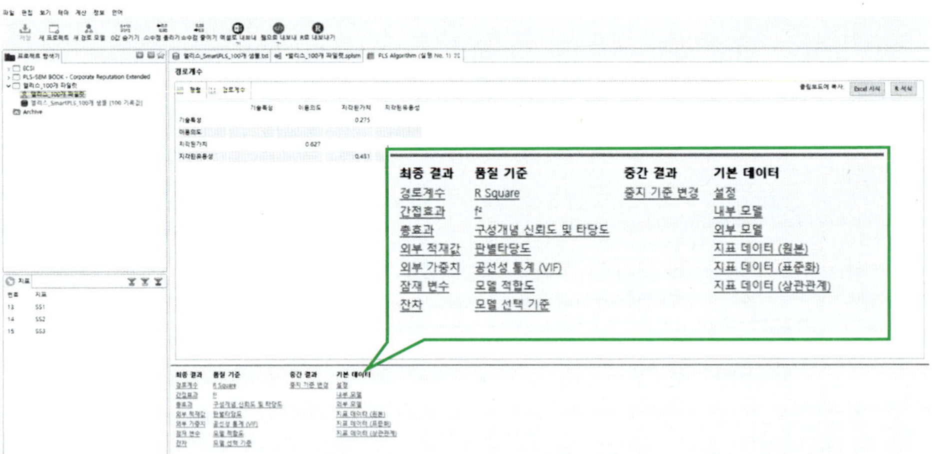
최종 결과
경로계수
간접효과
총효과
외부 적재값
외부 가중치
잠재 변수
잔차
품질 기준
R Square
f²
구성개념 신뢰도 및 타당도
판별타당도
공선성 통계 (VIF)
모델 적합도
모델 선택 기준
중간 결과
중지 기준 변경
기본 데이터
설정
내부 모델
외부 모델
지표 데이터 (원본)
지표 데이터 (표준화)
지표 데이터 (상관관계)

SmartPLS에서 제안 발표 활용하면 좋을 통계분석 (1)

1. 연구모형값 표현

✤ 연구모형 경로분석 ✤

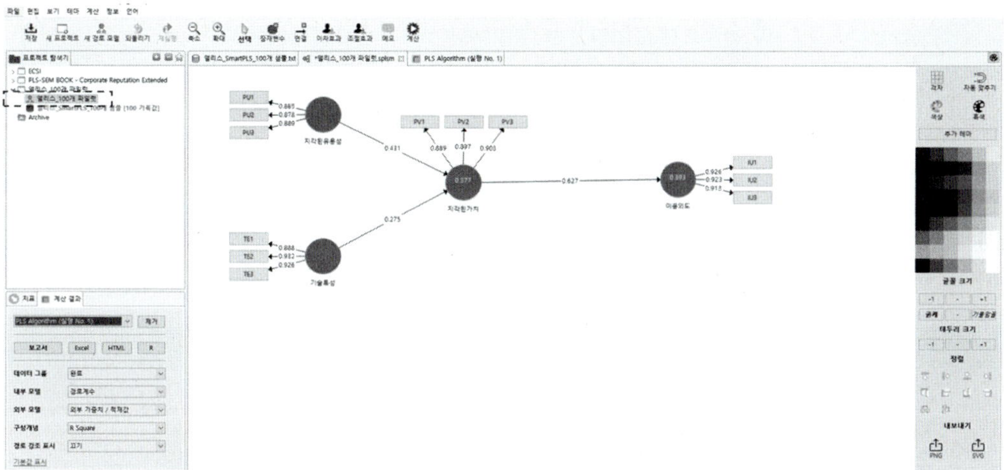

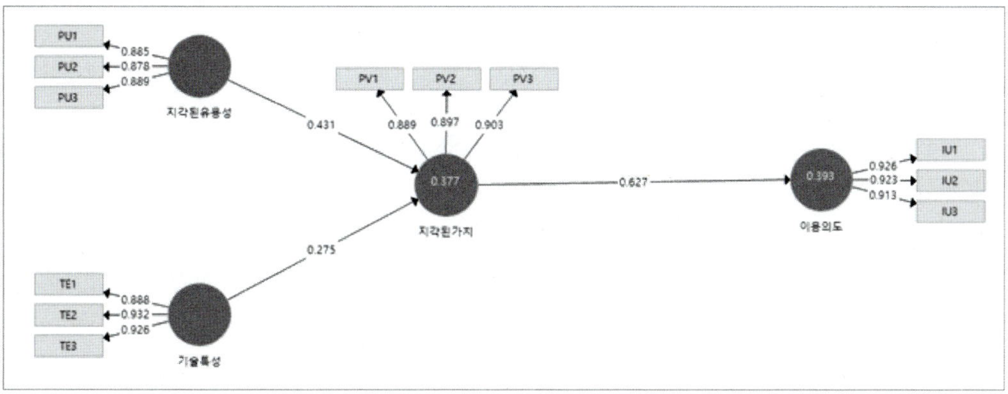

2. 기술통계분석

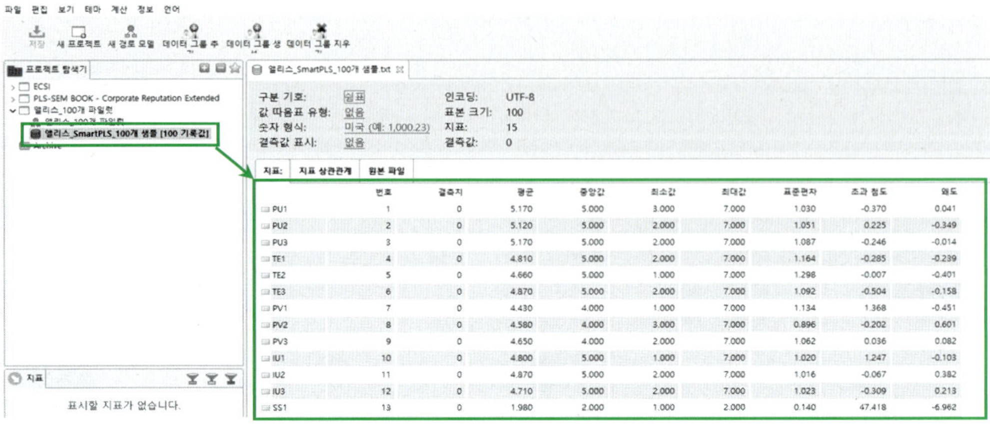

✤ 기술통계분석 ✤

관측변수	평균	표준편차	첨도	왜도
PU1	5.170	1.030	−0.370	0.041
PU2	5.120	1.051	0.225	−0.349
PU3	5.170	1.087	−0.246	−0.014
…				

✤ 기술통계분석 본문 작성 예시 ✤

정규성 검정을 위해 첫 번째 방법으로 왜도(Skewness)와 첨도(Kurtosis)를 이용하여 정규성을 검정하였다. 통계분석은 각 표본이 특정한 분포를 한다고 가정하여 모수에 관해 추론하고 분석방법을 사용한다. 선행연구를 바탕으로 통계분석방법들이 개발되고 있지만, 많은 방법이 정규분포로 모든 결과를 검증할 수 있고 모수에 추정량, 검정통계량의 통계 특성이 알려져 왔으며 통계적인 추론이 다른 분포를 가정하였을 때보다 쉬워진다는 장점이 있기 때문인데, 왜도, 첨도를 활용하여 일변량 정규성 검정이 가능하고, 왜도는 분포 비대칭의 정도를 측정하는 척도이며 통계량 절대값은 ±1.96을 초과하게 되면 분포는 극단적으로 볼 수 있으며 첨도의 분포 윗부분의 평평함 정도를 측정하는 것으로 통계량 절대값은 ±2를 초과하면 분포가 극단적이라 할 수 있다(이채현, 2021).

3. 신뢰도 검증

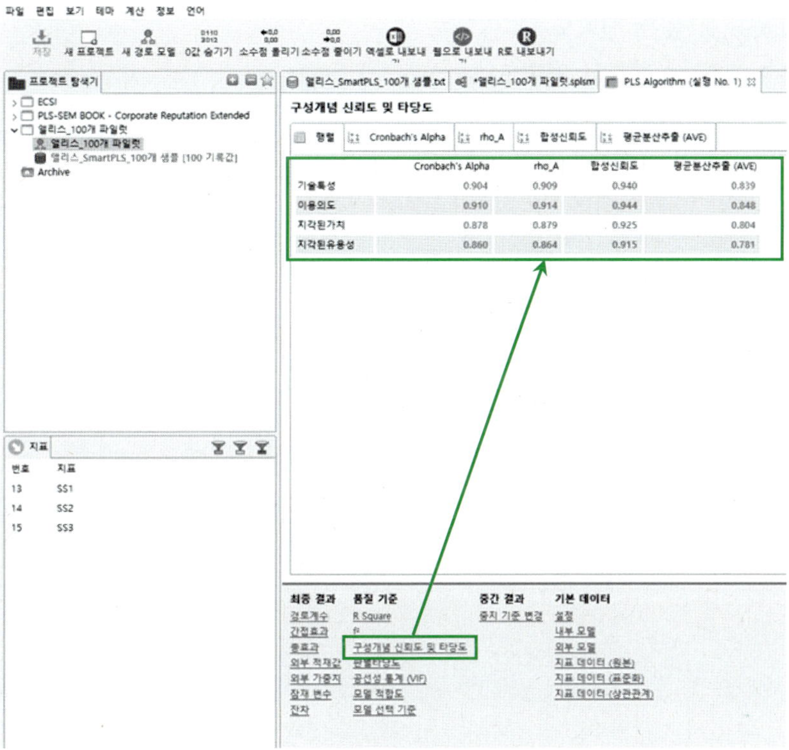

❖ 표 신뢰도 검증 ❖

잠재변수	Cronbach's α	rho_A	합성신뢰도	평균분산추출(AVE)
기술특성	0.904	0.909	0.940	0.839
이용의도	0.910	0.914	0.944	0.848
지각된가치	0.878	0.879	0.925	0.804
지각된유용성	0.860	0.864	0.915	0.781

❖ 측정모델의 수용기준 ❖

▶ Cronbach's α: 0.6~0.9가 일반적인 수용 범위라 할 수 있다.

- 0.8~0.9: 높은 신뢰도
- 0.7 이상: 바람직한 신뢰도
- 0.6 이상: 수용 가능한 신뢰도
- 0.6 미만: 낮은 신뢰도

▶ rho_A(pA): pA>0.7 바람직한 신뢰도

▶ 합성신뢰도(Composite Reliability, CR): 0.6~0.9 일반적인 수용 범위

- 0.7 이상: 바람직한 신뢰도
- 0.6 이상: 탐색적 연구인 경우 바람직한 신뢰도

▶ 평균분산추출(Average Variance Extacted, AVE): 0.5 이상 바람직한 집중타당도

4. 판별타당도

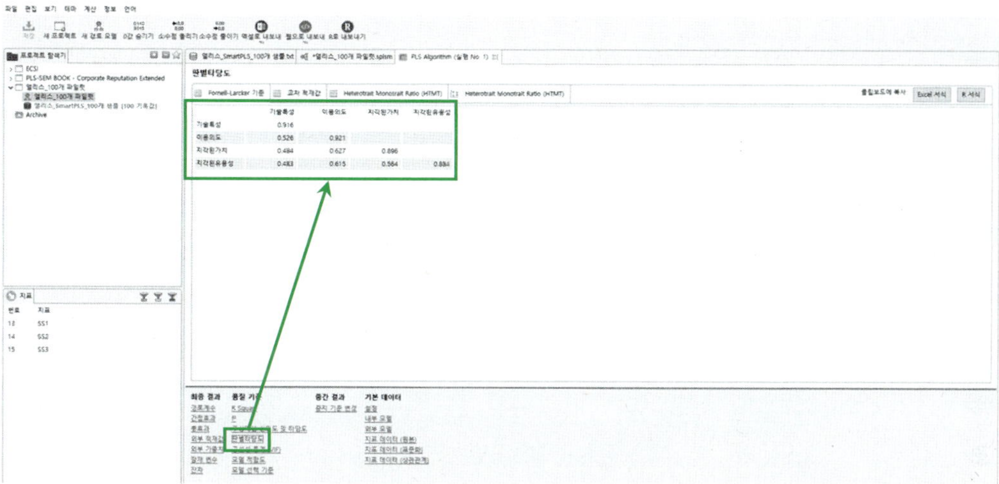

❖ 판별타당도 ❖

잠재변수	기술특성	이용의도	지각된가치	지각된유용성
기술특성	0.916			
이용의도	0.526	0.921		
지각된가치	0.484	0.627	0.896	
지각된유용성	0.483	0.615	0.564	0.884

❖ 측정모델의 수용기준: 판별타당도 ❖

Fornell-Larcker Criterion: 각 잠재변수의 'AVE 제곱근(표에서 굵은 선 표시한 부분)' 잠재변수들 간의 상관관계 중 가장 높은 값보다 큰 경우

5. R_Squart(R^2)

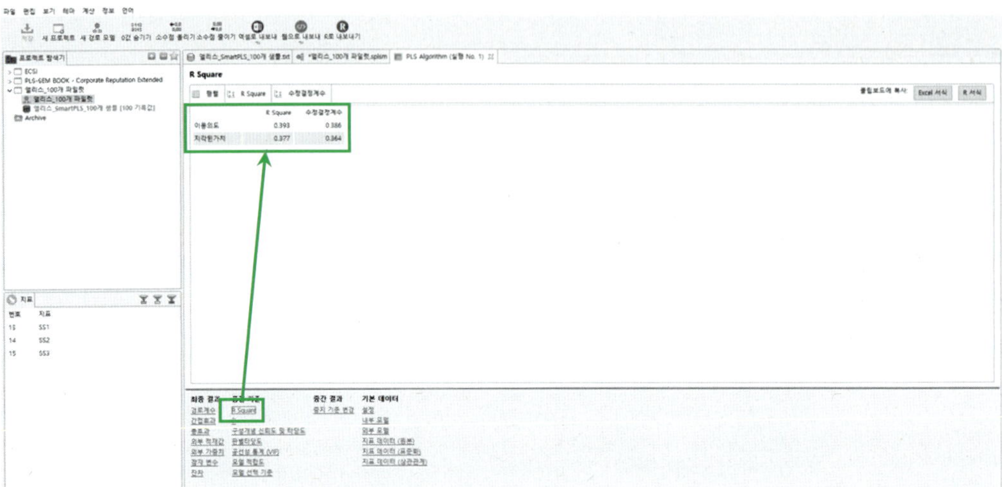

❖ R_Square 수치 ❖

잠재변수	R_Square(R^2)	수정결정계수
이용의도	0.393	0.386
지각된가치	0.377	0.364

❖ 수용기준: 결정계수(R_Square, R^2) ❖

결정계수는 외잠재변수(혹은 예측변수, 독립변수)에 의해 설명되는 내생잠재변수의 분산비율로 이 값이 높을수록 독립변수에 의해서 내생잠재변수의 설명력이 높다고 평가할 수 있다.

- R^2: 0.020 작은 효과 크기
- R^2: 0.150 중간 효과 크기
- R^2: 0.350 큰 효과 크기

부트스트래핑을 활용한 가설검증도 세 번 클릭으로 끝

앞서 기본통계를 실행했듯이 세 번 클릭으로 가설검증을 진행해 보자.

❶ 연구모형이 그려놓은 상태에서 상단의 '계산'을 클릭한다.

❷ 'Bootstrapping'을 클릭한다.

❸ 부트스트래핑 해당 팝업창이 뜨면 '계산 시작'을 클릭한다.

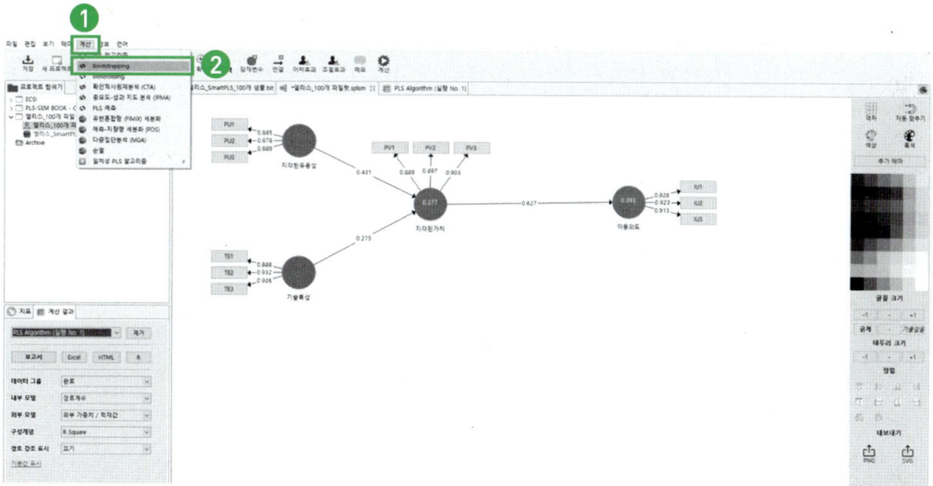

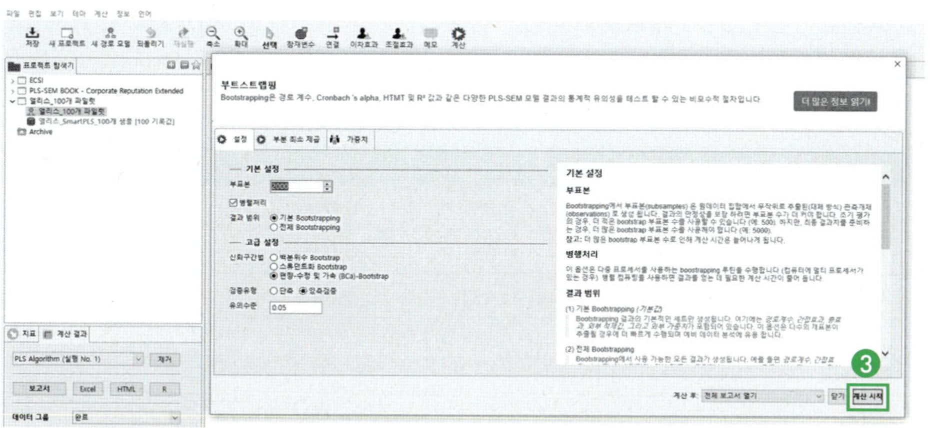

SmartPLS에서 제안 발표 활용하면 좋을 통계분석 (2)

❖ 경로분석 t값과 p값 ❖

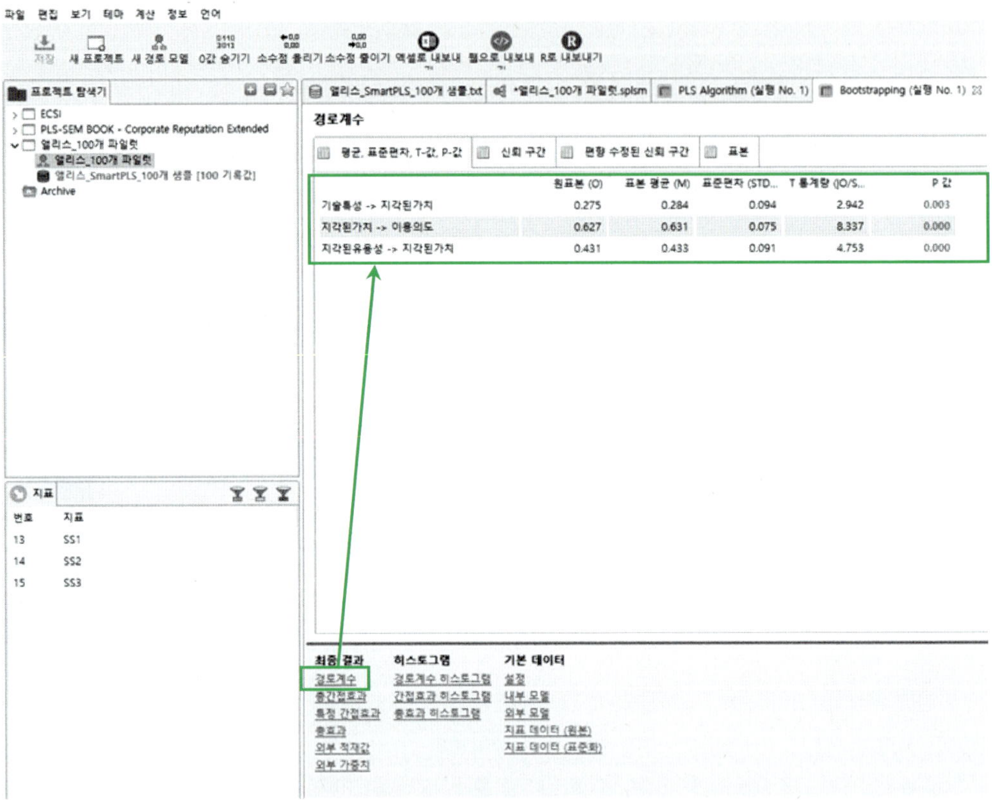

❖ 경로분석 가설검증 ❖

가설경로	표본평균	표준편차	t-value	p-value
기술특성 → 지각된가치	0.284	0.094	2.942	0.003**
지각된가치 → 이용의도	0.631	0.075	8.337	0.000***
지각된유용성 → 지각된가치	0.433	0.091	4.753	0.000***

* 유의수준: *p<0.05, **p<0.01, ***p<0.001

❖ 경로계수의 유의성과 적합성 수용기준 ❖

구조모델 경로계수 결과의 유의성과 적합성 검증(가설검증), 유의성을 확인하려면 부트스트래핑을 실행해야 한다.

t-value(1.96 이상 채택)	p-value(0.05 이하 채택)
• t-value 1.65는 유의수준 10% • **t-value 1.96은 유의수준 5%** • t-value 2.57은 유의수준 1%	***p<0.05** **p<0.01 ***p<0.001

앨리스와 함께 떠나는 논문나라 여행
어서와! 논문은 처음이지
Alice의 단계별 고급통계분석

3

통계나라의 SPSS 마법사

데이터 코딩

코딩이란 컴퓨터가 이해할 수 있는 언어의 코드를 입력해서 기계가 작동할 수 있도록 하는 과정으로 빈도분석 전에 코딩을 진행한다.

1 ❶ SPSS를 실행하여 '파일'을 클릭하고 ❷ 저장해 놓은 파일(Excel 또는 csv 등)을 선택하여 '열기'를 클릭한 후 ❸~❽ 팝업창의 메시지가 뜨면 그림과 같이 클릭한다.

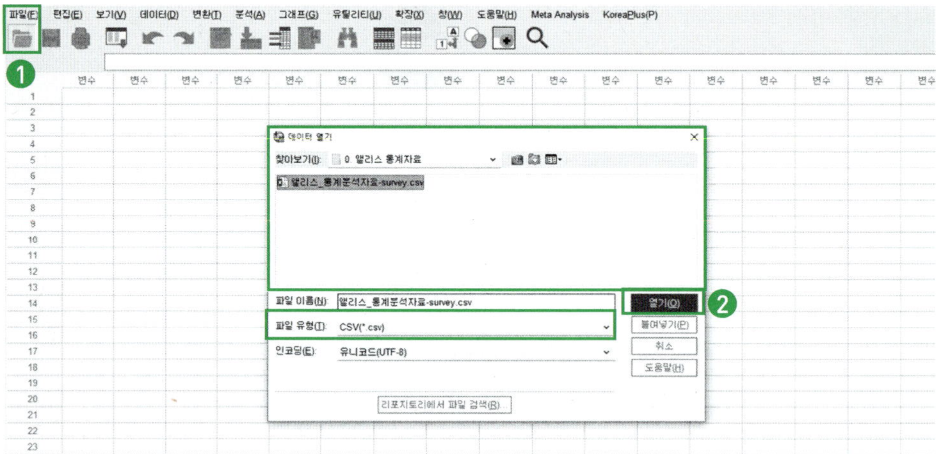

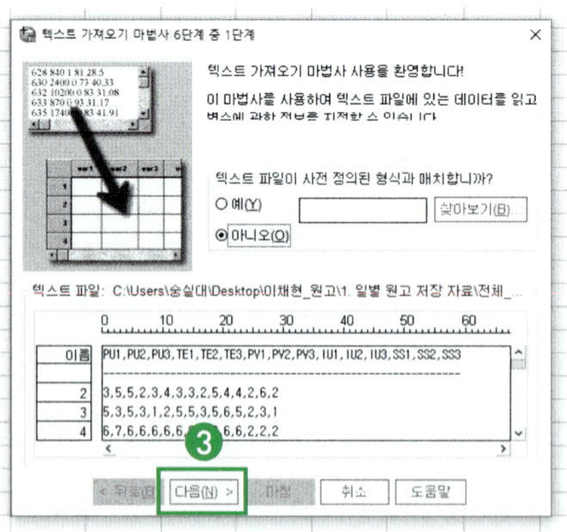

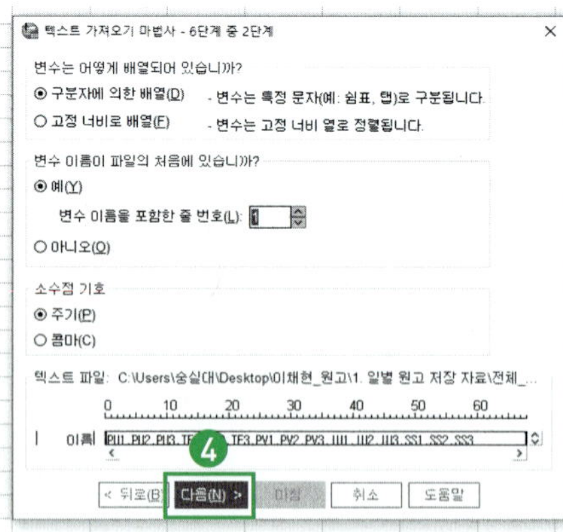

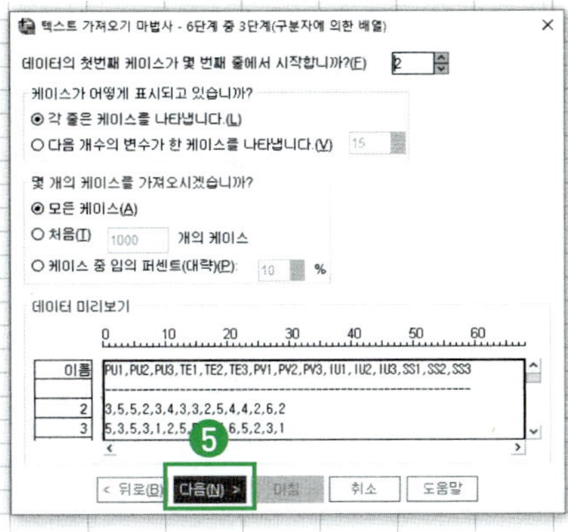
텍스트 가져오기 마법사 - 6단계 중 3단계(구분자에 의한 배열)
데이터의 첫번째 케이스가 몇 번째 줄에서 시작합니까?(F)
2
케이스가 어떻게 표시되고 있습니까?
각 줄은 케이스를 나타냅니다.(L)
다음 개수의 변수가 한 케이스를 나타냅니다.(V)
15
몇 개의 케이스를 가져오시겠습니까?
모든 케이스(A)
처음(T)
1000
개의 케이스
케이스 중 임의 퍼센트(대략)(P):
10
%
데이터 미리보기
이름
PU1,PU2,PU3,TE1,TE2,TE3,PV1,PV2,PV3,IU1,IU2,IU3,SS1,SS2,SS3
3,5,5,2,3,4,3,3,2,5,4,4,2,6,2
5
< 뒤로(B)
다음(N) >
마침
취소
도움말

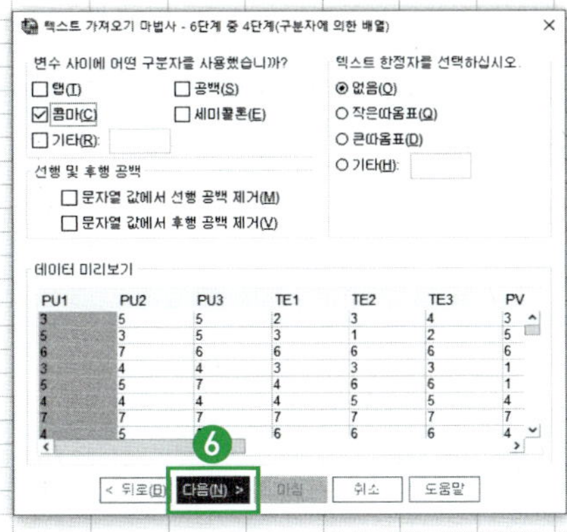
텍스트 가져오기 마법사 - 6단계 중 4단계(구분자에 의한 배열)
변수 사이에 어떤 구분자를 사용했습니까?
탭(T)
공백(S)
콤마(C)
세미콜론(E)
기타(R):
텍스트 한정자를 선택하십시오.
없음(O)
작은따옴표(Q)
큰따옴표(D)
기타(H):
선행 및 후행 공백
문자열 값에서 선행 공백 제거(M)
문자열 값에서 후행 공백 제거(V)
데이터 미리보기
PU1 PU2 PU3 TE1 TE2 TE3 PV
6
< 뒤로(B)
다음(N) >
마침
취소
도움말

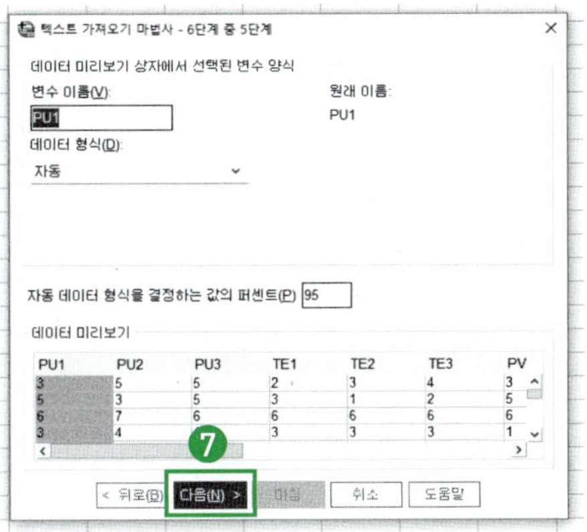
텍스트 가져오기 마법사 - 6단계 중 5단계
데이터 미리보기 상자에서 선택된 변수 양식
변수 이름(V):
PU1
원래 이름:
PU1
데이터 형식(D):
자동
자동 데이터 형식을 결정하는 값의 퍼센트(P)
95
데이터 미리보기
PU1 PU2 PU3 TE1 TE2 TE3 PV
7
< 뒤로(B)
다음(N) >
마침
취소
도움말

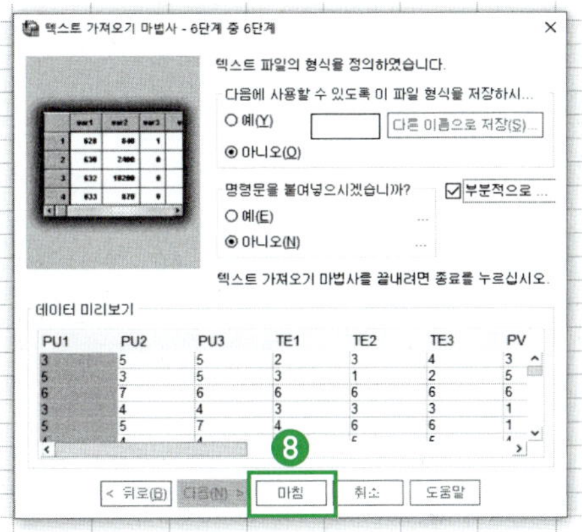
텍스트 가져오기 마법사 - 6단계 중 6단계
텍스트 파일의 형식을 정의하였습니다.
다음에 사용할 수 있도록 이 파일 형식을 저장하시...
예(Y)
다른 이름으로 저장(S)...
아니오(O)
명령문을 붙여넣으시겠습니까?
부분적으로 ...
예(E)
아니오(N)
텍스트 가져오기 마법사를 끝내려면 종료를 누르십시오.
데이터 미리보기
PU1 PU2 PU3 TE1 TE2 TE3 PV
8
< 뒤로(B)
다음(N) >
마침
취소
도움말

2 선택한 파일을 열면 왼쪽과 같이 파일이 열리는데 하단에 보면 '**데이터 보기**'와 '**변수 보기**'의 셀을 확인할 수 있다. '**데이터 보기**'는 진행했던 설문 문항에 대한 값이 있으며, '**변수 보기**'는 변수 이름, 유형, 결측값, 측도와 같은 내용을 확인할 수 있다.

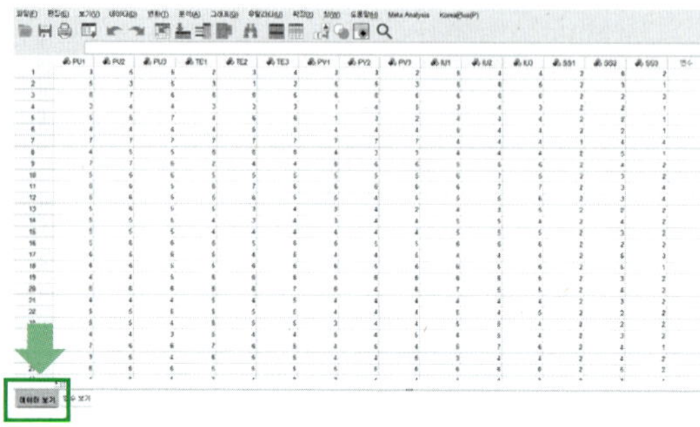

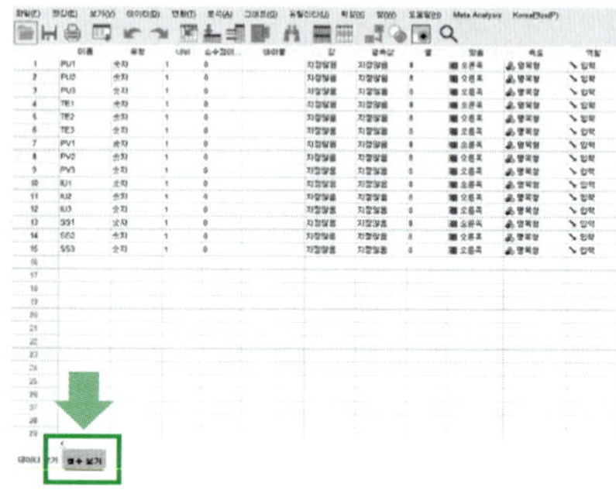

3 '**변수 보기**' 성별에서 '**값**' 부분을 클릭하고 아래의 박스를 클릭한다.

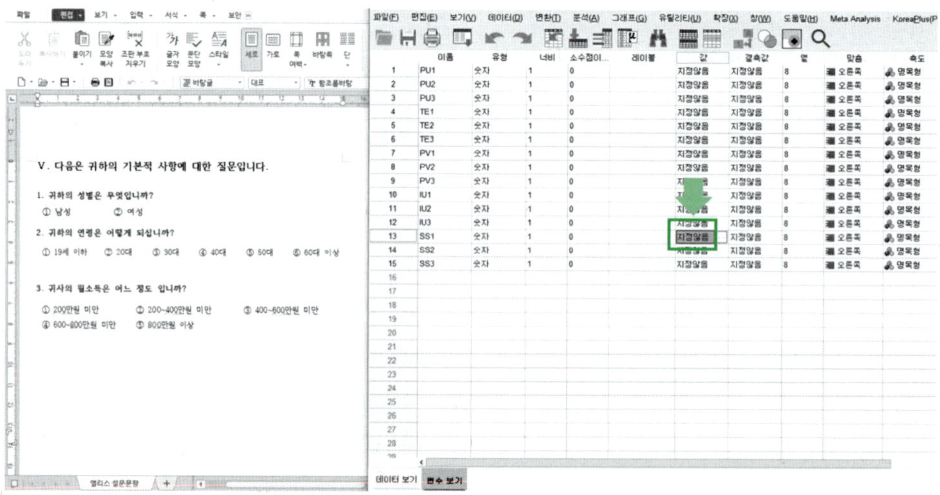

4 '**변수 보기**' 변수값 레이블 박스에 값과 레이블을 설문지 내용에 맞게 코딩한다. 기준값은 1 또는 2로 구분하고 레이블은 명목척도 내용을 기재한다.

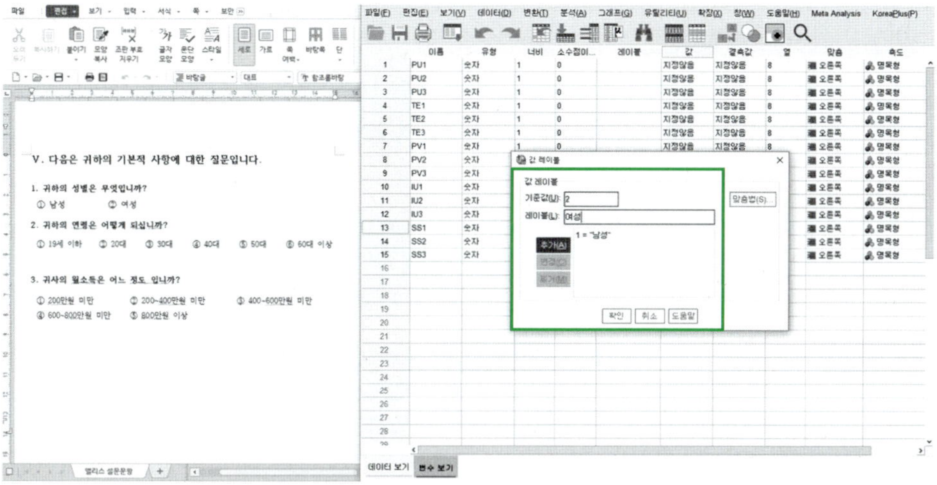

5 '**변수 보기**' 성별, 연령, 직업, 사용 앱, 사용기간, 사용시간 등 필요한 데이터를 코딩한다.

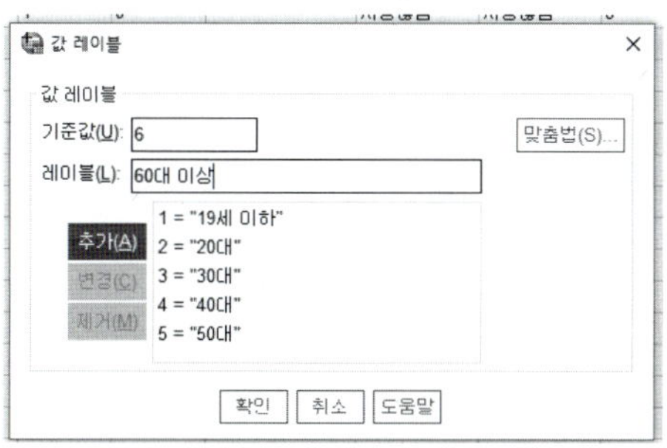

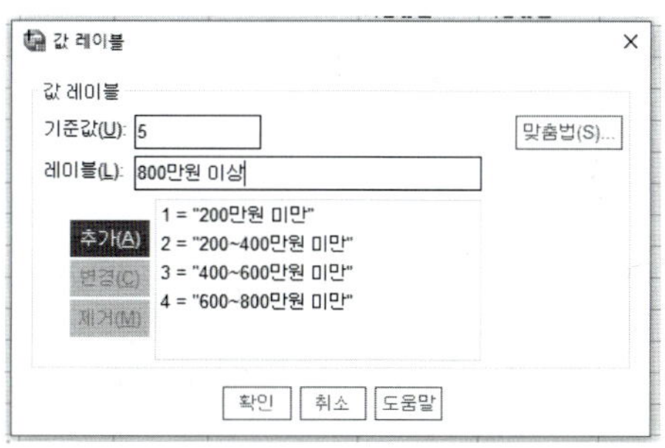

빈도분석

빈도분석은 통계분석의 가장 기초가 될 수 있는 분석방법으로 광범위하게 활용되고 있다. 빈도분석은 명목척도, 등간척도, 비율척도, 서열척도로 사용된다. 빈도분석에서는 평균, 표준편차, 최빈값, 중위값, 최대값 등을 나타낼 수 있고 막대형 차트, 원형 차트, 히스토그램 형태로 시각화할 수 있다.

✤ 한글논문, 발표 PPT 활용 예시 ✤

한글논문

[표 4-1] 인구통계학적 특성

구분		빈도	퍼센트(%)
성별	여성	135	47.7
	남성	148	52.3
	합계	283	100
연령	20대	89	31.4
	30대	86	30.4
	40대	88	31.1
	50대 이상	20	7.1
직업	회사원	205	72.4
	자영업	9	3.2
	학생	36	12.7
	주부	13	4.6
	무직	7	2.5
	기타	13	4.6
주로 사용하는 모바일 라이브 커머스	Grip	10	3.5
	셀렉티브	158	55.8
	소스라이브	3	1.1
	스웨이브	2	0.7
	TVON Live	5	1.8
	카카오톡 톡딜라이브	41	14.5
	JAM LIVE	57	20.1
	기타	7	2.5
사용주기	매일 이용	44	15.5
	일주일 5회 미만	108	38.2
	15일 10회 미만	28	9.9
	한달 15일 미만	58	20.5
	한달 2회 미만	28	9.9
	특정 서비스 이용 시 한시적 이용	17	6.0
사용시간 (하루)	1시간 미만	120	42.4
	1~2시간 이내	145	51.2
	3~4시간 이내	14	4.9
	5~7시간 이내	4	1.4
지출금액 (1회)	1만원 미만	17	6
	1~3만원 미만	114	40.3
	3~5만원 미만	113	39.9
	5~10만원 미만	32	11.3
	10만원 이상	7	2.5

발표 PPT

제4장 실증분석

4.1 자료수집및 표본의특성_인구통계학적특성

구분		빈도	퍼센트(%)
성별	여성	135	47.7
	남성	148	52.3
	합계	283	100
연령	20대	89	31.4
	30대	86	30.4
	40대	88	31.1
	50대 이상	20	7.1
직업	회사원	205	72.4
	자영업	9	3.2
	학생	36	12.7
	주부	13	4.6
	무직	7	2.5
	기타	13	4.6
주로 사용하는 모바일 라이브 커머스	Grip(그립)	10	3.5
	셀렉티브(네이버)	158	55.8
	Sauce(소스라이브)	3	1.1
	스웨이브	2	0.7
	TVON Live	5	1.8
	카카오톡 톡딜라이브	41	14.5
	JAM(잼라이브)	57	20.1
	기타	7	2.5

구분		빈도	퍼센트(%)
사용주기	매일 이용	44	15.5
	일주일 5회 미만	108	38.2
	15일 10회 미만	28	9.9
	한달 15일 미만	58	20.5
	한달 2회 미만	28	9.9
	특정서비스 이용 시 한시적 이용	17	6.0
사용시간 (하루)	1시간 미만	120	42.4
	1~2시간 이내	145	51.2
	3~4시간 이내	14	4.9
	5~7시간 이내	4	1.4
지출금액 (1회)	1만원 미만	17	6
	1~3만원 미만	114	40.3
	3~5만원 미만	113	39.9
	5~10만원 미만	32	11.3
	10만원 이상	7	2.5

17

1 ❶ 메뉴 '**분석**' ❷ '**기술통계량**' ❸ '**빈도분석**'을 클릭한다.

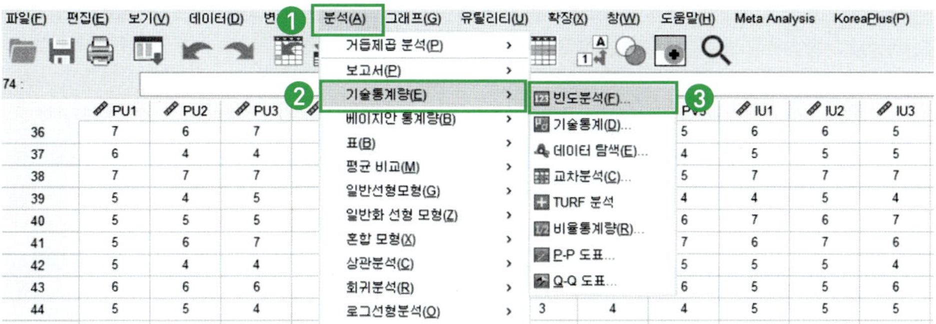

2 빈도분석(인구학적 통계)을 진행할 항목 ❹ '**성별**', '**연령**', '**월소득**' 등을 선택한다 ('**성별**' 클릭 후 Shift 를 누른 상태에서 '**월소득**'을 클릭하면 한꺼번에 클릭이 가능하며 Ctrl을 누르면 각각의 변수를 선택할 수 있다). ❺ '**화살표**'를 눌러 오른쪽으로 보낸다.

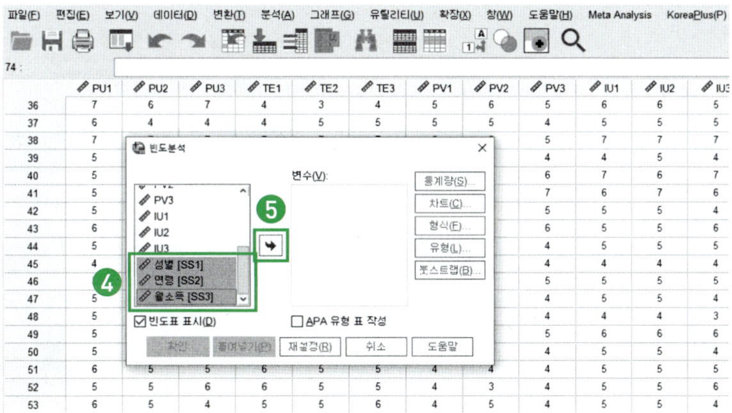

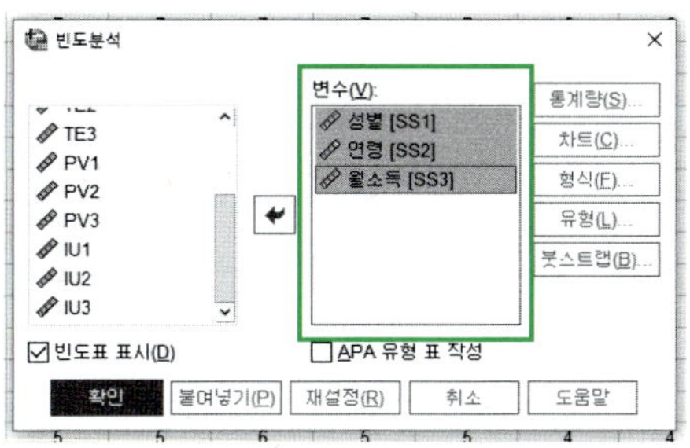

3 ❻ '**통계량**'을 클릭하여 확인하고 싶은 부분에 체크한 후 '**계속**'을 클릭한다.

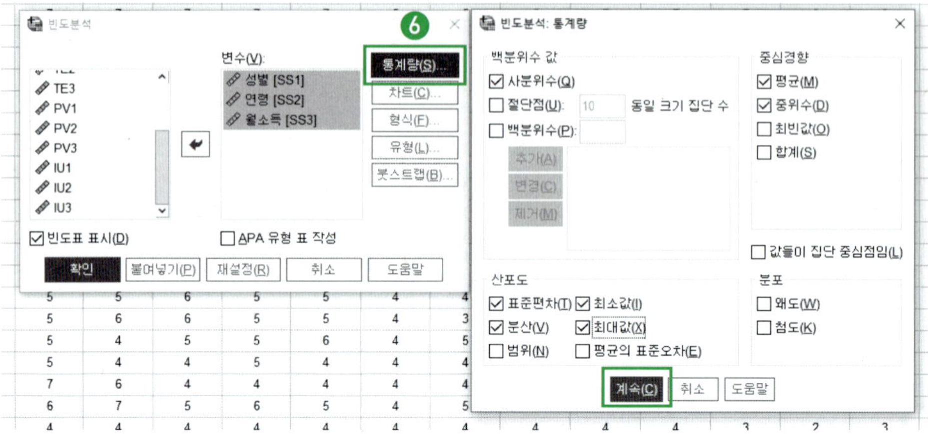

4 ❼ '**차트**'를 클릭하고 원하는 차트 유형을 클릭한 후 '**계속**', '**확인**'을 클릭한다.

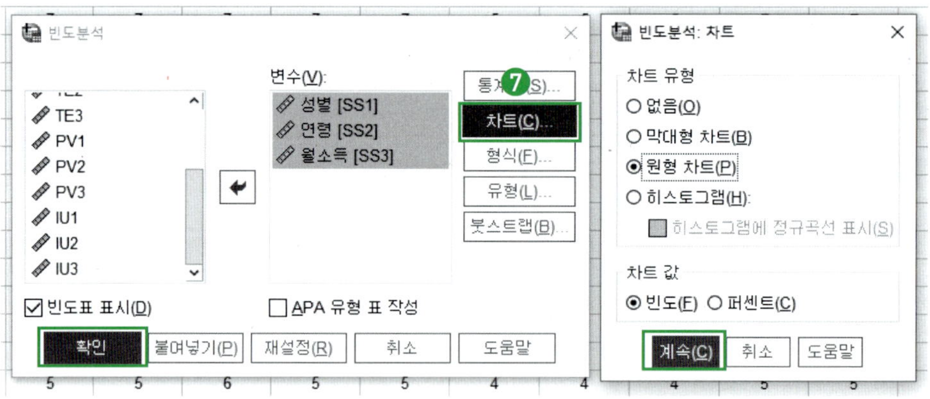

5-1 [하나씩(성별, 연령, 직업 등 각각) 붙여넣기] ❽ '**성별**' 박스를 클릭하고 마우스 오른쪽 버튼을 누른다. ❾ '**복사**'를 클릭하여 ❿ 엑셀에 붙여넣는다.

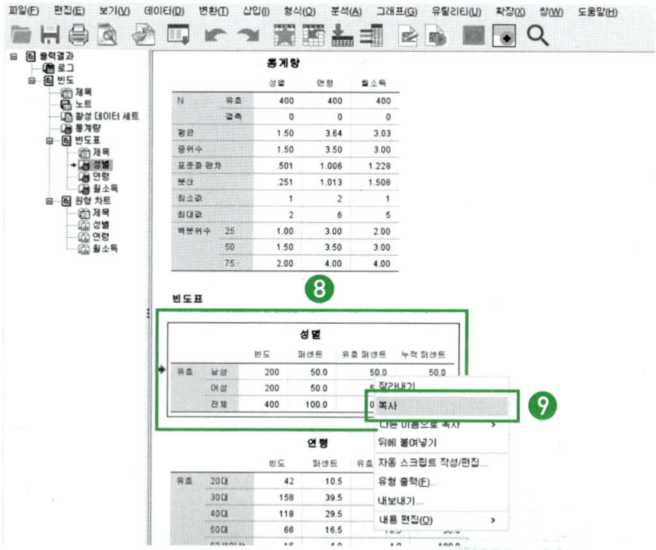

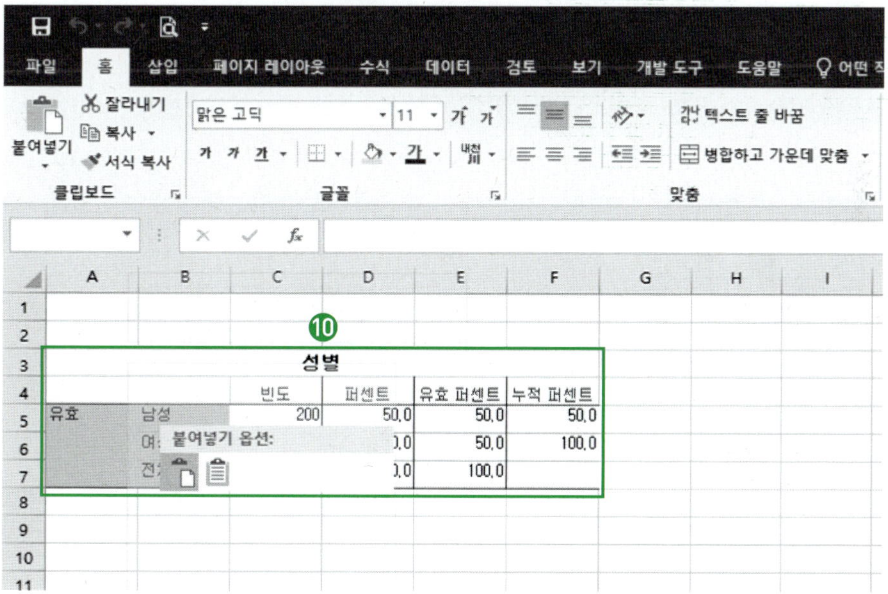

5-2 [전체(한꺼번에) 내보내기] ⑪ 성별 박스 옆 부분 여백에 마우스를 놓고 **'오른쪽 버튼'**을 클릭하고 ⑫ **'내보내기'**를 클릭한 후 ⑬ 엑셀 **'유형'**을 선택한다. ⑭ **'찾아보기'**를 클릭하여 저장할 곳을 선택하고 파일 제목을 작성하고 저장을 클릭한다. ⑮ **'확인'**을 클릭한다.

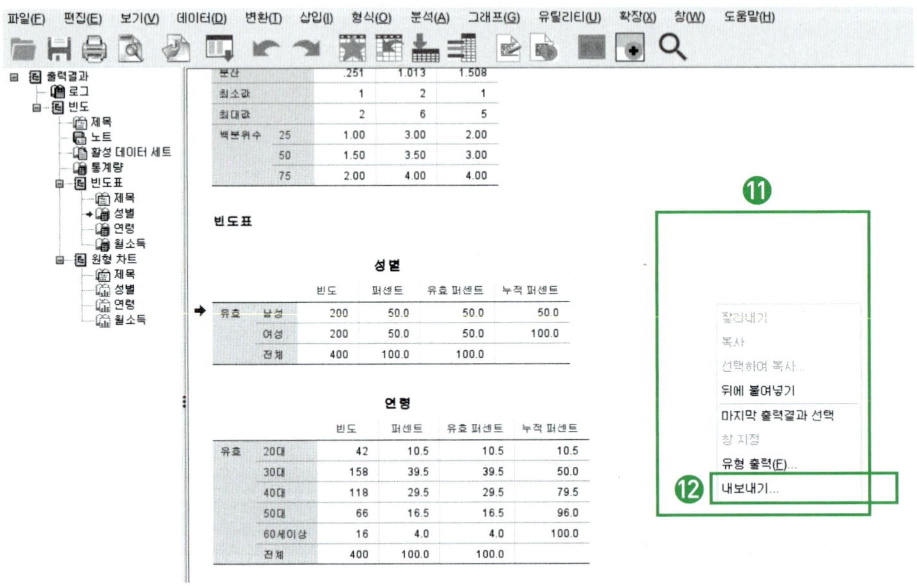

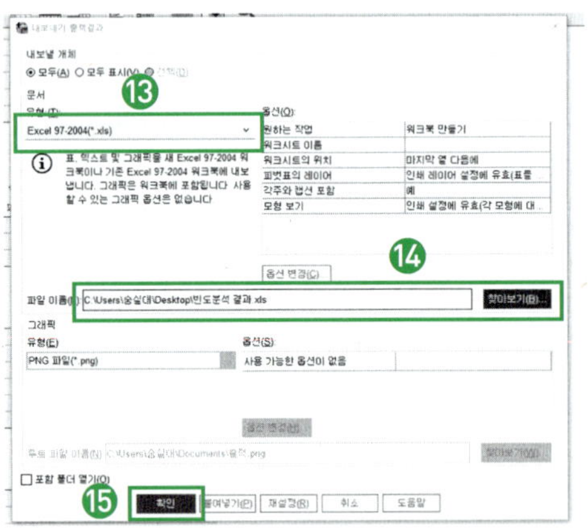

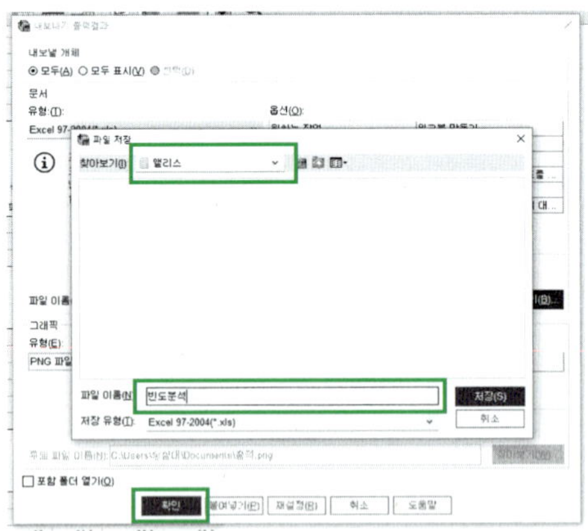

저장된 엑셀 파일을 열어서 본문 내용에 필요한 부분을 편집하여 사용한다.

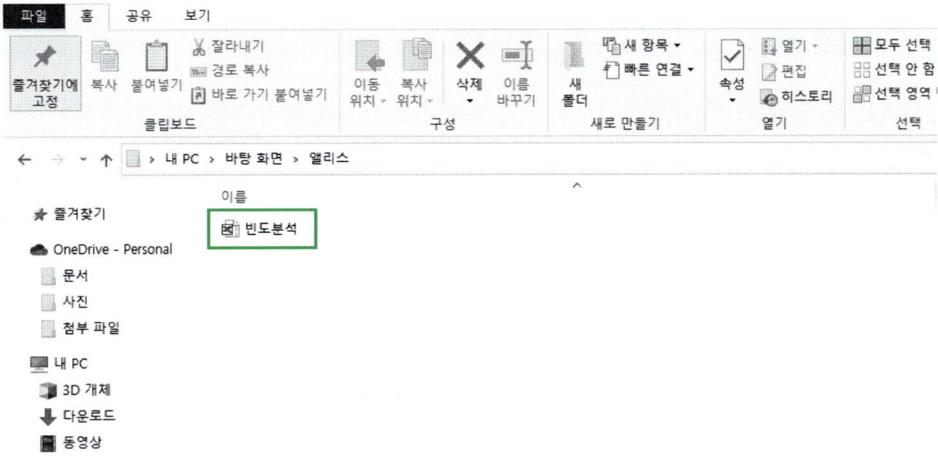

▌빈도분석 풀이

빈도분석의 해석은 빈도수와 퍼센트를 표현해 준다. 설문에서 모든 인구통계학적 설문 내용 전체를 다 작성하기보다는 연구와 연관되는 중요한 자료만 작성하는 것을 권유한다.

✤ 본문 작성 예시 ✤

[표 4-1] 인구통계학적 특성

구분		빈도	퍼센트(%)
성별	여성	135	47.7
	남성	148	52.3
	합계	283	100
연령	20대	89	31.4
	30대	86	30.4
	40대	88	31.1
	50대 이상	20	7.1
직업	회사원	205	72.4
	자영업	9	3.2
	학생	36	12.7
	주부	13	4.6
	무직	7	2.5
	기타	13	4.6
주로 사용하는 모바일 라이브 커머스	Grip	10	3.5
	셀렉티브	158	55.8
	소스라이브	3	1.1
	스웨이브	2	0.7
	TVON Live	5	1.8
	카카오톡 톡딜라이브	41	14.5
	JAM LIVE	57	20.1
	기타	7	2.5
사용주기	매일 이용	44	15.5
	일주일 5회 미만	108	38.2
	15일 10회 미만	28	9.9
	한달 15일 미만	58	20.5
	한달 2회 미만	28	9.9
	특정 서비스 이용 시 한시적 이용	17	6.0
사용시간 (하루)	1시간 미만	120	42.4
	1~2시간 이내	145	51.2
	3~4시간 이내	14	4.9
	5~7시간 이내	4	1.4
지출금액 (1회)	1만원 미만	17	6
	1~3만원 미만	114	40.3
	3~5만원 미만	113	39.9
	5~10만원 미만	32	11.3
	10만원 이상	7	2.5

4.2 인구통계학적 분석

본 연구에서 자료를 수집한 표본의 인구통계학적 분석한 결과는 아래의 [표 4-1]과 같다. 성별의 구성은 여성 47.7%, 남성 52.3%이며, 20대 31.4%, 30대 30.4%, 40대 31.1%이며 50대 이상은 7.1%로 가장 비중이 낮은 것으로 나타났다. 직업은 회사원이 72.4%로 가장 많은 비율로 나타났으며, 모바일 라이브 커머스 이용에서 셀렉티브 55.8%, JAM LIVE 20.1%, 카카오톡 톡딜라이브 14.5% 순으로 나타났다. 또한, 사용주기는 일주일 5회 미만이 38.2%로 가장 크게 나타났으며, 하루 평균 사용시간은 1시간 미만 51.2%, 1시간~2 시간 42.4%로 나타났고 1회 지출 비용으로 1만원~3만원 40.3%, 3만원~5만원 39.9%로 나타났다.

빈도분석 추가

연구 특성에 따라서 평균값, 중위값, 최빈값, 표준편차 등을 제시하거나 그래프를 제시해야 할 때 통계량, 차트를 활용하여 값을 표현할 수 있다.

통계량

통계량

		성별	연령	직업	사용앱	사용기간	사용시간	구매금액
N	유효	283	283	283	283	283	283	283
	결측	0	0	0	0	0	0	0
평균		1.52	2.14	1.75	3.58	2.89	1.65	2.64
중위수		2.00	2.00	1.00	2.00	2.00	2.00	3.00
최빈값		2	1	1	2	2	2	2
표준화 편차		.500	.945	1.392	2.282	1.463	.642	.853
분산		.250	.892	1.939	5.209	2.140	.412	.728
최소값		1	1	1	0	1	1	1
최대값		2	4	6	7	6	4	5
백분위수	25	1.00	1.00	1.00	2.00	2.00	1.00	2.00
	50	2.00	2.00	1.00	2.00	2.00	2.00	3.00
	75	2.00	3.00	2.00	6.00	4.00	2.00	3.00

원형그래프

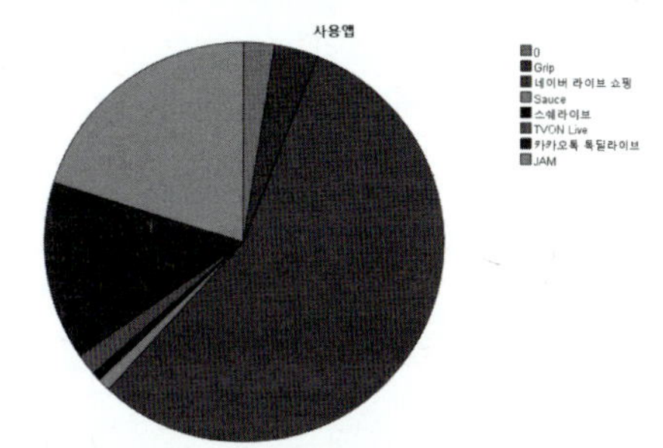

막대그래프

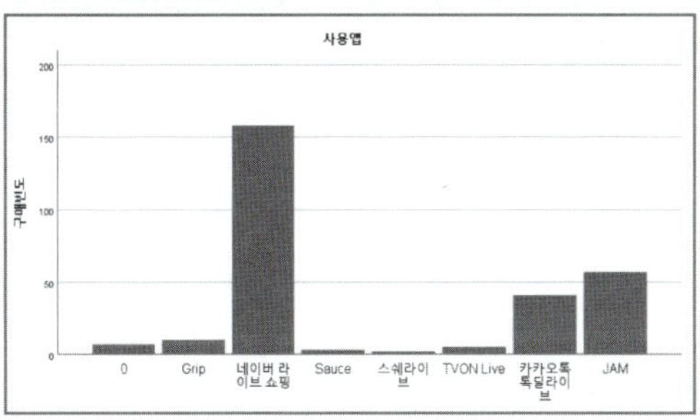

히스토그램

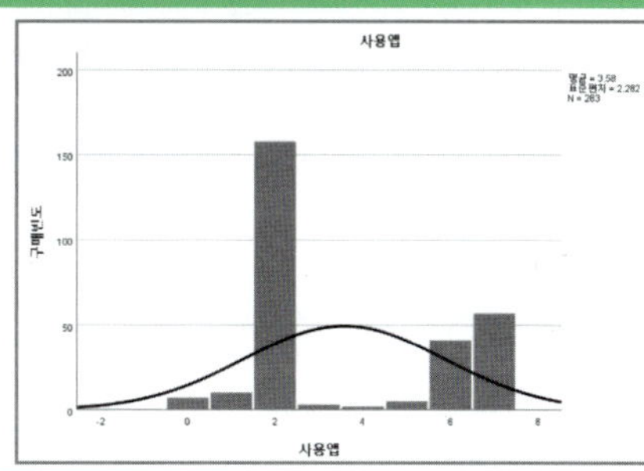

초간단 빈도분석

위의 빈도분석과 초간단 빈도분석에서 클릭해야 하는 수가 동일하게 15가지이지만, 검증결과에서 성별, 연령, 월소득을 각각 클릭하여 표를 재구성해야 한다. 하지만 초간단 빈도분석방법은 빈도와 퍼센트가 한꺼번에 결과가 나타나 활용하기가 훨씬 수월하다 빈도분석에서 인원과 퍼센트만 필요하다면 초간단 분석을 활용해 보자.

❶ '분석'을 클릭하고 ❷ '표(B)'를 클릭한 후 ❸ '사용자 정의표(C)'를 클릭한다.

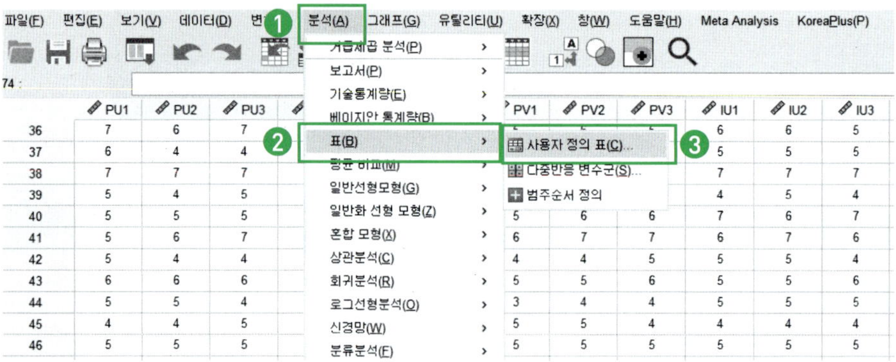

❹ '확인'을 클릭한다.

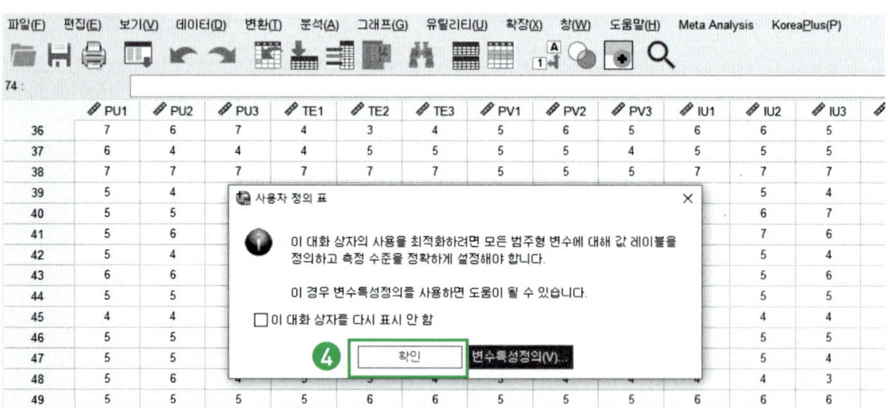

❺ '**성별**', '**연령**', '**월소득**' 등 해당 내용을 클릭(Alt+해당 내용 클릭)하고 마우스 오른쪽 버튼을 누른다. ❻ '**명목형**'을 클릭하고 ❼ 해당 내용을 클릭한 상태에서 오른쪽 '**행**' 가까이 드래그하여 붙여넣는다.

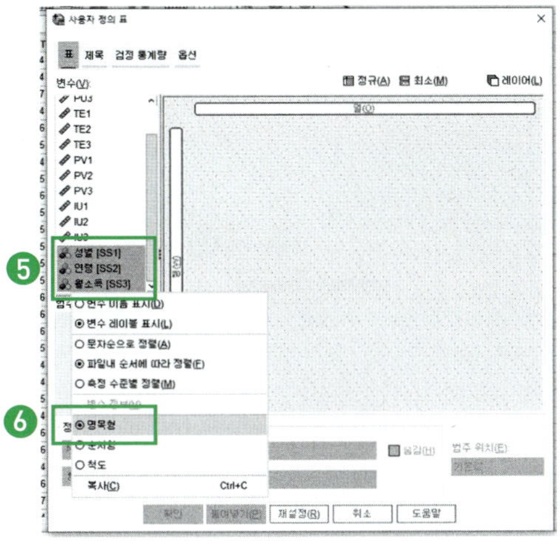

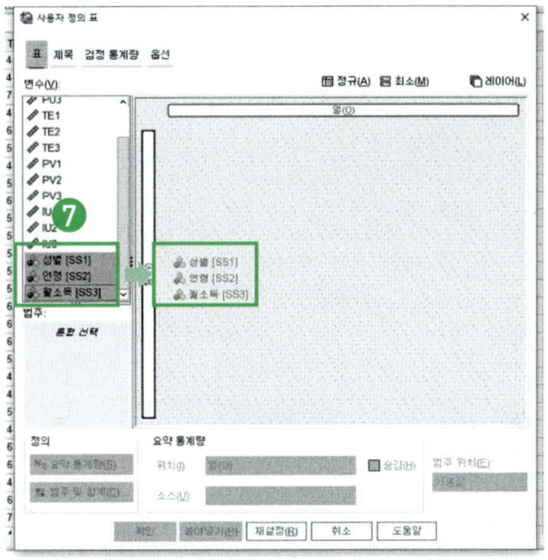

❽ '**성별**'을 클릭하고 ❾ '**요약 통계량**'을 클릭한 후 ❿ '**열 퍼센트**'를 더블 클릭한다.

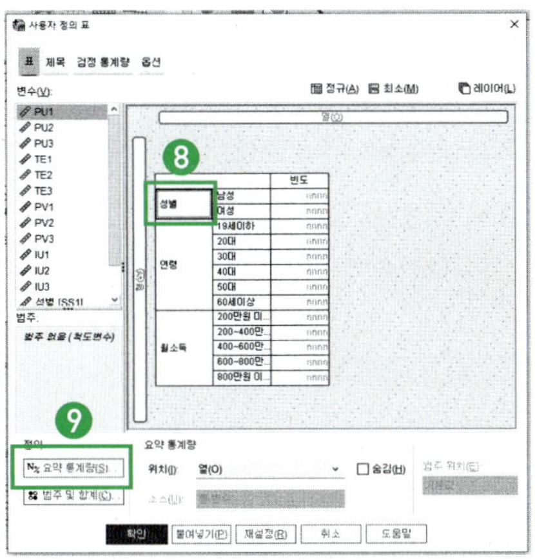

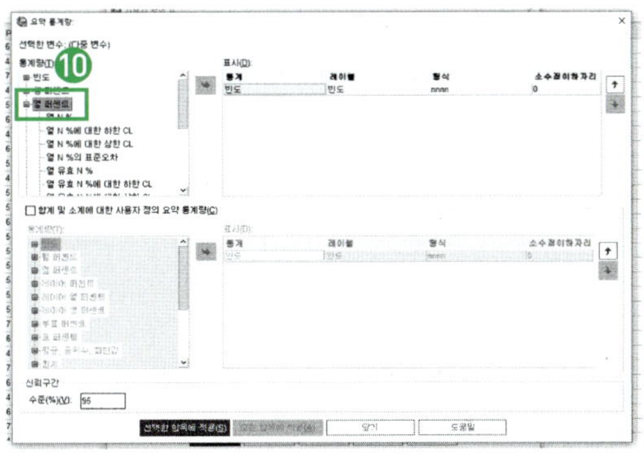

⑪ '열 전체 N%'를 클릭하고 ⑫ 오른쪽으로 이동하는 '화살표'를 클릭한 후 ⑬ '모든 항목에 적용(A)'을 클릭하고 ⑭ '닫기'를 클릭한다.

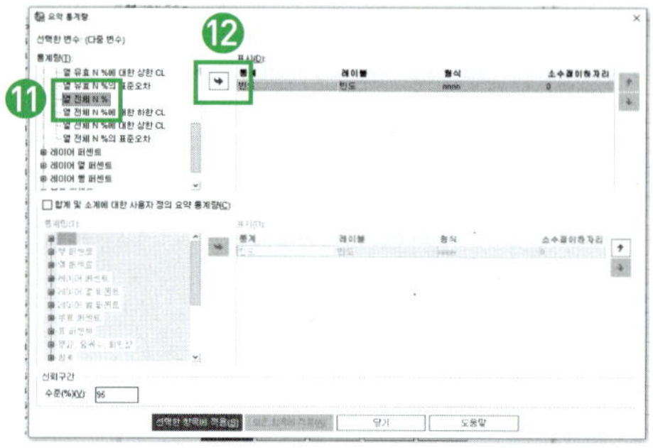

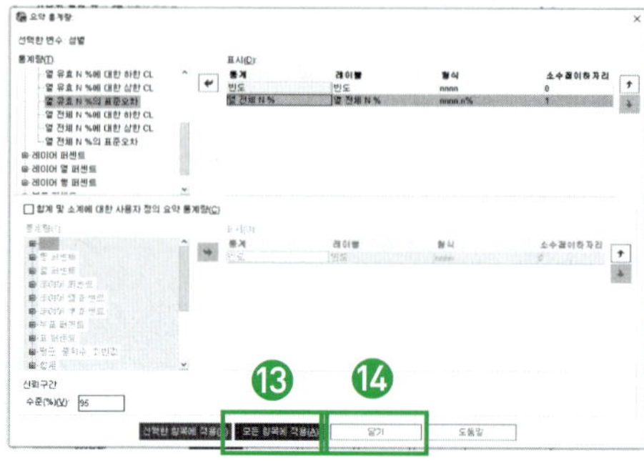

⑮ '확인'을 클릭한다.

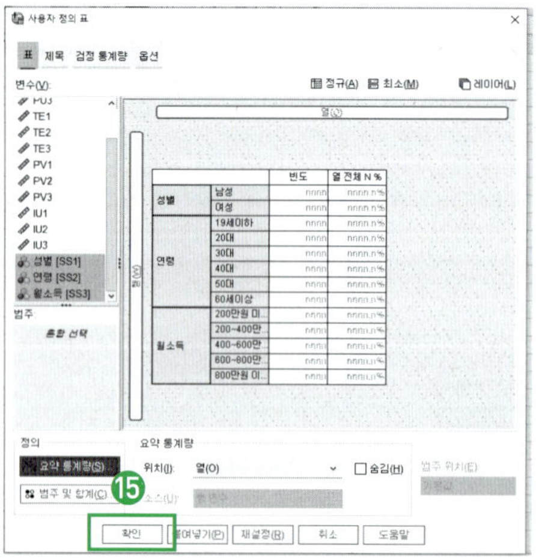

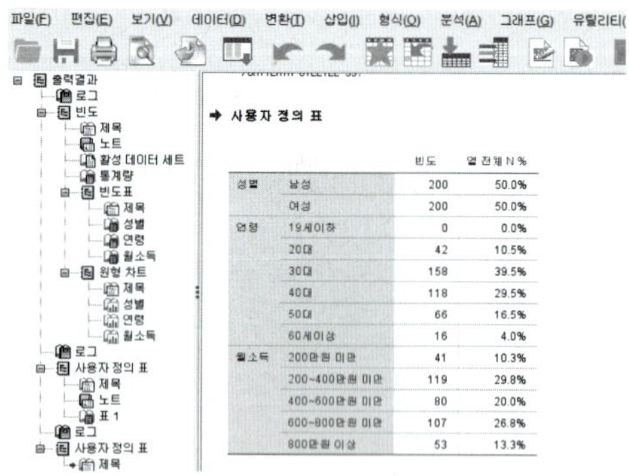

기술통계분석(평균, 표준편차, 왜도, 첨도)

정규성 검정은 평균, 표준편차, 왜도, 첨도뿐만 아니라 분산, 최소값, 최대값, 표준오차 등 검증하고자 하는 부분을 표로 표현할 수 있다. 아래 '기술통계 정규성 검정'의 예시와 같이 검증을 실습해 보자.

[표 4-3] 기술통계 정규성 검정

관측변수	평균	표준편차	왜도	첨도
CON1	4.02	0.64	-.096	-.307
CON2	4.08	0.73	-.447	-.102
CON3	4.05	0.73	-.295	-.463
CON4	3.86	0.75	-.232	-.273
UBI2	4.15	0.69	-.335	-.429
UBI3	4.14	0.76	-.678	.487
UBI4	3.81	0.82	-.397	-.083
UBI5	3.89	0.78	-.427	.389
SOP2	3.62	0.85	-.125	-.423
SOP3	3.95	0.77	-.572	.522
SOP4	3.81	0.76	-.234	-.272
ATT2	3.82	0.77	.005	-.717
ATT4	4.10	0.70	-.331	-.291
ATT5	3.75	0.76	-.187	-.284
VIV1	3.76	0.64	-.134	-.025
VIV2	3.92	0.75	-.221	-.432
VIV3	3.71	0.77	-.104	-.135
EXP2	4.04	0.71	-.422	.128
EXP3	3.63	0.78	.138	-.538
EXP4	3.75	0.77	-.063	-.484
EXP5	3.72	0.77	.091	-.629
INQ1	3.89	0.68	-.077	-.317
INQ2	3.90	0.73	-.077	-.578
INQ5	3.91	0.70	-.116	-.390
COM1	3.69	0.74	-.124	-.251
COM3	3.76	0.74	-.009	-.484
COM4	3.89	0.73	-.152	-.396
COM5	3.84	0.71	-.051	-.447
HEV1	3.94	0.70	-.302	.047
HEV2	3.91	0.72	.027	-.817
HEV4	3.76	0.70	-.072	-.254
HEV5	3.57	0.88	-.244	-.045
PEV1	3.81	0.60	.012	-.226
PEV2	3.91	0.70	-.054	-.535
PEV4	3.75	0.74	-.036	-.410
PEV5	3.92	0.64	-.004	-.357
PUI2	3.80	0.76	.056	-.723
PUI3	3.72	0.74	.173	-.647
PUI4	3.76	0.72	.105	-.573
PUI5	4.00	0.72	-.225	-.455

CON : 편리성, UBI : 편재성, SOP : 사회적 실재감, ATT : 매력성, VIV : 생생함, EXP : 전문성, INQ : 정보품질, COM : 호환성, HEV : 쾌락적 가치, PEV : 지각된 가치, PUI : 구매의도

- 67 -

파일(F) 편집(E) 보기(V) 데이터(D) 변환(T) 분석(A) 그래프(G) 유틸리티(U) 확장(X) 창(W) 도움말(H) Meta Analysis KoreaPlus(P)
1
2
3
거듭제곱 분석(P)
보고서(P)
기술통계량(E)
베이지안 통계량(B)
표(B)
평균 비교(M)
일반선형모형(G)
일반화 선형 모형(Z)
혼합 모형(X)
상관분석(C)
회귀분석(R)
로그선형분석(O)
신경망(W)
분류분석(F)
차원 축소(D)
척도분석(A)
빈도분석(F)...
기술통계(D)...
데이터 탐색(E)...
교차분석(C)...
TURF 분석
비율통계량(R)...
P-P 도표...
Q-Q 도표...

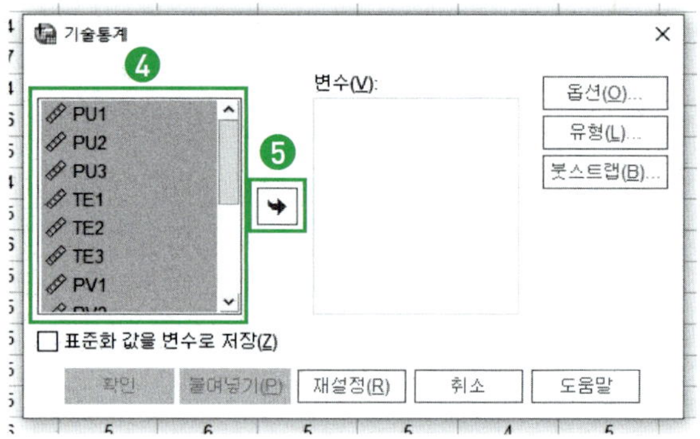
기술통계
4
5
PU1
PU2
PU3
TE1
TE2
TE3
PV1
변수(V):
옵션(O)...
유형(L)...
붓스트랩(B)...
표준화 값을 변수로 저장(Z)
확인 붙여넣기(P) 재설정(R) 취소 도움말

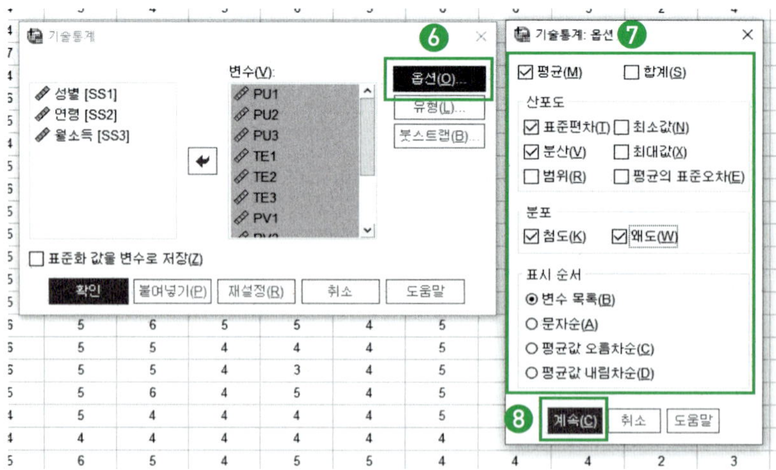
기술통계
6
성별 [SS1]
연령 [SS2]
월소득 [SS3]
변수(V):
PU1
PU2
PU3
TE1
TE2
TE3
PV1
옵션(O)...
유형(L)...
붓스트랩(B)...
표준화 값을 변수로 저장(Z)
확인 붙여넣기(P) 재설정(R) 취소 도움말
기술통계: 옵션
7
평균(M)
합계(S)
산포도
표준편차(T)
최소값(N)
분산(V)
최대값(X)
범위(R)
평균의 표준오차(E)
분포
첨도(K)
왜도(W)
표시 순서
변수 목록(B)
문자순(A)
평균값 오름차순(C)
평균값 내림차순(D)
8
계속(C) 취소 도움말

✣ 기술통계 결과값 ✣

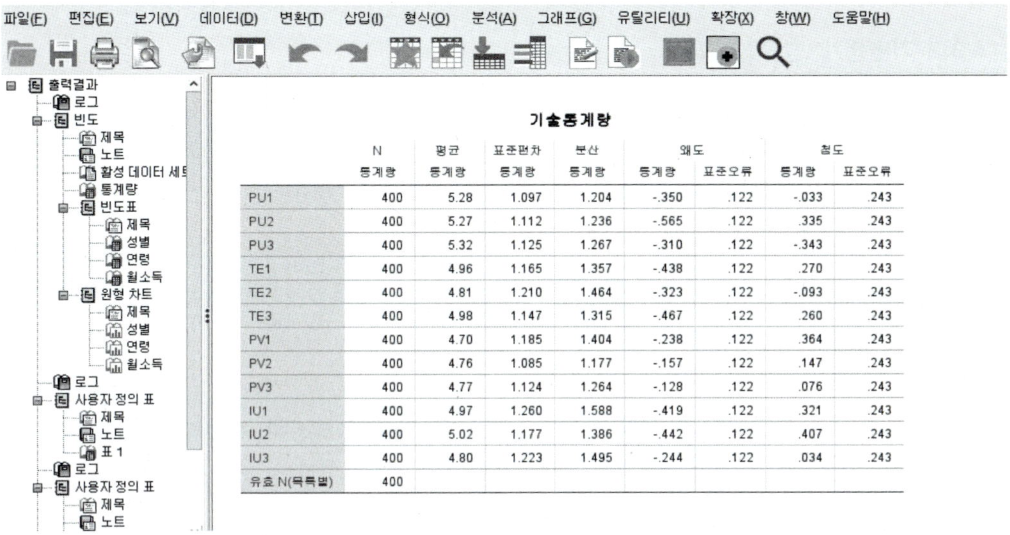

기술통계량

	N	평균	표준편차	분산	왜도		첨도	
	통계량	통계량	통계량	통계량	통계량	표준오류	통계량	표준오류
PU1	400	5.28	1.097	1.204	-.350	.122	-.033	.243
PU2	400	5.27	1.112	1.236	-.565	.122	.335	.243
PU3	400	5.32	1.125	1.267	-.310	.122	-.343	.243
TE1	400	4.96	1.165	1.357	-.438	.122	.270	.243
TE2	400	4.81	1.210	1.464	-.323	.122	-.093	.243
TE3	400	4.98	1.147	1.315	-.467	.122	.260	.243
PV1	400	4.70	1.185	1.404	-.238	.122	.364	.243
PV2	400	4.76	1.085	1.177	-.157	.122	.147	.243
PV3	400	4.77	1.124	1.264	-.128	.122	.076	.243
IU1	400	4.97	1.260	1.588	-.419	.122	.321	.243
IU2	400	5.02	1.177	1.386	-.442	.122	.407	.243
IU3	400	4.80	1.223	1.495	-.244	.122	.034	.243
유효 N(목록별)	400							

✣ 기술통계 엑셀에 붙여넣기 예시 ✣

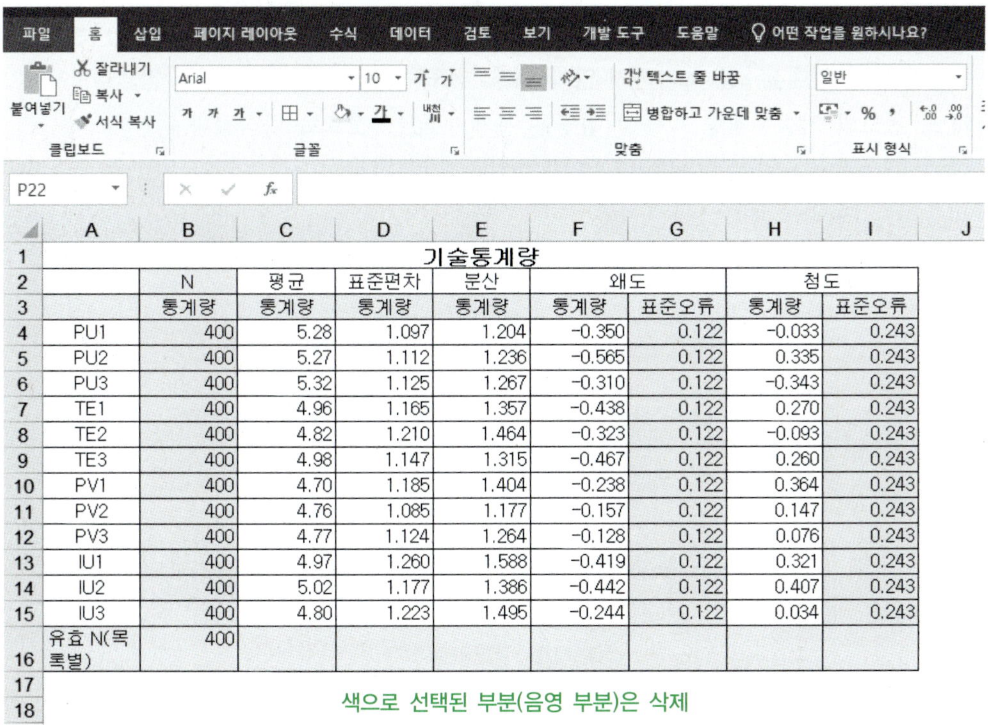

기술통계량

	N	평균	표준편차	분산	왜도		첨도	
	통계량	통계량	통계량	통계량	통계량	표준오류	통계량	표준오류
PU1	400	5.28	1.097	1.204	-0.350	0.122	-0.033	0.243
PU2	400	5.27	1.112	1.236	-0.565	0.122	0.335	0.243
PU3	400	5.32	1.125	1.267	-0.310	0.122	-0.343	0.243
TE1	400	4.96	1.165	1.357	-0.438	0.122	0.270	0.243
TE2	400	4.82	1.210	1.464	-0.323	0.122	-0.093	0.243
TE3	400	4.98	1.147	1.315	-0.467	0.122	0.260	0.243
PV1	400	4.70	1.185	1.404	-0.238	0.122	0.364	0.243
PV2	400	4.76	1.085	1.177	-0.157	0.122	0.147	0.243
PV3	400	4.77	1.124	1.264	-0.128	0.122	0.076	0.243
IU1	400	4.97	1.260	1.588	-0.419	0.122	0.321	0.243
IU2	400	5.02	1.177	1.386	-0.442	0.122	0.407	0.243
IU3	400	4.80	1.223	1.495	-0.244	0.122	0.034	0.243
유효 N(목록별)	400							

색으로 선택된 부분(음영 부분)은 삭제

✤ 정규성 검정 풀이 예시 ✤

4.3.2 기술통계 정규성 검정

정규성 검정을 위해 첫 번째 방법으로 왜도(Skewness)와 첨도(Kurtosis)를 이용하여 정규성을 검정하였다. 통계분석은 각 표본이 특정한 분포를 한다고 가정하여 모수에 관해 추론하고 분석방법을 사용한다. 선행연구를 바탕으로 통계분석방법들이 개발되고 있지만, 많은 방법이 정규분포로 모든 결과를 검증할 수 있고 모수에 추정량, 검정통계량의 통계 특성이 알려져 왔으며 통계적인 추론이 다른 분포를 가정하였을 때보다 쉬워진다는 장점이 있기 때문이다(여인권, 2002; 유훈, 2018).

기술통계 및 정규성 검정은 SPSS ver. 22.0을 활용하여 결과를 도출하였다. 정규성은 왜도(Skewness), 첨도(Kurtosis)를 활용하여 일변량 정규성 검정이 가능하고, 왜도는 분포 비대칭의 정도를 측정하는 척도이며 통계량 절대값은 ±1.96을 초과하게 되면 분포는 극단적으로 볼 수 있으며 첨도의 분포 윗부분의 평평함 정도를 측정하는 것으로 통계량 절대값은 ±2를 초과하면 분포가 극단적이라 할 수 있다.

[표 4-3]의 검증결과에서 왜도의 통계량 절대값은 1.96을 초과하지 않으며, 첨도의 통계량 또한 절대값 2를 초과하지 않아 왜도, 첨도 모두 극단치를 보이지 않았다. 이에 왜도, 첨도의 기술통계량 정규성 검정은 문제가 없는 것으로 나타났다.

요인분석, KMO와 Bartlett 검정

요인분석은 측정하고자 하는 개념을 얼마나 정확히 측정하였는가를 파악하는 것이다. 요인분석은 같은 개념을 측정하는 변수들이 동일한 요인으로 묶이는지를 확인하는 것이라고 할 수 있는데, 이는 측정도구의 타당성을 판정하는 것이기에 논문에서는 이를 타당성 검정이라고도 한다. 아래 '요인분석'의 예시와 같이 검증을 실습해 보자.

✤ 예시 ✤

[표 4-3] 탐색적 요인 분석 결과

	성분												CA
	1	2	3	4	5	6	7	8	9	10	11	12	
INO2	0.146	0.144	0.109	0.103	0.134	0.801	0.090	0.193	0.037	0.092	0.068	0.195	
INO3	0.147	0.145	0.092	0.214	0.152	0.766	0.126	0.106	0.157	0.147	0.098	0.089	**0.856**
INO5	0.238	0.161	0.038	0.184	0.175	0.697	0.135	0.038	0.189	0.228	0.146	0.088	
EFF1	0.040	0.198	0.169	0.154	0.145	0.168	0.122	0.767	0.155	0.184	0.139	0.139	
EFF2	0.145	0.128	0.127	0.133	0.123	0.195	0.202	0.632	0.299	0.197	0.255	0.118	**0.876**
EFF3	0.149	0.199	0.127	0.217	0.145	0.069	0.177	0.775	0.151	0.059	0.141	0.098	
XPL2	0.883	0.110	0.116	0.122	0.075	0.112	0.077	0.102	0.052	0.051	0.018	0.110	
XPL3	0.871	0.094	0.157	0.072	0.100	0.173	0.063	0.076	0.061	0.082	0.082	0.115	**0.914**
XPL4	0.835	0.123	0.113	0.076	0.097	0.127	0.096	0.058	0.074	0.202	0.157	0.012	
RCH1	0.159	0.801	0.038	0.184	0.245	0.175	0.070	0.174	0.090	0.109	0.141	0.164	
RCH2	0.131	0.826	0.023	0.186	0.223	0.151	0.115	0.120	0.104	0.125	0.126	0.088	**0.926**
RCH5	0.111	0.810	0.051	0.087	0.155	0.122	0.099	0.177	0.182	0.173	0.155	0.094	
EXP1	0.132	0.141	0.052	0.104	0.818	0.118	0.117	0.173	0.115	0.112	0.081	0.155	
EXP2	0.144	0.243	0.096	0.072	0.755	0.205	0.223	0.169	0.129	0.104	0.006	0.056	**0.858**
EXP5	0.039	0.206	0.085	0.150	0.773	0.113	-0.009	0.015	0.136	0.172	0.167	0.097	
ACC1	0.122	0.114	0.165	0.179	0.143	0.081	0.803	0.145	0.152	0.091	0.057	0.175	
ACC3	0.097	0.104	0.027	0.097	0.113	0.105	0.633	0.317	0.356	0.193	0.168	0.205	**0.863**
ACC5	0.079	0.087	0.175	0.082	0.081	0.172	0.803	0.090	0.144	0.212	0.140	0.075	
RSK2	0.256	0.217	0.048	0.117	0.183	0.221	0.201	0.143	0.142	0.674	0.177	0.038	
RSK3	0.182	0.153	-0.014	0.206	0.179	0.190	0.141	0.157	0.086	0.656	0.098	0.323	**0.833**
RSK4	0.083	0.154	0.089	0.246	0.173	0.153	0.234	0.159	0.175	0.682	0.108	0.178	
SEC2	0.112	0.009	0.864	0.110	0.081	0.058	0.154	0.094	0.117	-0.012	0.085	0.033	
SEC3	0.110	0.005	0.898	0.040	0.046	0.049	0.056	0.081	0.110	0.056	0.063	0.059	**0.917**
SEC4	0.125	0.081	0.905	0.085	0.057	0.080	0.082	0.101	0.100	0.041	0.055	0.011	

[표 4-2] KMO와 Bartlett 검정 결과

KMO와 Bartlett의 검정		
Kaiser-Meyer-Olkin 표본 적합도		0.944
Bartlett의 구형성 검정	근사 카이제곱	10780.068
	자유도(df)	630
	유의확률(p)	0.000

1 ❶ 메뉴 '**분석**'을 클릭하고 ❷ '**차원 축소**'에서 '**요인분석**'을 클릭한다.

2 요인분석을 실시할 항목에서 변수를 선택하고 ❸ '**화살표**'를 클릭한다.

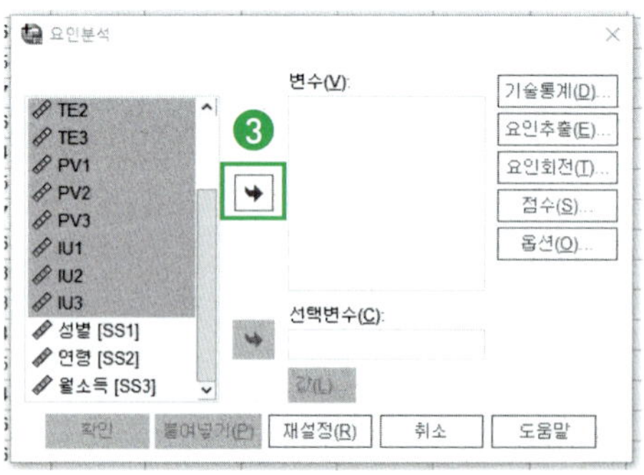

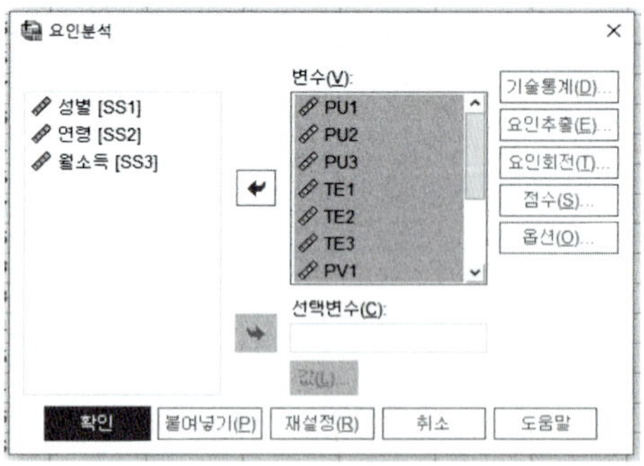

3 ❹ '**기술통계**'를 클릭하고 ❺ 일변량 기술통계, 초기해법, 계수, KMO와 Bartlett의 구형성 검정을 클릭한 후 '**계속**'을 클릭한다.

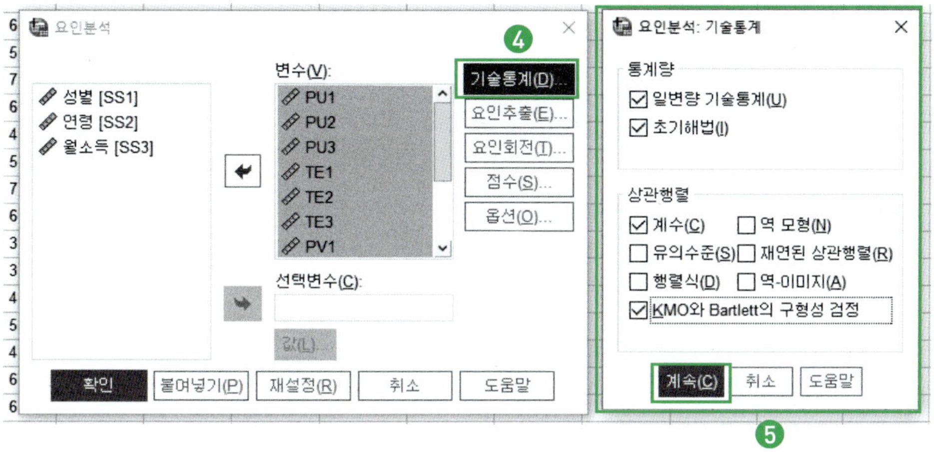

4 ❻ '**요인추출**'을 클릭하고 ❼ 주성분, 회전하지 않은 요인해법, 스크리 도표, 고유값 기준, 다음 값보다 큰 고유값 1을 클릭한 후 '**계속**'을 클릭한다.

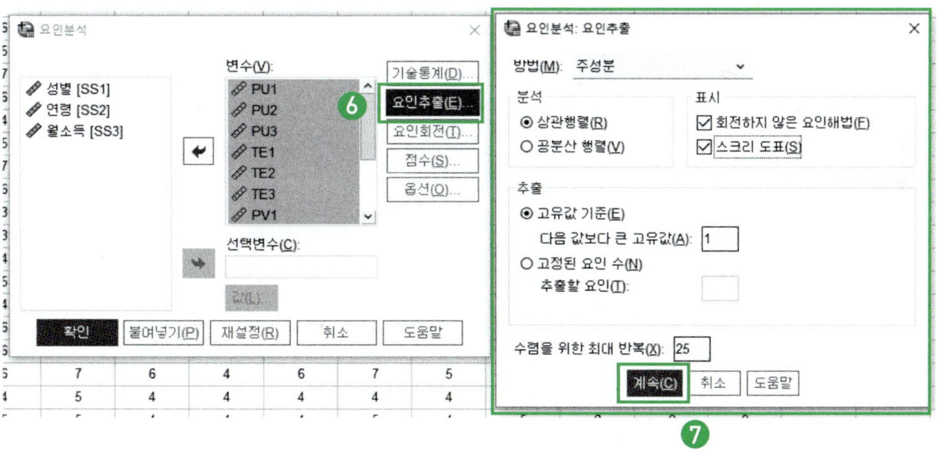

5 ⑧ '**요인회전**'을 클릭하고 ⑨ 베리멕스, 회전 해법, 적재량 도표를 클릭한 후 '**계속**'을 클릭한다.

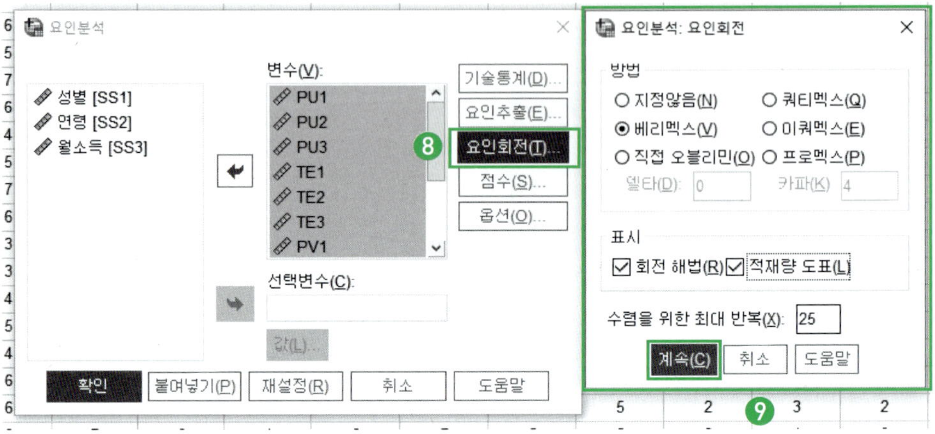

6 ⑩ '**점수**'를 클릭하고 ⑪ 변수로 저장, 회귀, 요인점수 계수행렬 표시를 클릭한 후 '**계속**'을 클릭한다.

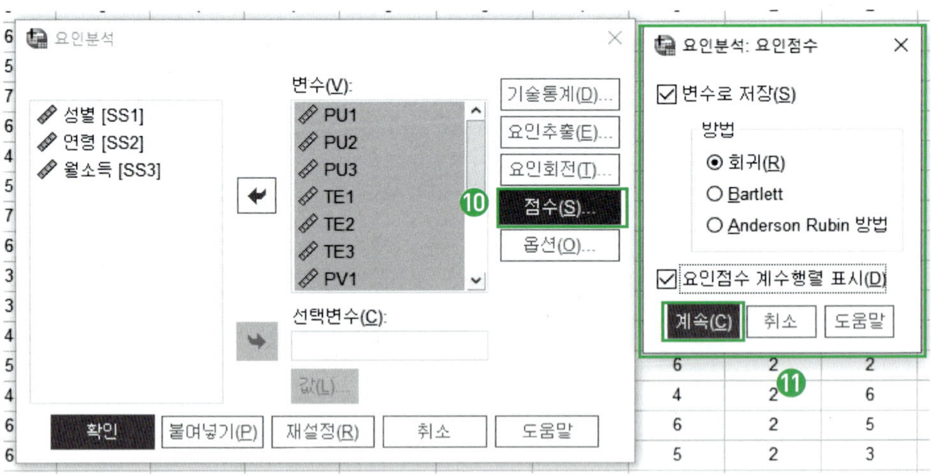

7 ⑫ '**옵션**'을 클릭하고 ⑬ 목록별 결측값 제외, 크기순 정렬을 클릭한 후 '**계속**'을 클릭하고 ⑭ '**확인**'을 클릭한다.

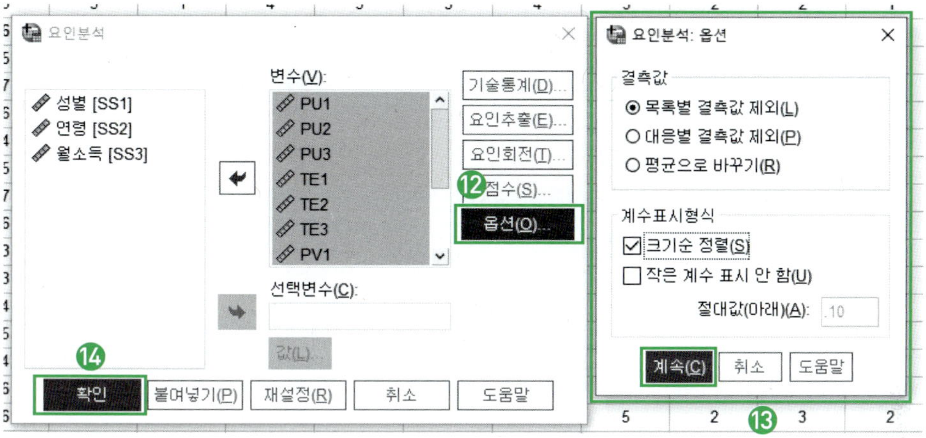

8 ⑮ '**회전된 성분행렬**'을 클릭하고 마우스 오른쪽 버튼을 클릭한 후 ⑯ '**복사**'를 클릭하고 ⑰ 엑셀에 붙여넣는다.

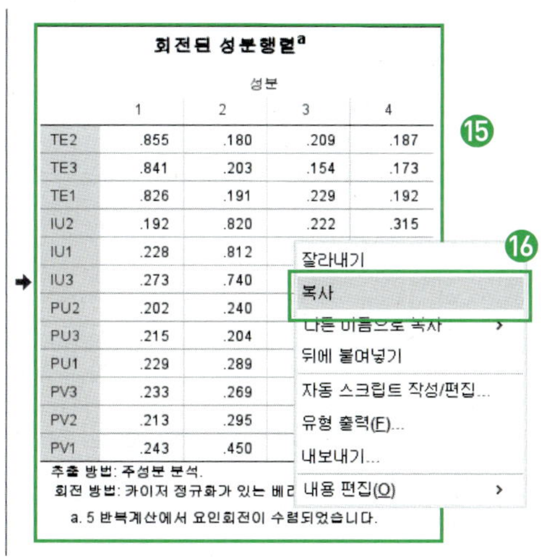

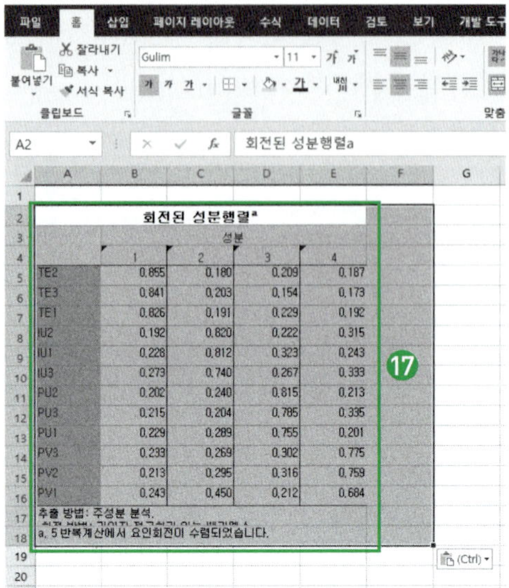

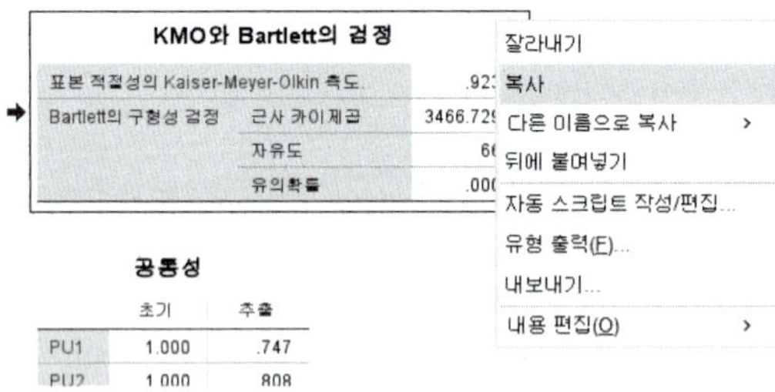

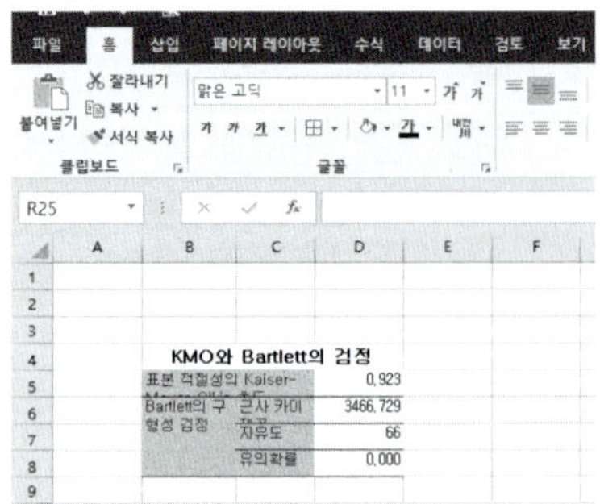

9 [KMO와 Bartlett의 검정] 폰트 정렬, 표 컬러, 표 선 등 전체적으로 표를 재구성한다.

KMO와 Bartlett의 검정		
표본 적절성의 Kaiser-Meyer-Olkin 측도.		0.923
Bartlett의 구형성 검정	근사 카이제곱	3466.729
	자유도	66
	유의확률	0.000

4.3.1 KMO와 Bartlett 검정

탐색적 요인분석(Exploratory Factor Analysis)은 특별한 사전지식이나 결정된 사항이 없는 상태에서 변수 간의 내재된 관계를 탐색적으로 찾아내는 분석방법이다(이훈영, 2012). 주성분분석을 이용한 탐색적 요인분석을 진행하기에 앞서 측정변수들이 요인분석에 적합한지 검정하기 위해 KMO와 Bartlett의 구형성 검정을 실시하였다. KMO(Kaiser-Meyer-Olkin) 검정은 측정변수들 간의 편상관관계를 나타내는 편상관계수가 얼마나 작은지를 검정하는 것이며, 편상관관계는 두 변수에 공통적으로 영향을 미치는 제3의 변수가 존재할 때 이 변수가 미치는 효과를 제거한 순수한 상관관계를 말한다(이훈영, 2012).

일반적으로 KMO 측도의 값이 0.90 이상이면 '매우 높음(Marvelous)'이고, 0.80~0.89의 경우 '다소 높음(Meritorious)', 0.70~0.79의 경우 '약간 높음(Middling)', 0.60~0.69의 경우 '보통(Mediocre)'이고, 0.50~0.59의 경우에는 '불량(Miserable)', 0.5 미만은 '매우 불량(Unacceptable)'으로 분류하였다(Kaiser, 1974). 또한 Bartlett의 구형성 검정 역시 요인분석의 적합성을 나타내는 수치이다. 측정변수들 간의 상관관계 계수를 행렬식으로 계산하여 모든 상관관계 값들의 전반적인 통계적 유의성을 확인하기 위해 카이제곱(χ^2) 검정을 실시한다. 산출된 검정통계량 값이 통계적으로 유의하게($p<0.05$) 나오면 요인분석에 적합한 것이다(Kaiser, 1974).

본 논문에서 사용할 측정변수들의 요인분석 적합도 검정을 위해 SPSS 26.0을 이용하여 KMO와 Bartlett의 구형성 검정을 실시하였다. [표 4-2]에서 보여지는 것과 같이 KMO 값이 0.923(≥0.9)이고 $p<0.05$이므로 요인분석에 적합한 것으로 분석되었다.

10 [요인분석] 폰트 정렬, 표 컬러, 표 선 등 전체적으로 표를 재구성한다.

[표 4-3] 탐색적 요인 분석 결과

	성분												CA
	1	2	3	4	5	6	7	8	9	10	11	12	
INO2	0.146	0.144	0.109	0.103	0.134	0.801	0.090	0.193	0.037	0.092	0.068	0.195	
INO3	0.147	0.145	0.092	0.214	0.152	0.766	0.126	0.106	0.157	0.147	0.098	0.089	**0.856**
INO5	0.238	0.161	0.038	0.184	0.175	0.697	0.135	0.038	0.189	0.228	0.146	0.088	
EFF1	0.040	0.198	0.169	0.154	0.145	0.168	0.122	0.767	0.155	0.184	0.139	0.139	
EFF2	0.145	0.128	0.127	0.133	0.123	0.195	0.202	0.632	0.299	0.197	0.255	0.118	**0.876**
EFF3	0.149	0.199	0.127	0.217	0.145	0.069	0.177	0.775	0.151	0.059	0.141	0.098	
XPL2	0.883	0.110	0.116	0.122	0.075	0.112	0.077	0.102	0.052	0.051	0.018	0.110	
XPL3	0.871	0.094	0.157	0.072	0.100	0.173	0.063	0.076	0.061	0.082	0.082	0.115	**0.914**
XPL4	0.835	0.123	0.113	0.076	0.097	0.127	0.096	0.058	0.074	0.202	0.157	0.012	
RCH1	0.159	0.801	0.038	0.184	0.245	0.175	0.070	0.174	0.090	0.109	0.141	0.164	
RCH2	0.131	0.826	0.023	0.186	0.223	0.151	0.115	0.120	0.104	0.125	0.126	0.088	**0.926**
RCH5	0.111	0.810	0.051	0.087	0.155	0.122	0.099	0.177	0.182	0.173	0.155	0.094	
EXP1	0.132	0.141	0.052	0.104	0.818	0.118	0.117	0.173	0.115	0.112	0.081	0.155	
EXP2	0.144	0.243	0.096	0.072	0.755	0.205	0.223	0.169	0.129	0.104	0.006	0.056	**0.858**
EXP5	0.039	0.206	0.085	0.150	0.773	0.113	-0.009	0.015	0.136	0.172	0.167	0.097	
ACC1	0.122	0.114	0.165	0.179	0.143	0.081	0.803	0.145	0.152	0.091	0.057	0.175	
ACC3	0.097	0.104	0.027	0.097	0.113	0.105	0.633	0.317	0.356	0.193	0.168	0.205	**0.863**
ACC5	0.079	0.087	0.175	0.082	0.081	0.172	0.803	0.090	0.144	0.212	0.140	0.075	
RSK2	0.256	0.217	0.048	0.117	0.183	0.221	0.201	0.143	0.142	0.674	0.177	0.038	
RSK3	0.182	0.153	-0.014	0.206	0.179	0.190	0.141	0.157	0.086	0.656	0.098	0.323	**0.833**
RSK4	0.083	0.154	0.089	0.246	0.173	0.153	0.234	0.159	0.175	0.682	0.108	0.178	
SEC2	0.112	0.009	0.864	0.110	0.081	0.058	0.154	0.094	0.117	-0.012	0.085	0.033	
SEC3	0.110	0.005	0.898	0.040	0.046	0.049	0.056	0.081	0.110	0.056	0.063	0.059	**0.917**
SEC4	0.125	0.081	0.905	0.085	0.057	0.080	0.082	0.101	0.100	0.041	0.055	0.011	

4.3.2 타당성 및 신뢰도분석

타당성 및 신뢰도는 측정하려는 현상이나 대상에 대해 얼마나 일관성 있게 측정이 이루어졌는가를 나타내는 것으로, 잠재변수를 동일 방식으로 반복 측정하였을 때 측정 값들의 분산을 의미한다(이훈영, 2013). 본 논문에서 신뢰도는 구성개념(Construct)을 측정하기 위한 복수의 측정항목들이 일관성 있게 측정되었는지 확인하고자 내적일관성 신뢰도(Internal Consistency Reliability) 지수인 Cronbach's Alpha 계수로 측정하였다(이훈영, 2013). Cronbach's Alpha 계수 0.7을 임계치 기준으로 설정하여 요인(잠재변수)들의 신뢰도를 평가하였다. Cronbach's alpha 계수가 0.6 이상~0.7 미만이면 수용 가능한 수준, 0.7 이상~0.8 미만이면 양호한 수준, 0.8 이상이면 우수한 수준으로 평가한다(DeVellis, 2012).

타당성 검증은 요인추출방법인 주성분분석(Principle Component Analysis)을 사용하였다. 요인회전방식은 요인적재량을 단순화하기 위해 카이저(Kaiser) 정규화가 있는 직교 회전방식인 베리맥스(Varimax)를 채택하였다(김계수, 2010). 설문 문항의 선택기준은 고유값(Eigen Value)이 1.0 이상인 것과 요인적재량(Factor Loading Value)이 0.4 이상인 것을 기준으로 하였다(Hair et al., 2010). 요인분석 결과를 판정할 때 요인적재량이 0.4 이상이면 유의한 변수로 간주하며, 0.5 이상이면 중요한 변수로 판단할 수 있다(노경섭, 2017).

본 논문에서는 요인적재량이 0.5 이상인 측정변수들로 구성하였고, 요인적재량이 0.5 미만인 측정변수들은 제외하였다(이훈영, 2013). 요인분석 결과, 약물 혁신성 1, 4번 항목, 약물 유효성 4, 5번 항목, 약리작용 설명 가능성 1, 5번 항목, 정보풍부성 3, 4번 항목, 정보 전문성 3, 4번 항목, 정보 정확성 2, 4번 항목, 실패위험 감소 1, 5번 항목, 보안성 1, 5번 항목, 과업기술적합성 1, 2번 항목, 신뢰 1, 2번 항목, 지각된 가치 2, 5번 항목, 수용의도 1, 5번 항목의 요인 적재량이 0.5 미만으로 나타나 최종분석에서 제외하였으며 타당성과 신뢰도 검증결과는 [표 4-3]과 같이 정리하였다.

신뢰도분석

신뢰성은 연구마다 작성하는 방법이 다르다. 각 관측변수마다의 항목이 삭제된 경우 Cronbach's α의 값을 넣는 연구도 있고, 탐색적 요인분석 결과 표와 같이 요인분석과 신뢰도분석을 한눈에 비교할 수 있도록 표 하나로 작성하기도 한다. 또한 요인분석, Cronbach's α, KMO와 Bartlett의 검증을 한꺼번에 작성하기도 하므로 연구자가 잘 고민하여 표를 구성해 보자.

❶ '분석'을 클릭하고 ❷ '척도분석'에서 '신뢰도분석'을 클릭한다.

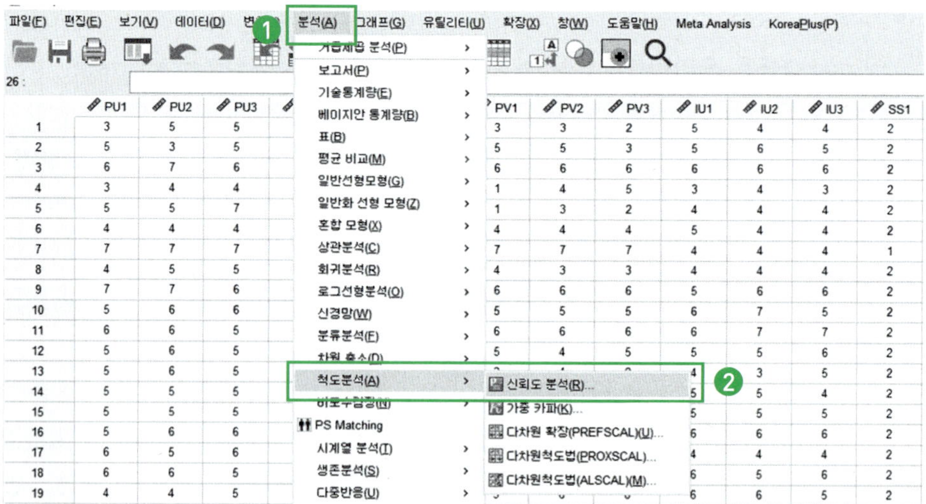

❸ '통계량'을 클릭하고 ❹ '항목', '척도', '항목제거시 척도'를 클릭한 후 ❺ '계속'을 클릭한다.

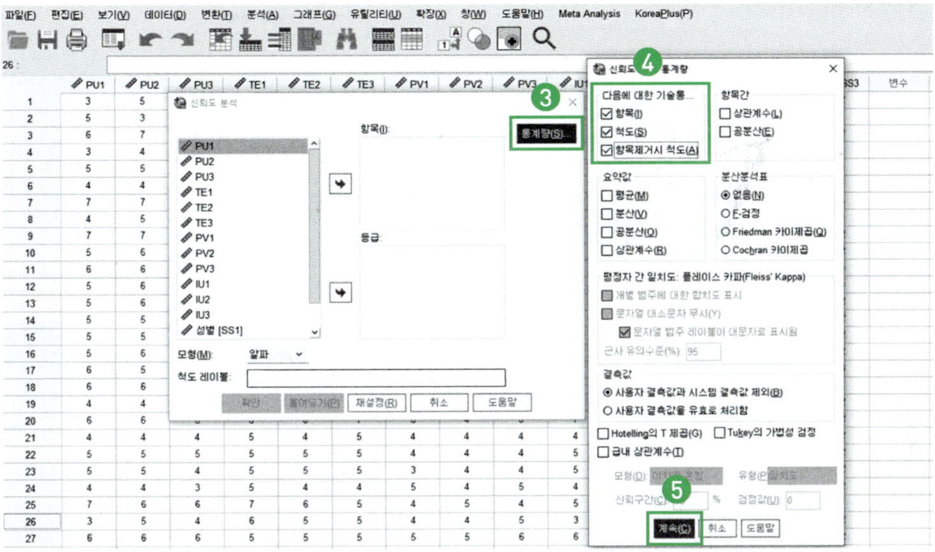

❻ 각 관측변수별 항목을 선택하고 '화살표'를 클릭하여 오른쪽으로 변수를 옮긴 후 ❼ '확인'을 클릭한다.

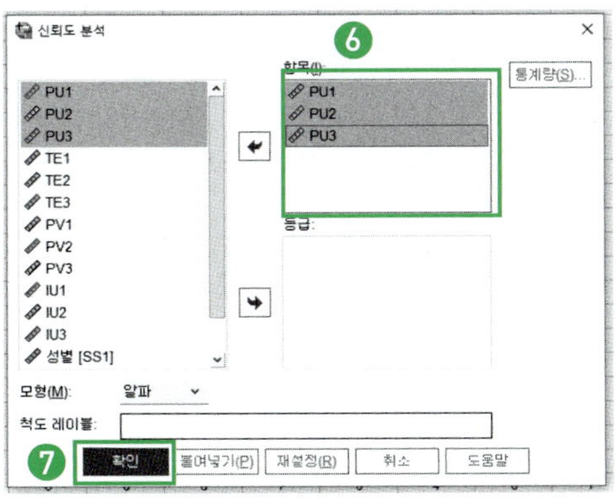

신뢰도 통계량

Cronbach의 알파	항목 수
.864	3

항목 통계량

	평균	표준화 편차	N
PU1	5.28	1.097	400
PU2	5.27	1.112	400
PU3	5.32	1.125	400

항목 총계 통계량

	항목이 삭제된 경우 척도 평균	항목이 삭제된 경우 척도 분산	수정된 항목-전체 상관계수	항목이 삭제된 경우 Cronbach 알파
PU1	10.60	4.327	.704	.843
PU2	10.60	4.110	.753	.798
PU3	10.55	4.013	.768	.784

척도 통계량

평균	분산	표준화 편차	항목 수
15.87	8.743	2.957	3

독립변수, 매개변수, 종속변수에서 각각 관측변수를 ❻과 같이 각각 선택하여 신뢰도를 분석한다.

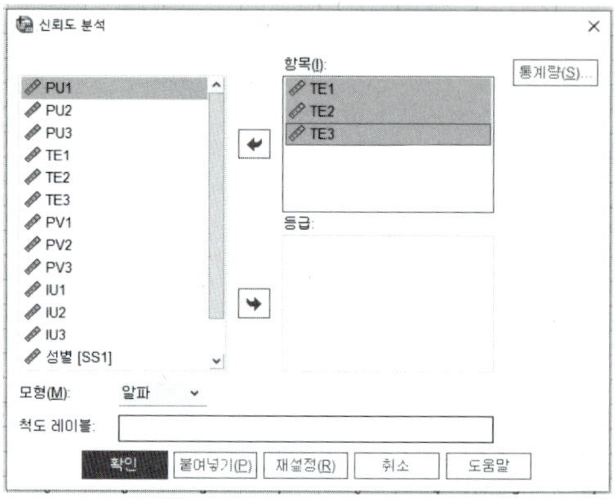

신뢰도 통계량

Cronbach의 알파	항목 수
.887	3

항목 통계량

	평균	표준화 편차	N
TE1	4.97	1.165	400
TE2	4.82	1.210	400
TE3	4.98	1.147	400

항목 총계 통계량

	항목이 삭제된 경우 척도 평균	항목이 삭제된 경우 척도 분산	수정된 항목-전체 상관계수	항목이 삭제된 경우 Cronbach 알파
TE1	9.80	4.809	.775	.844
TE2	9.95	4.516	.806	.816
TE3	9.78	4.939	.760	.857

척도 통계량

평균	분산	표준화 편차	항목 수
14.76	10.126	3.182	3

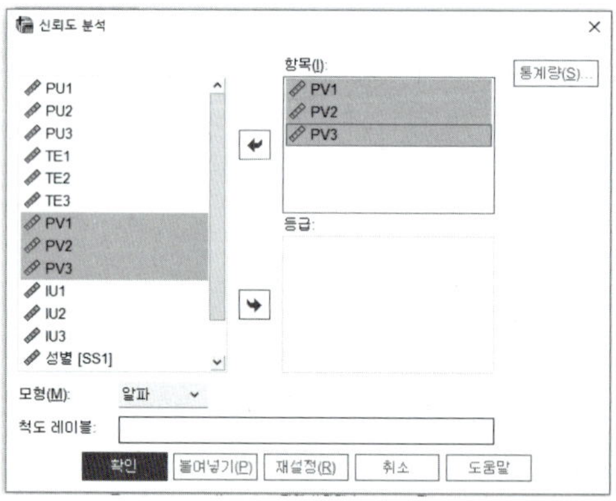

신뢰도 통계량

Cronbach의 알파	항목 수
.869	3

항목 통계량

	평균	표준화 편차	N
PV1	4.70	1.185	400
PV2	4.76	1.085	400
PV3	4.77	1.124	400

항목 총계 통계량

	항목이 삭제된 경우 척도 평균	항목이 삭제된 경우 척도 분산	수정된 항목-전체 상관계수	항목이 삭제된 경우 Cronbach 알파
PV1	9.53	4.159	.739	.827
PV2	9.47	4.470	.760	.807
PV3	9.46	4.349	.751	.813

척도 통계량

평균	분산	표준화 편차	항목 수
14.23	9.135	3.022	3

상관관계분석

상관관계를 분석하려면 먼저 각 관측변수에서 잠재변수를 **'변수 계산'**을 통해 평균을 구하고 상관관계를 분석해야 한다.

변수 계산하기 실습

❶ **'변환'**을 클릭하고 ❷ **'변수 계산'**을 클릭한다.

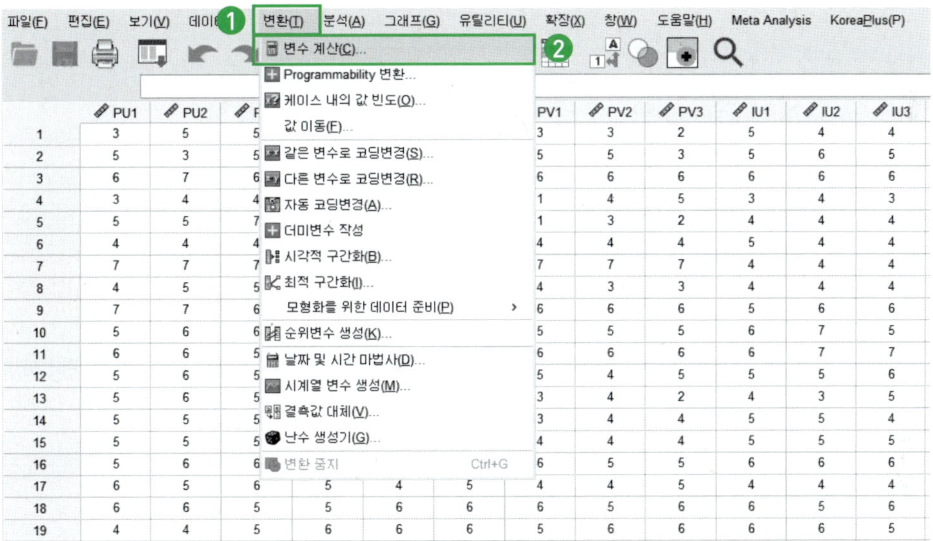

❸ 잠재변수의 명칭을 **'목표변수'**에 작성한다. ❹ 한 잠재변수에 해당되는 관측변수를 먼저 더하기를 하고 관측변수 수에 맞게 나누기를 한다(예시: (PU1+PU2+PU3)/3). 평균을 구한다고 생각하면서 수식을 만들고 ❺ **'확인'**을 클릭한다.

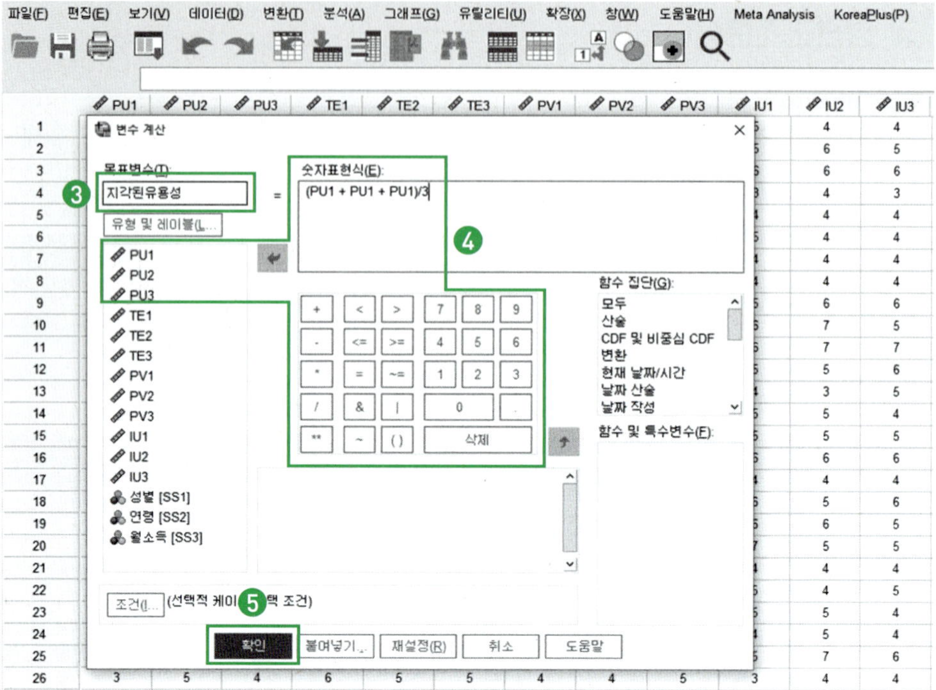

이와 같이 모든 잠재변수를 변수 계산하면 '**데이터 보기**' 파일 보는 화면 맨 오른쪽 끝에 계산된 변수별 평균값이 나타난다.

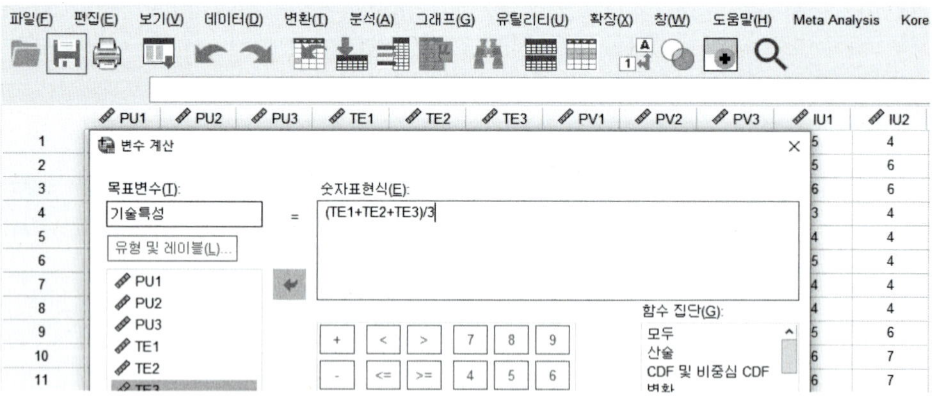

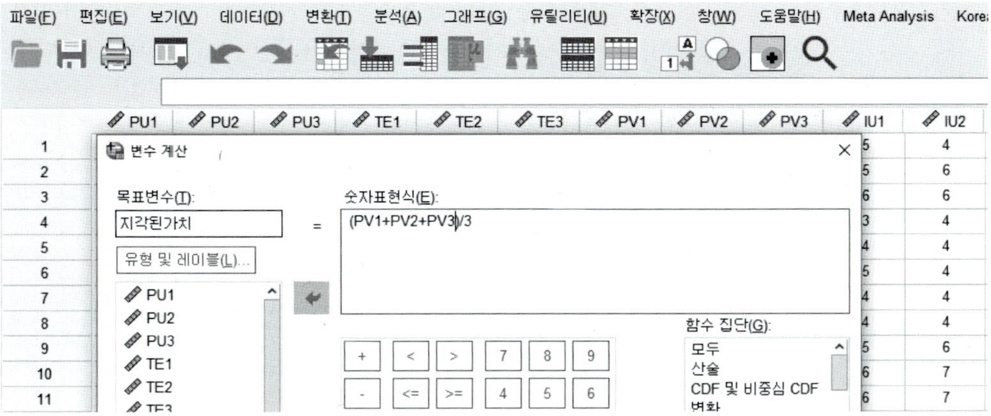
변수 계산
목표변수(T):
지각된가치
숫자표현식(E):
(PV1+PV2+PV3)/3
유형 및 레이블(L)...
함수 집단(G):
모두
산술
CDF 및 비중심 CDF

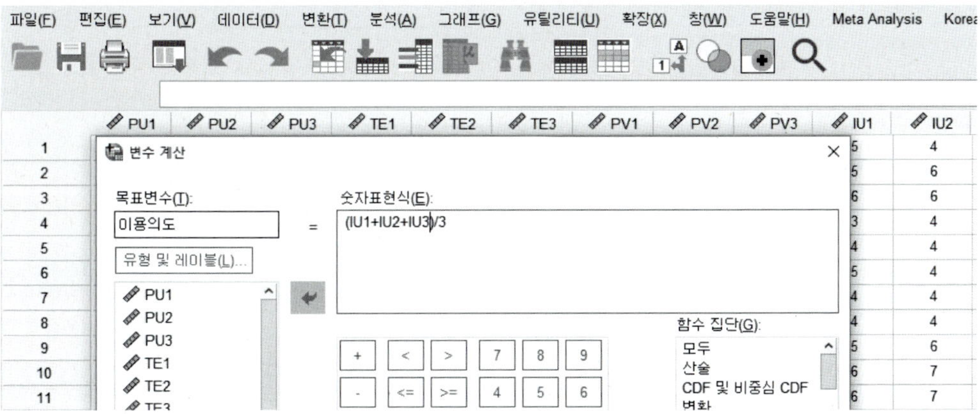
변수 계산
목표변수(T):
이용의도
숫자표현식(E):
(IU1+IU2+IU3)/3
유형 및 레이블(L)...
함수 집단(G):
모두
산술
CDF 및 비중심 CDF

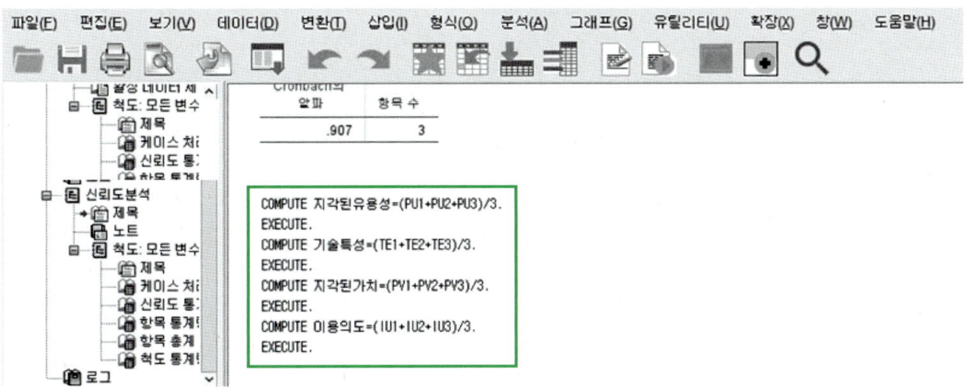
알파
항목 수
.907
3
COMPUTE 지각된유용성=(PU1+PU2+PU3)/3.
EXECUTE.
COMPUTE 기술특성=(TE1+TE2+TE3)/3.
EXECUTE.
COMPUTE 지각된가치=(PV1+PV2+PV3)/3.
EXECUTE.
COMPUTE 이용의도=(IU1+IU2+IU3)/3.
EXECUTE.

❖ 변수 계산 결과 ❖

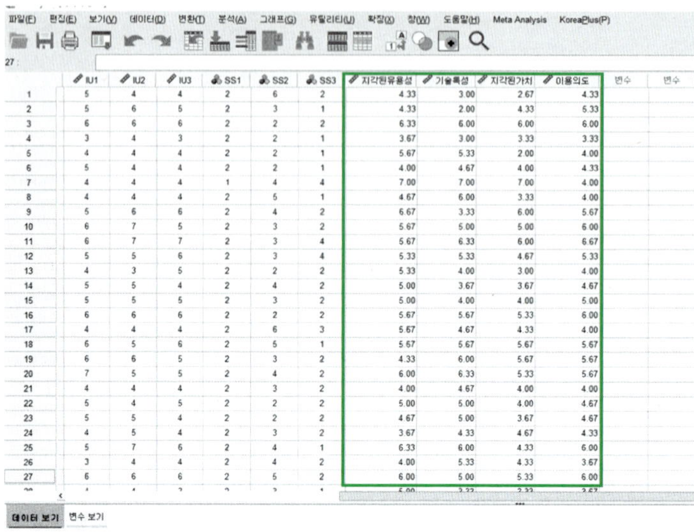

각 잠재변수별 변수 계산이 되었다면 상관관계분석을 진행해 보자.

▌상관관계분석 실습

❶ '분석'을 클릭하고 ❷ '상관분석'과 '이변량 상관'을 클릭한다.

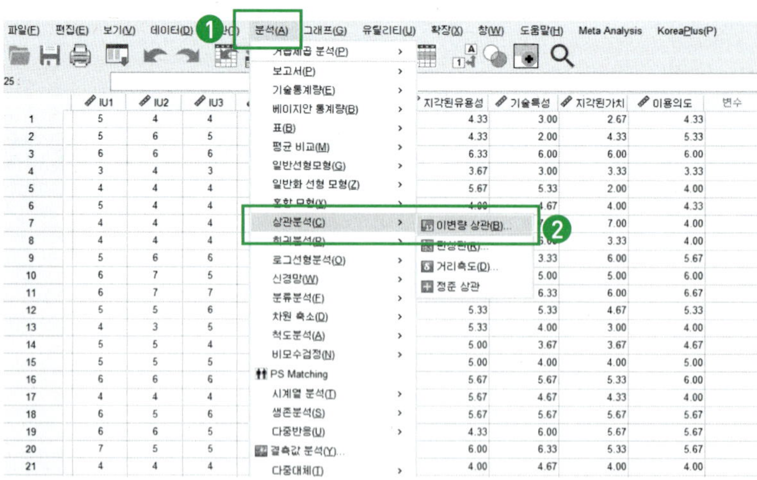

❸ 변수 계산했던 잠재변수들을 모두 선택하고 화살표를 클릭하여 '**변수**' 오른쪽으로 이동시킨다. ❹ '**Pearson**', 유의성 검정 '**양측**', '**유의한 상관계수 플래그**', '**하한 삼각형만 표시**(버전마다 달라서 이 부분이 없는 프로그램도 있음)', '**대각 표시**'를 클릭하고 ❺ '**옵션**'을 클릭한다.

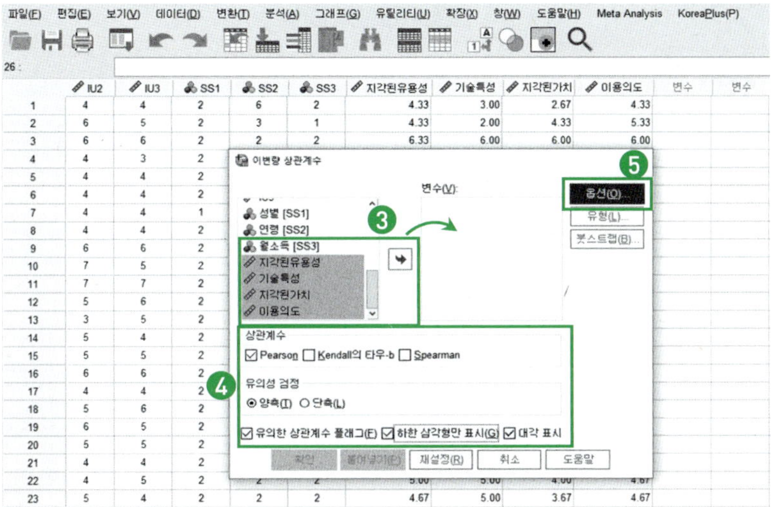

❻ '**평균과 표준편차**', '**대응별 결측값 제외**'를 클릭하고 '**계속**'을 클릭한다.

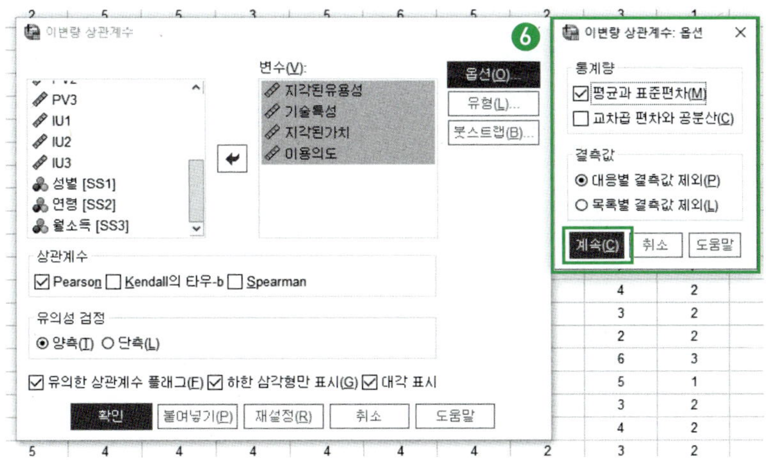

❼ '**확인**'을 클릭한다.

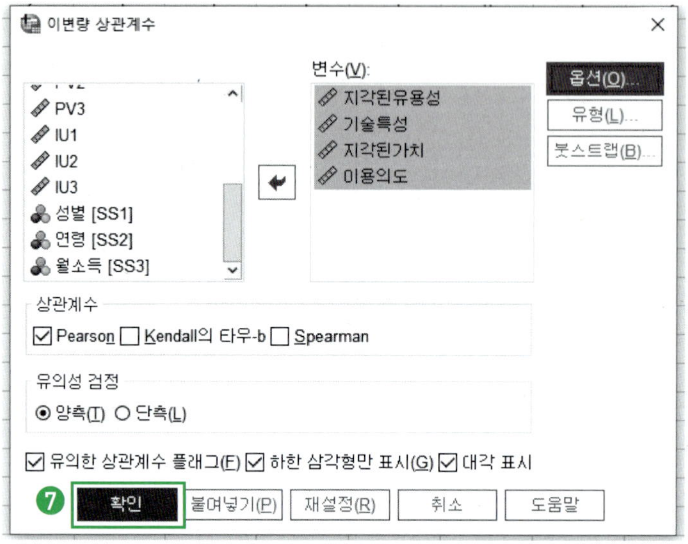

❽ 해당 상관관계 통계값을 클릭하고 오른쪽 마우스 버튼을 클릭하여 '**복사**'를 클릭한다.

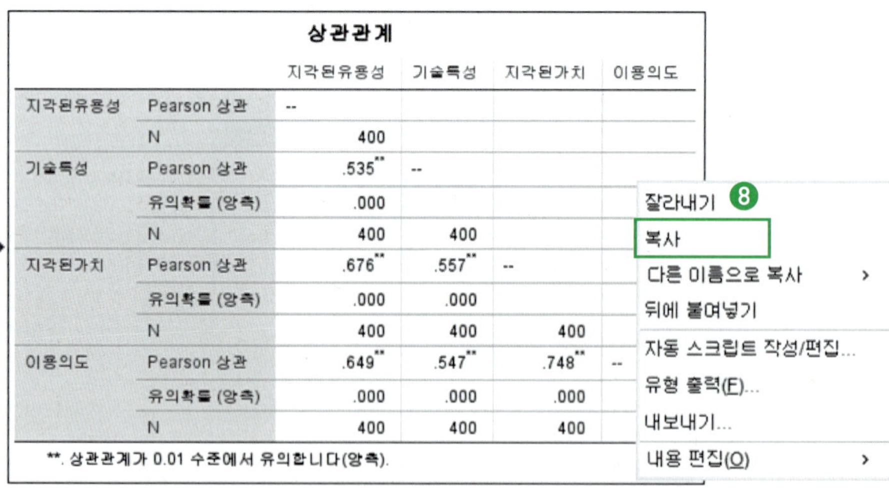

상관관계

		지각된유용성	기술특성	지각된가치	이용의도
지각된유용성	Pearson 상관	--			
	N	400			
기술특성	Pearson 상관	.535**	--		
	유의확률 (양측)	.000			
	N	400	400		
지각된가치	Pearson 상관	.676**	.557**	--	
	유의확률 (양측)	.000	.000		
	N	400	400	400	
이용의도	Pearson 상관	.649**	.547**	.748**	--
	유의확률 (양측)	.000	.000	.000	
	N	400	400	400	

**. 상관관계가 0.01 수준에서 유의합니다(양측).

⑨ 엑셀 빈칸을 클릭하고 '붙여넣기'를 한다.

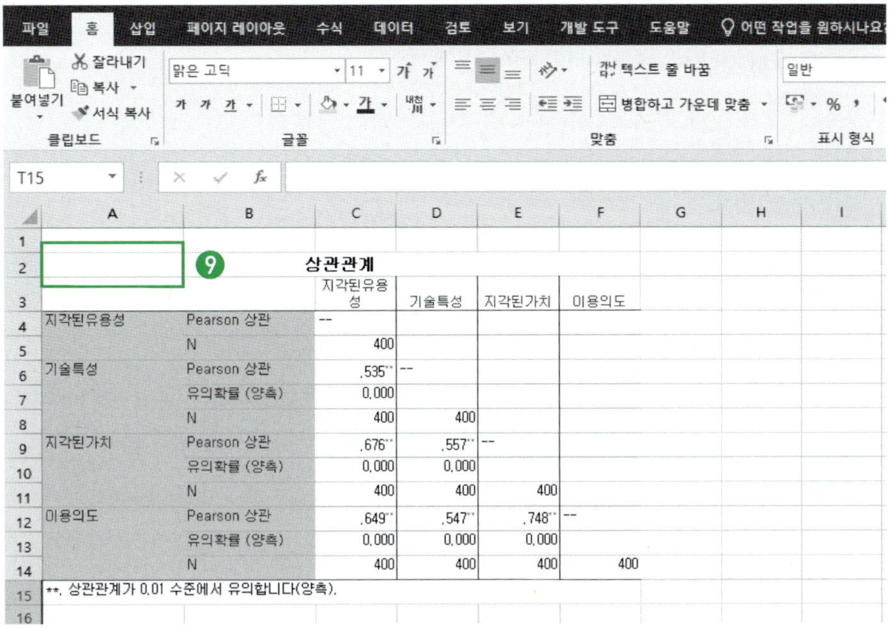

⑩ 먼저 가로 쪽에서는 'Pearson 상관'이란 부분만 제외하고 모두 삭제하고 그 다음으로 'Pearson 상관'이라는 문구가 있는 셀을 삭제한 다음 한글논문에 적합하도록 표 구성을 하여 한글논문에 붙여넣는다.

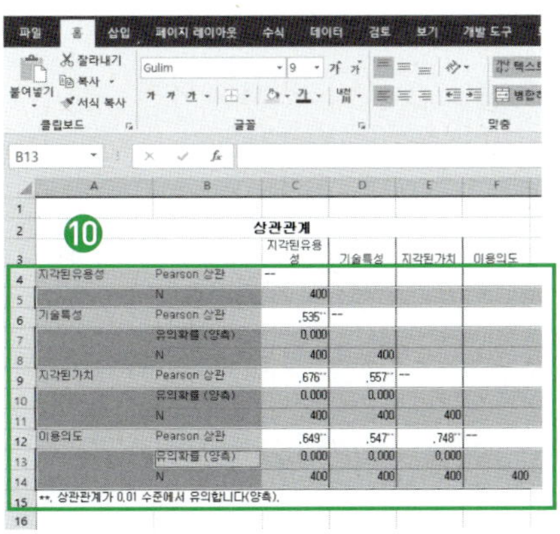

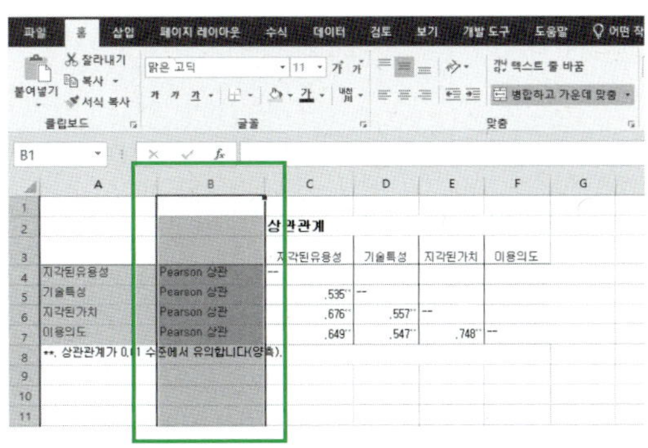

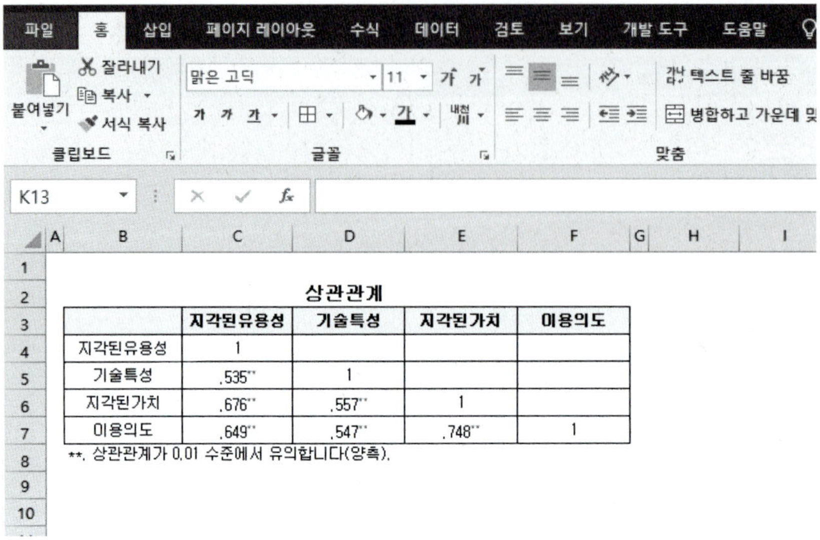

상관관계

	지각된유용성	기술특성	지각된가치	이용의도
지각된유용성	1			
기술특성	.535**	1		
지각된가치	.676**	.557**	1	
이용의도	.649**	.547**	.748**	1

**. 상관관계가 0.01 수준에서 유의합니다(양측).

t-검정 분석

t검정은 표본들의 평균 차이가 있는가, 없는가를 비교하는 방법인데, 예를 들어 모바일 라이브 커머스에서 "여성과 남성이 구매의도에 차이가 있는가?" 또는 "20~30대 그룹과 40~50대 그룹이 모바일 라이브 커머스에서 구매의도에 차이가 있을까?"를 평균을 기준으로 검정하는 방법이라 할 수 있다. 평균을 기준으로 해서 표본 2개를 바탕으로 검증할 때에는 독립표본 t-검정이라고 하고, 표본 3개 이상을 바탕으로 검증할 때에는 분산분석(ANOVA)이라고 한다. 이번 실습은 2개 그룹의 평균기준으로 검증하는 방법인 독립표본 t-검정만 실습을 진행하고자 한다. 주로 사회과학연구에서 두 그룹별로 진행하는 검증을 많이 활용하기 때문이다.

✤ 예시 ✤

[표 4-18] 성별에 따른 독립표본 t-검정

관측변수	평균		평균차이	t-test	Levene의 등분산 검정		평균의 동일성에 대한 t-검정	
	여성 1 n=135	남성 2 n=148			F	유의확률 $p<0.05$	t $t=\pm1.96$	유의확률(양쪽) $p<0.05$
편리성	3.98	4.02	0.04	등분산을 가정함	3.568	.060	-.694	.488
				등분산을 가정하지 않음			-.696	.487
편재성	3.96	4.03	0.06	등분산을 가정함	2.260	.134	-.975	.330
				등분산을 가정하지 않음			-.980	.328
사회적 실재감	3.77	3.82	0.05	등분산을 가정함	.048	.827	-.707	.480
				등분산을 가정하지 않음			-.705	.481
매력성	3.89	3.89	0.00	등분산을 가정함	.030	.863	-.045	.964
				등분산을 가정하지 않음			-.045	.964
생생함	3.79	3.80	0.02	등분산을 가정함	.440	.508	-.285	.776
				등분산을 가정하지 않음			-.285	.776
전문성	3.81	3.77	0.04	등분산을 가정함	.164	.686	.576	.565
				등분산을 가정하지 않음			.575	.566
정보 품질	3.92	3.89	0.03	등분산을 가정함	1.370	.243	.423	.673
				등분산을 가정하지 않음			.424	.672
호환성	3.81	3.87	0.06	등분산을 가정함	.051	.821	-.755	.451
				등분산을 가정하지 않음			-.759	.449
쾌락적 가치	3.81	3.78	0.02	등분산을 가정함	1.770	.184	.354	.724
				등분산을 가정하지 않음			.356	.722
지각된 가치	3.82	3.87	0.05	등분산을 가정함	4.471	.035*	-.818	.414
				등분산을 가정하지 않음			-.813	.417
구매 의도	3.84	3.81	0.03	등분산을 가정함	.616	.433	.385	.701
				등분산을 가정하지 않음			.384	.701

*$p<0.05$, **$p<0.01$, ***$p<0.001$

t-검정 분석 실습

❶ '분석'을 클릭하고 ❷ '평균 비교'와 '독립표본 T검정'을 클릭한다.

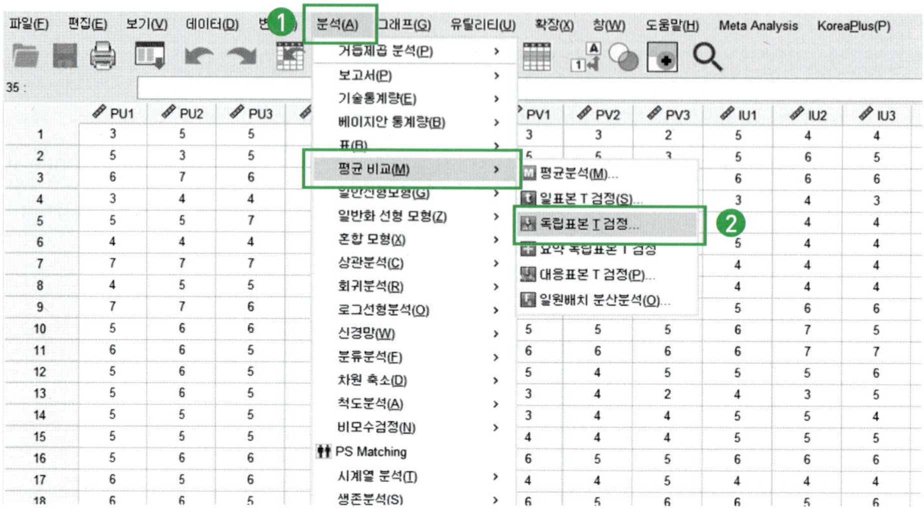

❸ 두 그룹의 평균을 집단변수에 넣는다.

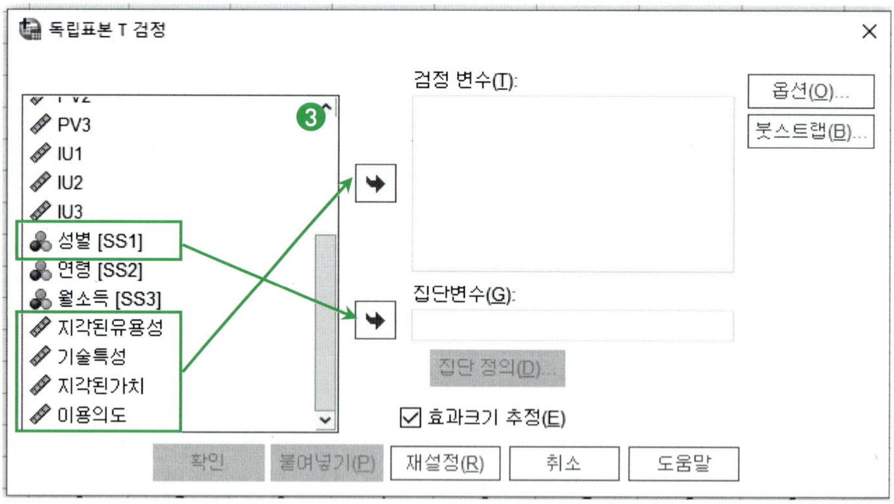

❹ 현재 보이는 'SS1(1 2)'를 클릭하고 '집단 정의'를 클릭한 후 ❺ '계속'을 클릭하고 ❻ '확인'을 클릭한다.

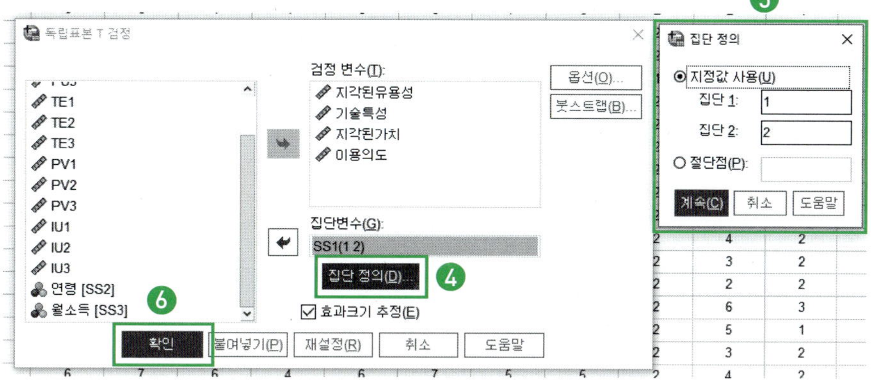

이와 같이 진행했다면 분석 풀이의 예시를 바탕으로 연구논문을 작성한다. 단, ❸에서 '1=20대, 2=30대, 3=40대, 4=50대'로 구분이 되어 있다면 t-검정을 진행할 때에는 csv에서 30대를 1로 변경해 주고, 40대와 50대를 2로 변경하여 1과 2의 두 그룹만 나올 수 있도록 설정해 주어야 한다.

집단통계량

	성별	N	평균	표준편차	평균의 표준오차
지각된유용성	남성	200	5.4267	.97091	.06865
	여성	200	5.1550	.98389	.06957
기술특성	남성	200	5.0883	.98309	.06952
	여성	200	4.7533	1.11045	.07852
지각된가치	남성	200	5.0000	1.00195	.07085
	여성	200	4.4867	.94803	.06704
이용의도	남성	200	5.1750	1.12776	.07974
	여성	200	4.6817	1.06059	.07499

독립표본 검정

		Levene의 등분산 검정		평균의 동일성에 대한 T 검정						
									차이의 95% 신뢰구간	
		F	유의확률	t	자유도	유의확률 (양측)	평균차이	표준오차 차이	하한	상한
지각된유용성	등분산을 가정함	.373	.541	2.779	398	.006	.27167	.09774	.07951	.46382
	등분산을 가정하지 않음			2.779	397.930	.006	.27167	.09774	.07951	.46382
기술특성	등분산을 가정함	4.577	.033	3.194	398	.002	.33500	.10487	.12883	.54117
	등분산을 가정하지 않음			3.194	392.237	.002	.33500	.10487	.12882	.54118
지각된가치	등분산을 가정함	.071	.790	5.263	398	.000	.51333	.09754	.32158	.70508
	등분산을 가정하지 않음			5.263	396.788	.000	.51333	.09754	.32158	.70509
이용의도	등분산을 가정함	.585	.445	4.507	398	.000	.49333	.10947	.27812	.70854
	등분산을 가정하지 않음			4.507	396.508	.000	.49333	.10947	.27812	.70855

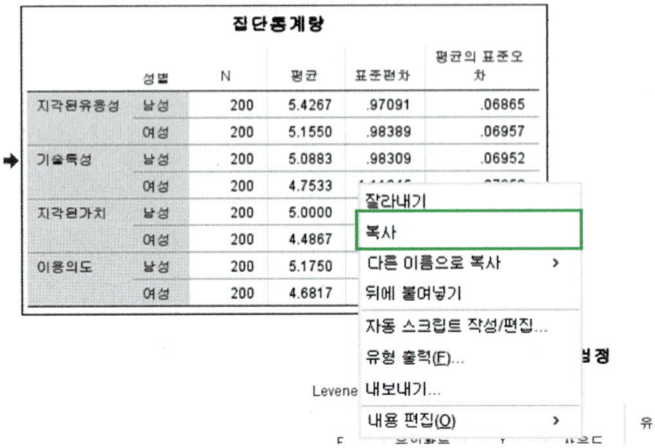

	성별	N	평균	표준편차	평균의 표준오차
지각된유용성	남성	200	5.4267	.97091	.06865
	여성	200	5.1550	.98389	.06957
기술특성	남성	200	5.0883	.98309	.06952
	여성	200	4.7533		
지각된가치	남성	200	5.0000		
	여성	200	4.4867		
이용의도	남성	200	5.1750		
	여성	200	4.6817		

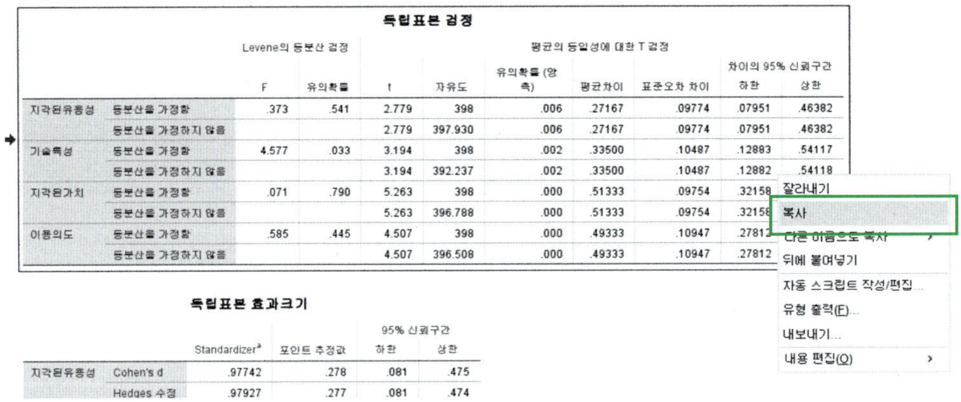

		Levene의 등분산 검정 F	유의확률	t	자유도	유의확률 (양측)	평균차이	표준오차 차이	차이의 95% 신뢰구간 하한	상한
지각된유용성	등분산을 가정함	.373	.541	2.779	398	.006	.27167	.09774	.07951	.46382
	등분산을 가정하지 않음			2.779	397.930	.006	.27167	.09774	.07951	.46382
기술특성	등분산을 가정함	4.577	.033	3.194	398	.002	.33500	.10487	.12883	.54117
	등분산을 가정하지 않음			3.194	392.237	.002	.33500	.10487	.12882	.54118
지각된가치	등분산을 가정함	.071	.790	5.263	398	.000	.51333	.09754	.32158	
	등분산을 가정하지 않음			5.263	396.788	.000	.51333	.09754	.32158	
이용의도	등분산을 가정함	.585	.445	4.507	398	.000	.49333	.10947	.27812	
	등분산을 가정하지 않음			4.507	396.508	.000	.49333	.10947	.27812	

독립표본 효과크기

		Standardizer[a]	포인트 추정값	95% 신뢰구간 하한	상한
지각된유용성	Cohen's d	.97742	.278	.081	.475
	Hedges 수정	.97927	.277	.081	.474

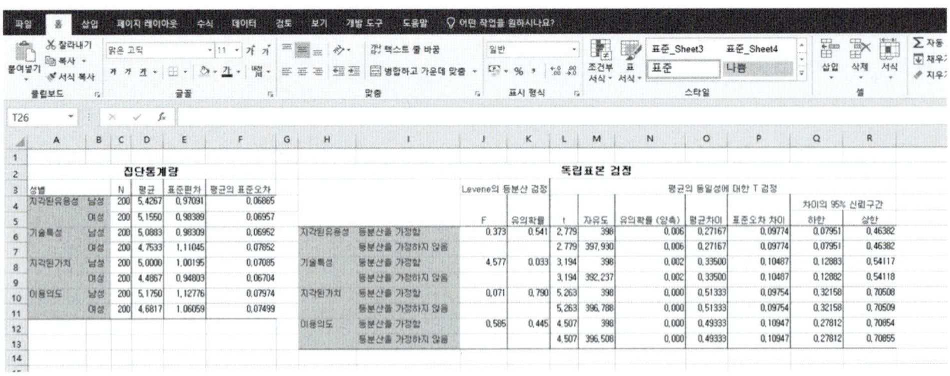

❖ t-검정 분석 풀이 작성 예시 ❖

성별에 따른 그룹 간 비교에서는 여성(n=135), 남성(n=148)으로 총 283명을 두 개 집단으로 나눠 분석하였다. [표 4-18]에서 관측변수는 모바일 라이브 커머스 특성, 쾌락적 가치, 지각된 가치, 구매의도로 구분하여 살펴보았다.

여성과 남성의 평균에서 크게 차이를 보이지 않는 것으로 나타났으며 Levene의 등분산 검정에 있는 유의확률이 지각된 가치(F=4.471, p=0.035)를 제외한 각 변수는 p값이 0.05를 상회하는 것으로 나타나 t-검정에서 등분산을 가정함으로 t값과 p값을 확인하였으나 유의확률 p값이 0.05 이상으로 나타나 성별 차이가 없는 것으로 나타났다.

등분산은 Levene의 F 검정결과로 판단하는데, 그룹 간 상호 비교가 가능한가를 먼저 확인하기 위해 "등분산이 가정됨"의 F값과 p값을 확인하는데, 지각된 가치(F=4.471, p=0.035)는 p값의 유의확률은 0.05 미만으로 나타났으며, 다른 변인 모두 0.05보다 크다. 다시 말하면, 지각된 가치 외에 모든 변수는 "등분산(분산이 같다)이 맞다"라는 귀무가설이 채택되었다. 이에 t-검정에서 지각된 가치를 "등분산이 가정하지 않음"에 해당하는 결과값은 t=-0.813, p=0.417이며 t값의 절대값 ±1.96보다 작고 p값은 0.05보다 크게 나타나 유의수준 범위에 들지 않는 것으로 나타나 "성별에 따른 그룹 간 비교는 차이가 없다"라는 귀무가설이 채택되었다. 성별에 따른 비교분석 결과를 살펴보면 [표 4-18]의 결과와 같다.

앨리스와 함께 떠나는 논문나라 여행

어서와! 논문은 처음이지

Alice의 단계별 고급통계분석

4

통계나라의 AMOS 판타지

구조방정식모형분석의 이해

구조방정식모형분석은 여러 변수들 간의 복잡한 인과관계를 파악하기 위해 사용하는 분석방법이다. 연속형 자료로 된 변수들 간의 영향력과 인과관계를 분석하므로 회귀분석에 기초하여 분석한다.

단순한 변수 간의 관계라면 회귀분석도 충분하다. 그러나 복잡한 독립변수와 종속변수의 관계를 분석하려면 구조방정식모형을 사용하는 것이 좋다. 회귀분석은 여러 과정을 거쳐서 분석해야 하고 모형 간의 영향력도 배제되는 한계가 있기 때문이다. 구조방정식모형은 시각적으로 변수들의 복잡한 관계를 한눈에 파악할 수 있고, 회귀분석, 요인분석, 상관분석 등 다양한 통계기법을 한번에 사용할 수 있으며, 직접효과와 간접효과, 총효과를 측정할 수 있는 장점이 있다.

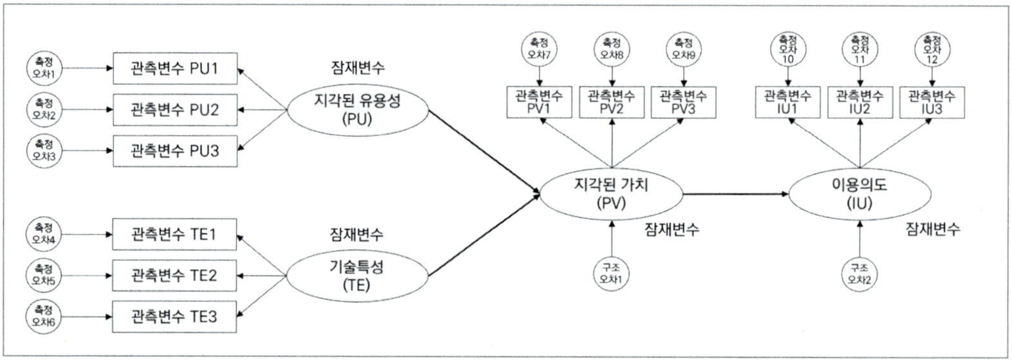

구조방정식모형의 용어를 이해해야 분석과 해석이 쉬워진다. 잠재변수는 연구자가 검증하려는 대상으로 직접 측정되지 않은 개념적 변수이다. 관측변수는 측정변수라고도 하는데 실제로 측정한 변수이다. 측정오차는 잠재변수가 관측변수를 설명하지 못하는 정도이다. 외생변수는 원인이 되는 변수(독립변수)이고, 내생변수는 결과가 되는 변수(종속변수)이다. 그림에서 '지각된 유용성', '기술특성'은 외생변수, '지각된 가치'는 내생변수가 된다. 구조오차는 외생변수(독립변수)가 내생변수(종속변수)를 설명하지 못하는 정도이다.

3 확인적 요인분석

논문에서 요인분석은 크게 탐색적 요인분석과 확인적 요인분석으로 구분하여 진행한다. 탐색적 요인분석은 잠재변수와 관측변수 간의 관계를 기존 이론이나 선행연구에서 정확하게 알지 못하여 변수들 간의 내재된 관계를 탐색적으로 찾는 방법이다. 측정 척도를 개발할 때 많이 사용한다. 반면 확인적 요인분석은 이론이나 선행연구를 통해 관측변수와 잠재변수 간의 관계를 알고 있을 때 사용하는 요인분석이다. 선행연구를 통해 검증된 척도를 연구모형에 사용할 때 문제가 없는지 확인하기 위해 사용하며 구조방정식모형분석으로 검증하려면 확인적 요인분석을 반드시 수행해야 한다.

탐색적 요인분석은 SPSS를 활용하여 요인분석, 신뢰도 분석 등으로 검증하고, 확인적 요인분석은 Amos, LISREL, EQS, SmartPLS 등 상용통계 패키지나 R 패키지를 이용하여 모형적합도 검증, 신뢰도분석, 타당도분석, 경로분석 등의 방법으로 검증한다.

아래 그림은 구조방정식모형을 표현한 것으로 왼쪽 그림이 측정모형이고 오른쪽 그림은 구조모형이다. 측정모형은 측정도구의 신뢰도와 타당도를 분석하는 모형으로 확인적 요인분석은 측정모형에서 진행한다. 확인적 요인분석을 통해 모형의 타당성이 검증되면 구조모형을 통해 변수들 간 인과관계를 분석하고 가설검정의 결과를 확인하게 된다.

❖ 측정모형 ❖

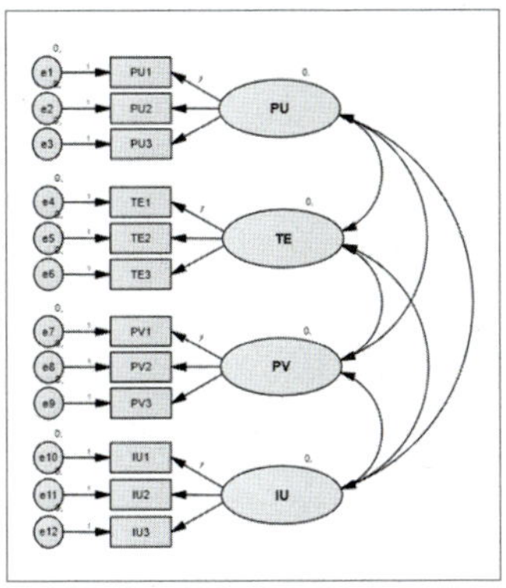

❖ 구조모형 ❖

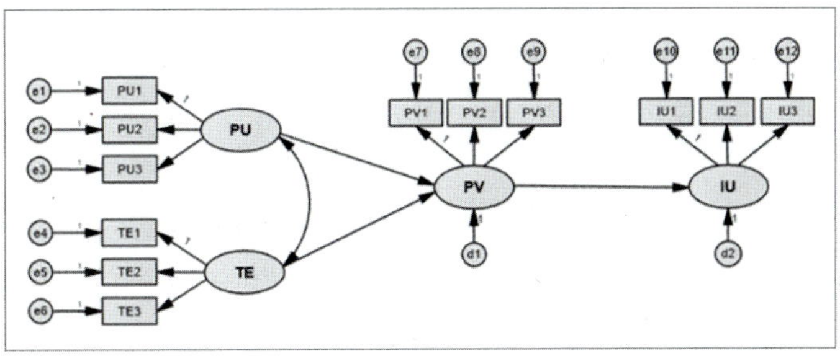

측정모형 그리기

측정모형은 연구가설을 검증하기에 앞서 측정도구의 신뢰도와 타당도를 분석하는 모형이다. 연구모형을 도형으로 표현하면 되는데 연구가설을 의미하는 경로는 표현하지 않는 점에 유의한다. 검증 대상(요인)들을 잠재변수(타원형)로 표현하고 측정항목들을 관측변수(사각형)로 표현한 후 측정오차를 관측변수에 연결한다. 잠재변수들 간에 공분산 연결선을 연결하면 측정모형은 완성된다.

1 ❶ 작업 아이콘에서 'Draw unobserved variables' 버튼을 클릭하여 잠재변수를 그린다.

❷ 작업 아이콘에서 'Draw a latent variable or add an indicator to a latent variable' 버튼을 클릭해 잠재변수에 관측변수를 필요한 수만큼 추가한다. 그런 다음 'Rotate the indicators to a latent variable' 버튼을 누른 후 잠재변수를 클릭하여 관측변수를 원하는 방향으로 회전시킨다.

❸ 잠재변수, 관측변수, 측정오차를 클릭하여 'Object Properties' 창을 열어서 Font size를 지정하고 Variable name을 입력한다.

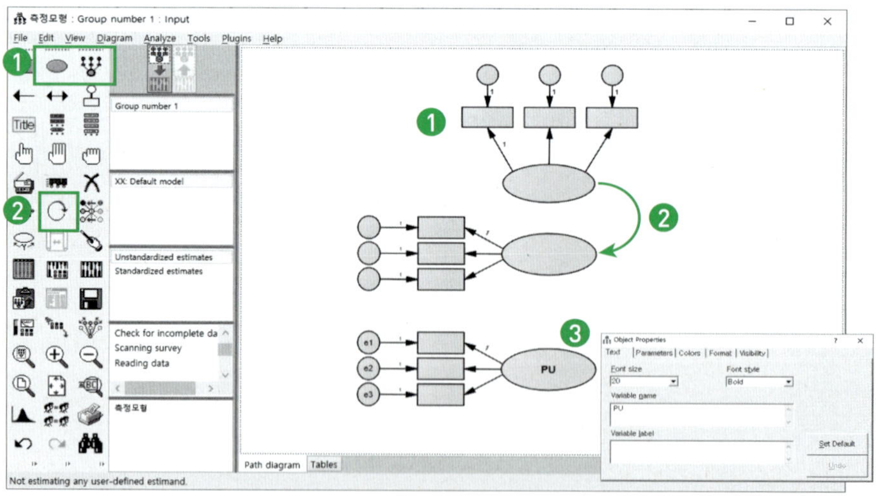

2 ❹ 작업 아이콘에서 'List variables in data set' 버튼을 클릭하면 Variables in data set 창이 열린다. 창 안에서 분석자료의 관측변수들을 측정모형으로 드래그 앤 드롭(drag and drop)하여 매핑시킨다.

❺ 모든 잠재변수를 선택하고 메뉴에서 'Plugins > Draw Covariances'를 클릭하면 독립변수들 간에 Covariance 연결선이 나타난다.

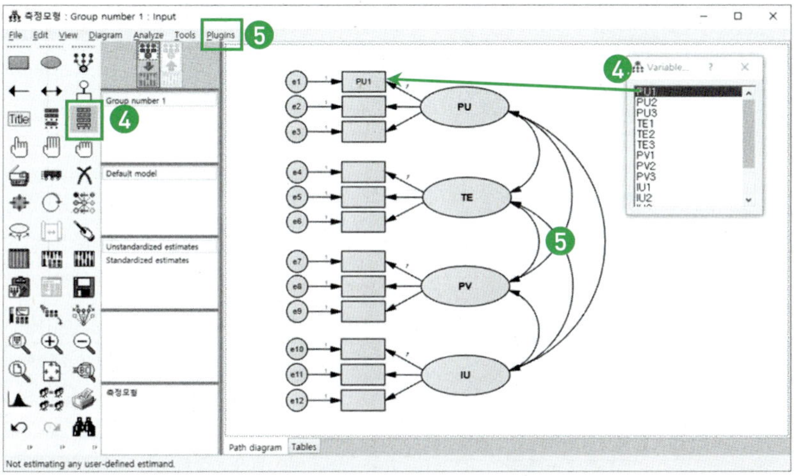

3 ❻ 'Select data file(s)' 작업 아이콘에서 버튼을 눌러 분석자료를 선택한다.

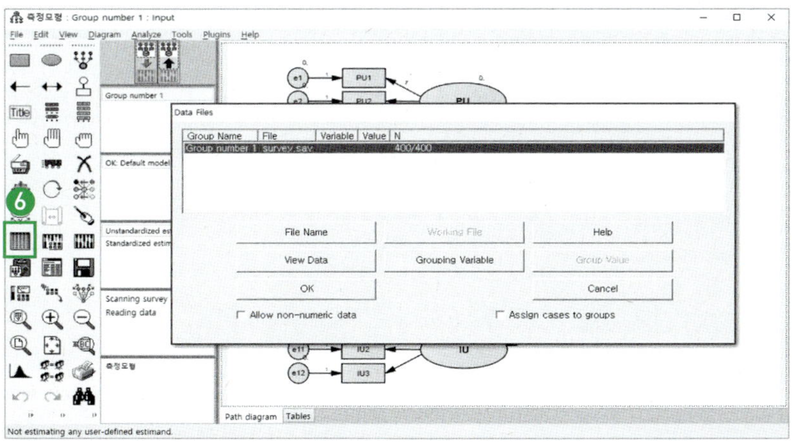

4 ❼ 작업 아이콘의 'Analysis properties' 버튼을 눌러 분석 옵션을 설정한다.

❽ Analysis properties 창의 'Estimation' 탭에서 Discrepancy 항목을 'Maximum likelihood'를 선택한다.

❾ Analysis properties 창의 'Output' 탭에서 'Minimization history', 'Standardized estimates', 'Squared multiple correlations', 'Covariances of estimates'를 선택한다.

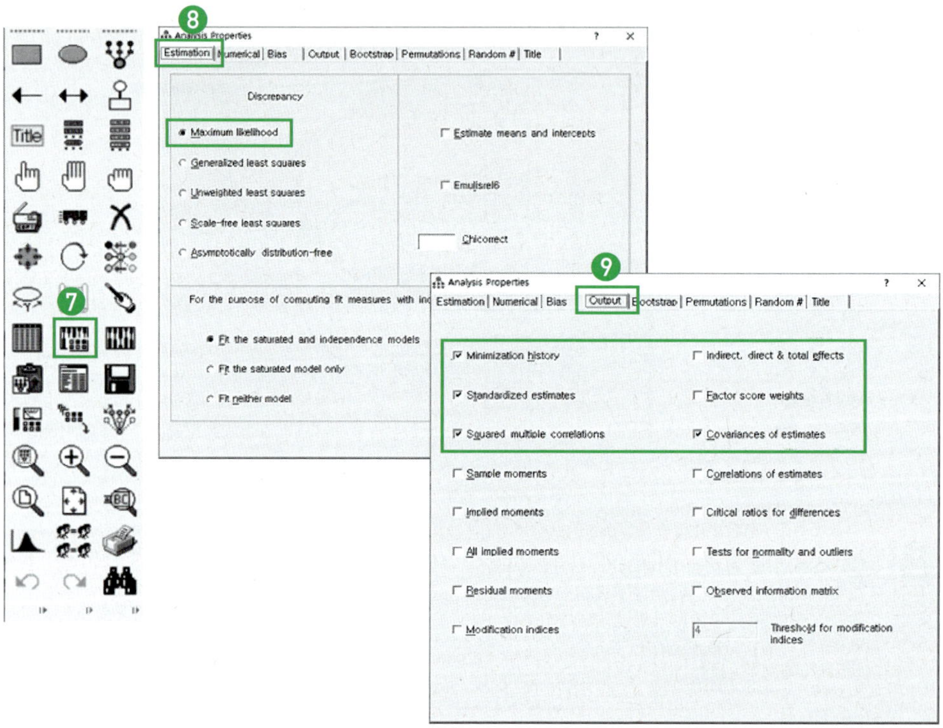

측정모형의 적합도 검증

모형적합도(Model Fit)는 구조방정식모형이 실제 데이터와 얼마나 부합하는지 평가하는 것으로 연구모형이 가설검정에 적합한 정도를 알아보려는 것이다. 모형적합도는 연구모형의 채택 여부를 결정하는 기준이 되기 때문에 가설의 유의수준만큼이나 중요한 부분이며 연구모형의 가설검정 결과가 좋게 나와도 모형적합도가 나쁘면 큰 의미를 갖지 못한다(우종필, 2016).

모형적합도를 평가하는 많은 지수(Index)가 있으나 크게 절대적합지수, 증분적합지수, 간명적합지수로 구분할 수 있다. 절대적합지수는 모형의 전반적인 적합도와 설명력을 평가하는 지수로서 χ^2(CMIN)/df, RMR, RMSEA, GFI, AGFI 등을 사용한다. 증분적합지수는 모형의 설명력과 관련된 지수로서 관측변수 간의 관계가 전혀 존재하지 않는 기초모형(Baseline Model)에 비해 제안한 모형이 얼마나 향상되었는지를 나타내며 NFI, TLI, CFI 지수를 많이 사용한다. 간명적합지수는 모형의 복잡성 및 객관성의 차이를 비교하는 적합도 지수로서 PNFI, PCFI 지수를 많이 사용한다.

모형적합도 지수별 평가기준은 문헌마다 다르지만 대체로 다음 표에서 제시한 기준을 활용한다. 세계 석학들의 연구에서 검증된 수치이므로 이 기준을 충족하는 모형을 사용하는 것이 논문의 설득력을 높여준다. 모형적합도 지수는 전공 관련 학술논문과 지도교수님의 논문에서 어떤 지수를 활용했는지 확인하고 사용하는 것이 좋다.

❖ 모형적합도 지수 평가기준 ❖

모형적합도 지수			평가기준(권고기준)	참고문헌
절대 적합 지수	모형 전반 적합도	χ^2(CMIN)/df	1.0≦CMIN/df≦2.0~3.0	Carmines(1981)
		RMSEA	≦0.05~0.08	Browne & Cudeck(1992)
		RMR	≦0.08	Hair et al.(1998)
	모형 설명력	GFI	≧0.8~0.9	Jöreskog & Sörbom(1984)
		AGFI	≧0.8~0.9	Hair et al.(1998)
		PGFI	≧0.5~0.6	Mulaik et al.(1989)
증분적합지수		NFI	≧0.8~0.9	Bentler & Bonett(1980)
		TLI	≧0.8~0.9	
		CFI	≧0.8~0.9	
간명적합지수		PNFI	≧0.6	James et al.(1983)
		PCFI	≧0.5~0.6	

1 ❶ 분석을 위해 작업 아이콘에서 'Calculate estimates' 버튼을 클릭한다.
❷ 분석결과를 확인하기 위해 'View text' 버튼을 클릭한다.

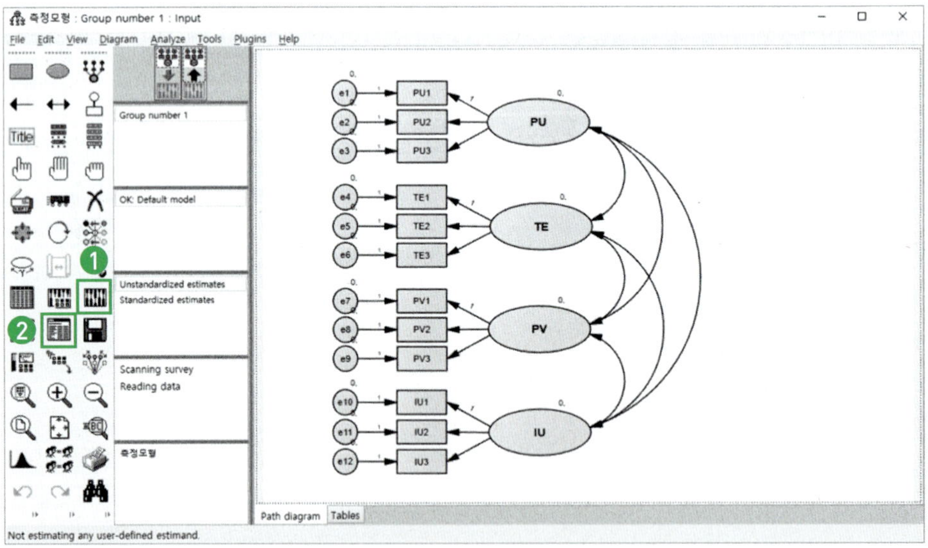

2 Amos Output 창에서 'Model Fit' 항목에서 적합도 지수를 확인한다.

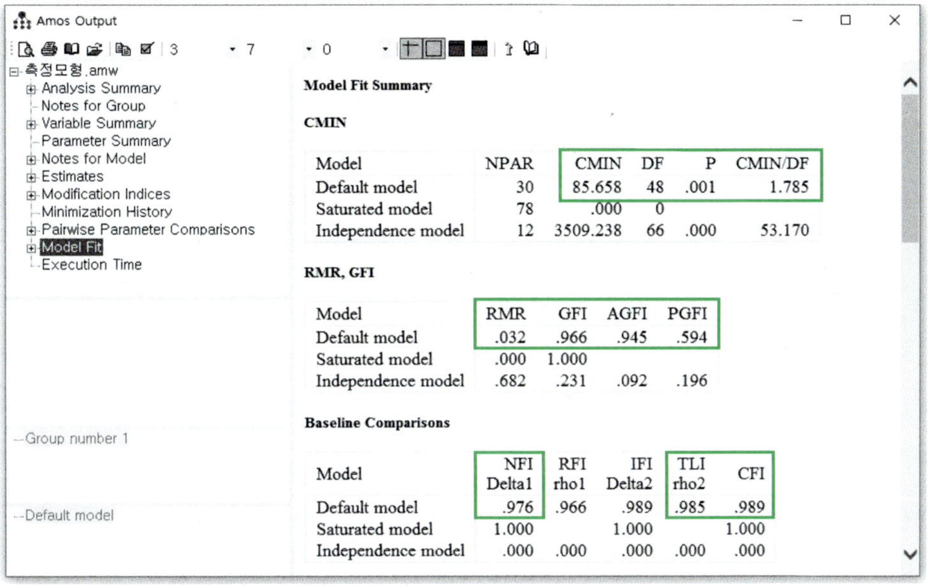

Model Fit Summary

CMIN

Model	NPAR	CMIN	DF	P	CMIN/DF
Default model	30	85.658	48	.001	1.785
Saturated model	78	.000	0		
Independence model	12	3509.238	66	.000	53.170

RMR, GFI

Model	RMR	GFI	AGFI	PGFI
Default model	.032	.966	.945	.594
Saturated model	.000	1.000		
Independence model	.682	.231	.092	.196

Baseline Comparisons

Model	NFI Delta1	RFI rho1	IFI Delta2	TLI rho2	CFI
Default model	.976	.966	.989	.985	.989
Saturated model	1.000		1.000		1.000
Independence model	.000	.000	.000	.000	.000

3 Model Fit Summary에서 논문에서 사용할 모형적합도 지수값을 확인하고 평가기준과 비교하여 연구모형의 적합도를 검증한다.

신뢰도분석

신뢰도(Reliability)분석은 측정대상을 반복적으로 측정할 때 얼마나 일관되게 측정했는지 알아보는 것이다. 내적 일관성 측정을 위해 크론바흐 알파(Cronbach's α) 계수를 활용하거나 합성신뢰도(Composite Reliability) 또는 지표신뢰도(Indicator Reliability)로 평가한다. 구조방정식모형의 신뢰도 평가는 측정지표들이 서로 다른 적재량임을 고려하여 산출하는 합성신뢰도(Composite Reliability)을 많이 사용한다.

합성신뢰도는 관측변수들의 내적 일관성을 측정하는 지표로 개념신뢰도(Construct Reliability)라고도 한다. 판단기준으로 합성신뢰도 수준이 0.7 이상이면 내적 일관성이 확보되었다고 볼 수 있다(Bagozzi & Yi, 1988). 합성신뢰도는 다음 계산식으로 산출한다.

$$\text{합성신뢰도(CR)} = (\Sigma\lambda)^2 / ((\Sigma\lambda)^2 + \Sigma \text{Var}(\varepsilon))$$

λ: 표준화된 적재량, $\text{Var}(\varepsilon)$: 측정오차

1 Amos 분석결과를 확인하기 위해 'View text' 버튼을 클릭한다.

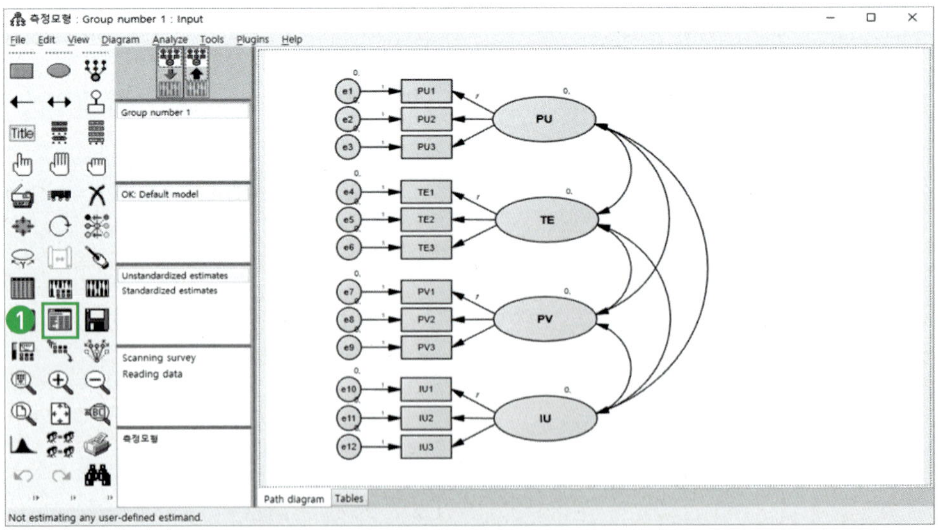

2 Amos Output 창에서 'Estimates' 항목의 'Standardized Regression Weights'을 찾아 Excel에 복사한다.

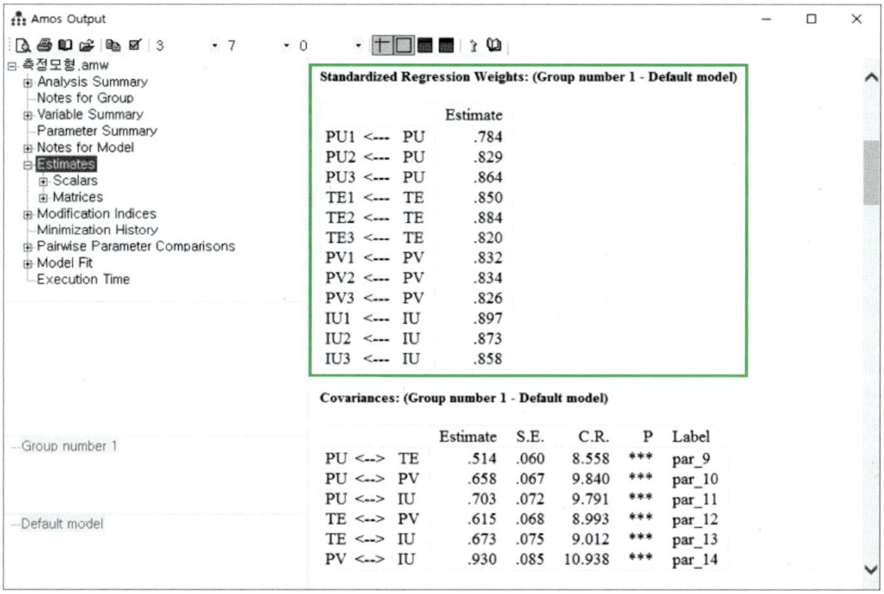

3 Excel을 이용하여 Standardized Estimate를 기준값으로 계산식에 따라 합성신뢰도(CR)를 산출한다. 아래 예시는 합성신뢰도가 모두 0.7 이상이므로 측정모형의 신뢰도는 확보되었다고 할 수 있다.

			Standardized Estimate (λ)	Sum of λ	(Sum of λ)^2	λ^2	1-(λ^2)	Sum of Var(ε)	CR
PU1	<---	PU	0.784	5.031	**25.311**	0.6147	0.3853	**0.952**	**0.964**
PU2	<---	PU	0.829			0.6872	0.3128		
PU3	<---	PU	0.864			0.7465	0.2535		
TE1	<---	TE	0.850	5.046	**25.462**	0.7225	0.2775	**0.824**	**0.969**
TE2	<---	TE	0.884			0.7815	0.2185		
TE3	<---	TE	0.820			0.6724	0.3276		
PV1	<---	PV	0.832	5.120	**26.214**	0.6922	0.3078	**0.930**	**0.966**
PV2	<---	PV	0.834			0.6956	0.3044		
PV3	<---	PV	0.826			0.6823	0.3177		
IU1	<---	IU	0.897	2.628	**6.906**	0.8046	0.1954	**0.697**	**0.908**
IU2	<---	IU	0.873			0.7621	0.2379		
IU3	<---	IU	0.858			0.7362	0.2638		

타당도분석

타당도(Validity)분석은 측정도구 또는 측정방법이 측정하려는 개념이나 속성을 얼마나 정확하게 측정할 수 있는지를 분석하는 것이다. 구조방정식모형의 실증분석에서 측정모형의 타당도 검증은 집중타당도와 판별타당도 평가결과에 따른다.

집중타당도(Convergent Validity)는 수렴타당도라고도 하는데 관측변수들의 일치성을 나타내는 것으로 동일 개념을 서로 상이한 측정방법으로 측정한 결과값 간에는 상관관계가 있어야 한다는 것을 의미한다. 집중타당도 평가기준은 첫째, 특정 잠재변수와 관측변수 간 인과관계를 나타내는 표준화 계수(Standardized Regression Weights)값이 0.5보다 높고 통계적으로도 유의해야 한다(Gefen et al., 2000). 둘째, 잠재변수들의 평균분산추출(Average Variance Extracted, AVE)값이 0.5 이상이어야 한다(Fornell & Larcker, 1981).

$$\text{평균분산추출(AVE)} = \sum \lambda^2 / (\sum \lambda^2 + \sum \mathrm{Var}(\varepsilon))$$

λ: 표준화된 적재량, $\mathrm{Var}(\varepsilon)$: 측정오차

판별타당도는 서로 상이한 개념을 동일 측정방법으로 측정한 결과값들 간에 상관관계가 낮아야 한다는 것을 말한다. 일반적으로 공분산 기반 구조방정식모형의 판별타당도는 Fornell-Larcker 기준을 많이 사용하여 판단한다. Fornell-Larcker 기준은 특정 잠재변수의 평균분산추출(AVE)값이 그 잠재변수와 다른 잠재변수들 간의 상관계수(r)의 제곱값들보다 크면 판별타당도가 확보되었다고 평가한다.

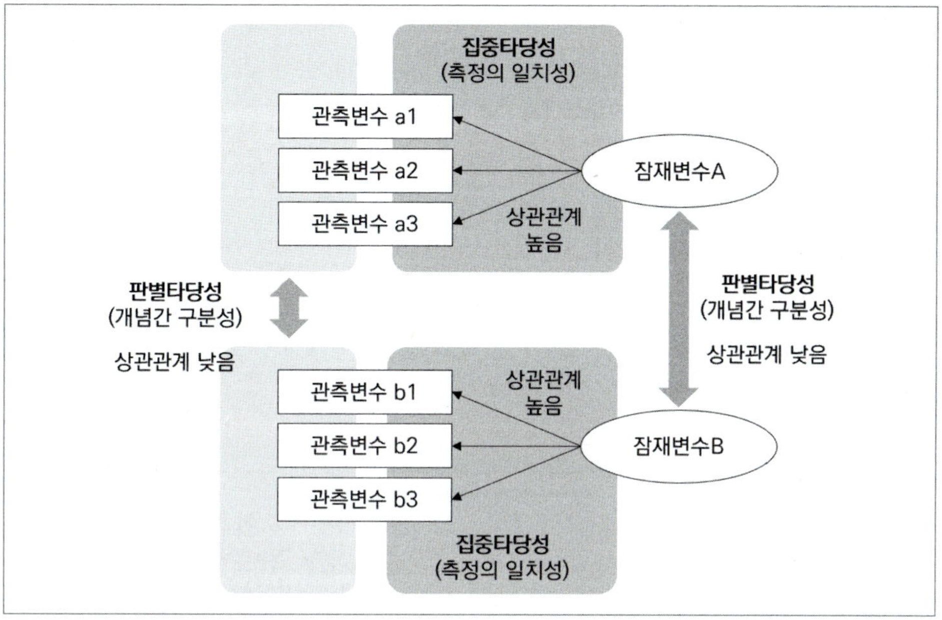

1 Amos 분석결과를 확인하기 위해 'View text' 버튼을 클릭한다.

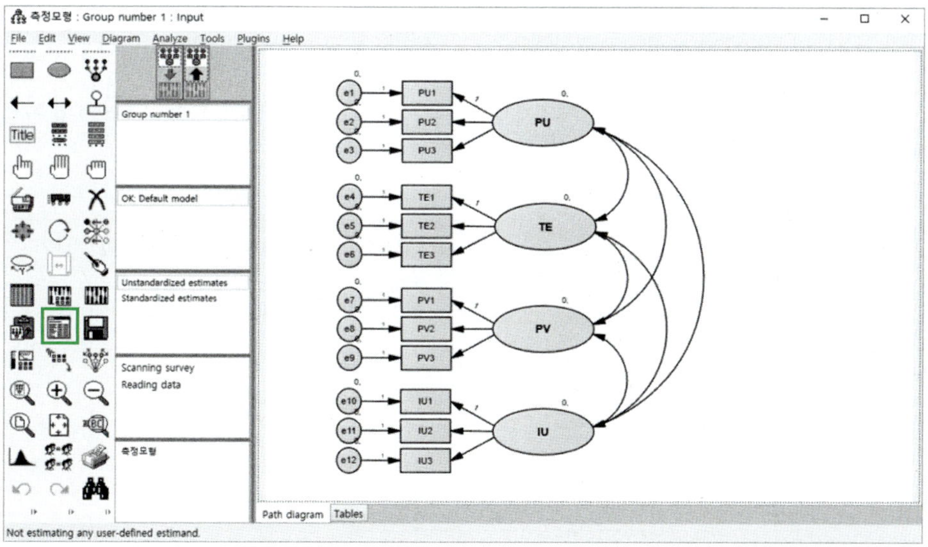

2 Amos Output 창에서 'Estimates' 항목의 'Standardized Regression Weights'을 찾아 Excel에 복사한다.

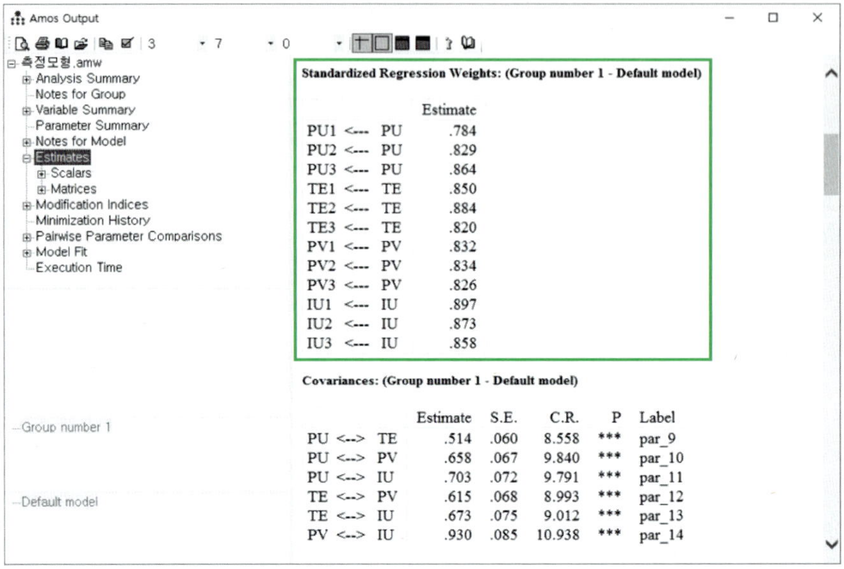

3 Excel을 이용하여 Standardized Estimate를 기준값으로 계산식에 따라 평균분산추출(AVE)값을 산출한다. 아래 예시는 관측변수의 표준화계수값이 모두 0.5 이상이고, 잠재변수의 평균분산추출(AVE) 값이 모두 0.5 이상이므로 집중타당도는 확보되었다고 할 수 있다.

			Standardized Estimate (λ)	λ^2	1-(λ^2)	Sum of (λ^2)	Sum of Var(ε)	AVE
PU1	<---	PU	0.784	0.6147	0.3853	2.048	0.952	0.683
PU2	<---	PU	0.829	0.6872	0.3128			
PU3	<---	PU	0.864	0.7465	0.2535			
TE1	<---	TE	0.850	0.7225	0.2775	2.176	0.824	0.725
TE2	<---	TE	0.884	0.7815	0.2185			
TE3	<---	TE	0.820	0.6724	0.3276			
PV1	<---	PV	0.832	0.6922	0.3078	2.070	0.930	0.690
PV2	<---	PV	0.834	0.6956	0.3044			
PV3	<---	PV	0.826	0.6823	0.3177			
IU1	<---	IU	0.897	0.8046	0.1954	2.303	0.697	0.768
IU2	<---	IU	0.873	0.7621	0.2379			
IU3	<---	IU	0.858	0.7362	0.2638			

4 판별타당도 검증을 위해 Amos Output 창에서 'Estimates' 항목의 'Correlations'을 찾아 Excel에 복사한다.

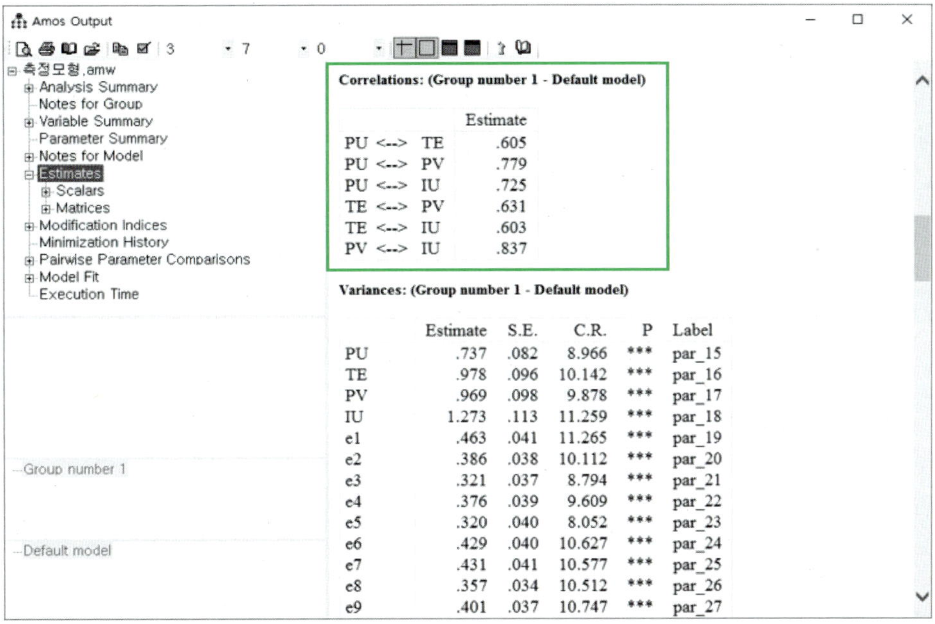

5 Excel을 이용하여 잠재변수의 평균분산추출(AVE)값과 상관계수의 제곱값을 비교한 표를 작성한다. 아래 예시의 경우 판별타당도가 확보되었다.

	PU	TE	PV	IU	
PU	**0.683** ← AVE				
TE	0.466	**0.725** ← AVE			
PV	0.366	0.526	**0.690** ← AVE		
IU	0.607	0.398	0.476	**0.768**	← AVE

구조모형 그리기

구조모형은 연구모형에서 설정한 가설을 검증하기 위한 구조방정식모형이다. 구조모형은 측정모형과 동일한 방식으로 잠재변수와 관측변수, 관측오차를 그린다. 다음으로 매개변수와 종속변수에 구조오차를 각각 추가한 후, 연구모형에 설정한 가설에 맞게 변수들 간의 인과관계를 검증하기 위한 경로를 지정해야 한다.

1 ❶ 독립변수(PU, TE)를 선택하고 메뉴에서 'Plugins > Draw Covariances'를 클릭하면 독립변수들 간에 Covariance 연결선이 나타난다.

❷ 작업 아이콘에서 'Add a unique variable to an existing variable' 버튼을 클릭한 후 매개변수(PV)와 종속변수(IU)에 각각 구조오차를 넣는다.

❸ 작업 아이콘에서 'Draw paths' ← 버튼을 클릭한 후 독립변수들과 매개변수, 종속변수 간의 경로를 지정한다.

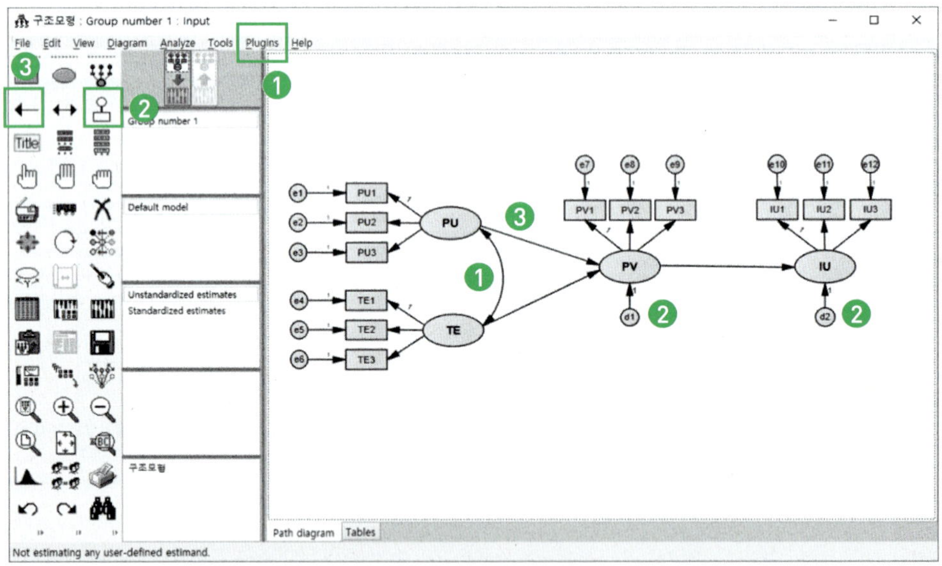

2 작업 아이콘에서 ❹ 'Select data file(s)' 버튼을 눌러 분석자료를 선택한다.

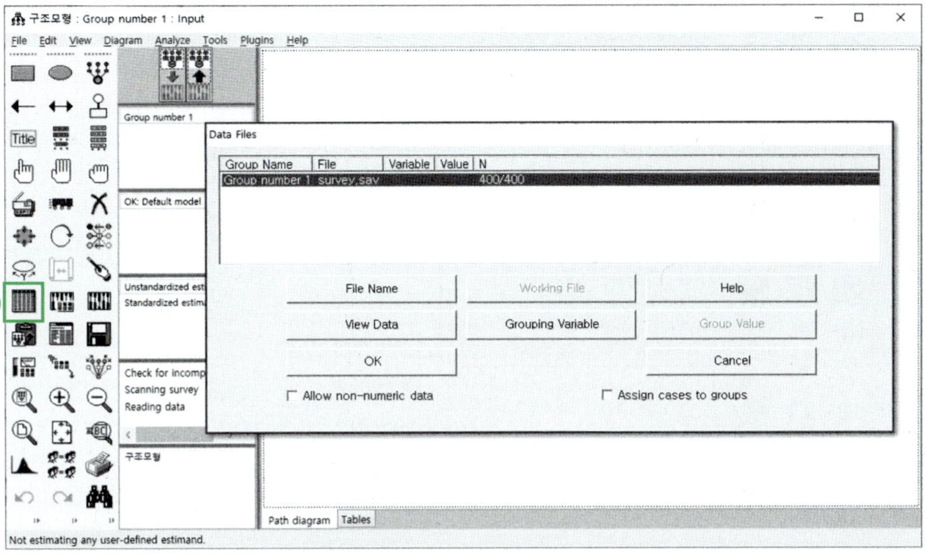

3 ❺ 작업 아이콘의 'Analysis properties' 버튼을 눌러 분석 옵션을 설정한다.

❻ Analysis properties 창의 'Estimation' 탭에서 Discrepancy 항목을 'Maximum likelihood'를 선택한다.

❼ Analysis properties 창의 'Output' 탭에서 'Minimization history', 'Standardized estimates', 'Squared multiple correlations', 'Covariances of estimates'를 선택한다.

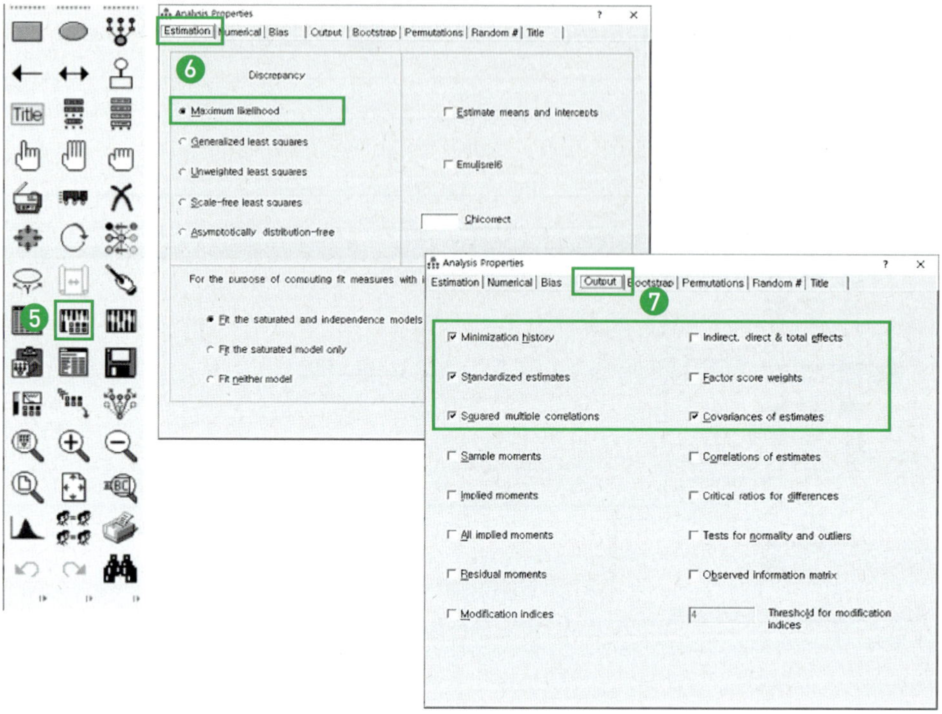
Title
5
Analysis Properties
Estimation | Numerical | Bias | Output | Bootstrap | Permutations | Random # | Title
6
Discrepancy
Maximum likelihood
Generalized least squares
Unweighted least squares
Scale-free least squares
Asymptotically distribution-free
Estimate means and intercepts
Emulisrel6
Chicorrect
For the purpose of computing fit measures with i
Fit the saturated and independence models
Fit the saturated model only
Fit neither model
Analysis Properties
Estimation | Numerical | Bias | Output | Bootstrap | Permutations | Random # | Title
7
Minimization history
Indirect, direct & total effects
Standardized estimates
Factor score weights
Squared multiple correlations
Covariances of estimates
Sample moments
Correlations of estimates
Implied moments
Critical ratios for differences
All implied moments
Tests for normality and outliers
Residual moments
Observed information matrix
Modification indices
4
Threshold for modification indices

3 구조모형의 적합도 검증

구조모형의 적합도 검증은 측정모형 적합도 검증과 동일한 방식과 지수들을 사용하여 검증한다.

모형적합도 지수			평가기준(권고기준)	참고문헌
절대적합지수	모형 전반 적합도	χ^2(CMIN)/df	1.0≦CMIN/df ≦2.0~3.0	Carmines(1981)
		RMSEA	≦0.05~0.08	Browne & Cudeck(1992)
		RMR	≦0.08	Hair et al.(1998)
	모형 설명력	GFI	≧0.8~0.9	Jöreskog & Sörbom(1984)
		AGFI	≧0.8~0.9	Hair et al.(1998)
		PGFI	≧0.5~0.6	Mulaik et al.(1989)
증분적합지수		NFI	≧0.8~0.9	Bentler & Bonett(1980)
		TLI	≧0.8~0.9	
		CFI	≧0.8~0.9	
간명적합지수		PNFI	≧0.6	James et al.(1983)
		PCFI	≧0.5~0.6	

1 Amos Output 창에서 'Model Fit' 항목에서 적합도 지수를 확인한다.

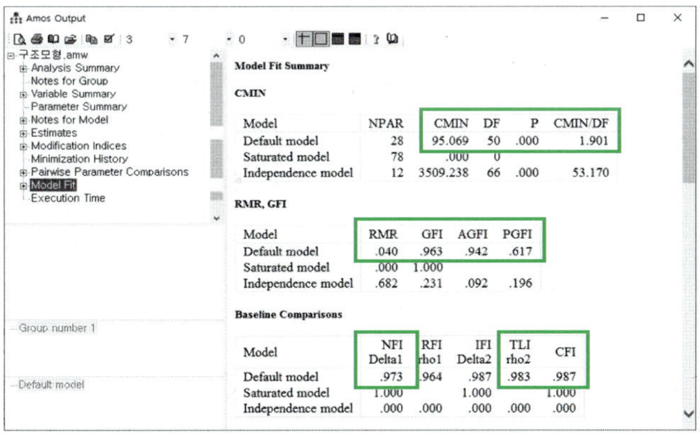

2 Model Fit Summary에서 논문에서 사용할 모형적합도 지수값을 확인하고 평가기준과 비교하여 연구모형의 적합도를 검증한다.

경로분석

경로분석(Path Analysis)은 변수들 간 원인과 결과의 관계를 경로로 설정하고 연구가설을 검증하는 방법이다. 회귀분석을 반복적으로 적용하여 다수의 외생변수와 내생변수 사이의 인과관계를 가지는 변수들의 총효과, 직접효과, 매개효과 등을 확인하고자 할 때 사용하는 방법이라 할 수 있다. 연구가설의 채택기준은 C.R.(회귀계수의 t값)이 ±1.96 이상이고, 유의확률(p-value)이 통계적으로 유의하여야($p<0.05$) 한다.

1 ❶ 분석을 위해 작업 아이콘에서 'Calculate estimates' 버튼을 클릭한다.
❷ 분석결과를 확인하기 위해 'View text' 버튼을 클릭한다.

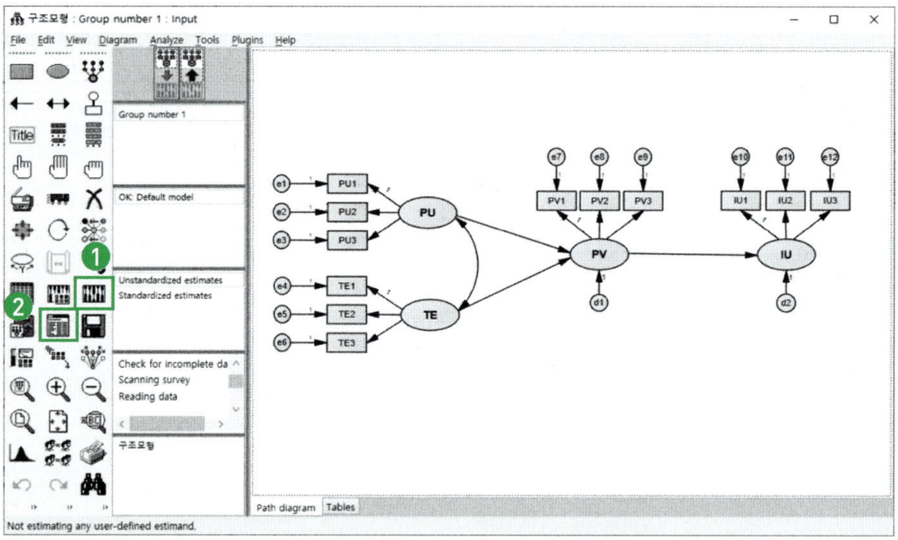

2 Amos Output 창의 'Estimates' 항목에서 'Regression Weights'의 값을 Excel에 복사한다.

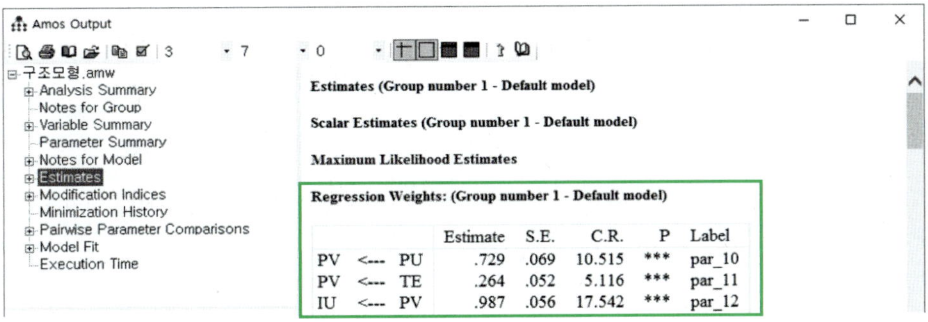

3 Amos Output 창의 'Estimates' 항목에서 'Standardized Regression Weights'의 값을 Excel에 복사한다.

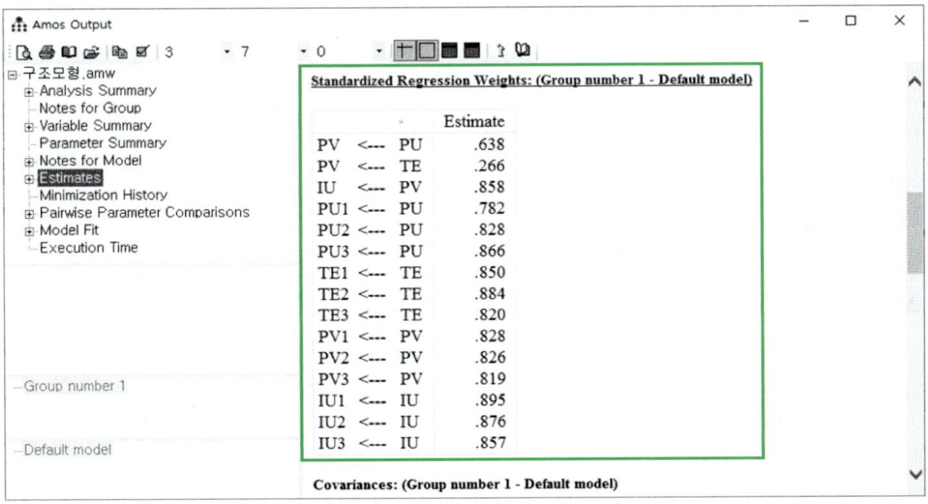

4 Excel에서 가설 경로별로 Estimate(경로계수), S.E(표준오차), C.R(회귀계수의 t값), p-value를 옮겨놓고 p-value 기준으로 연구가설 채택을 판정한다.

	Standardized Regression Weights	Regression Weights				
가설경로	Standardized estimate (β)	Regression Estimate (B)	S.E.	C.R	p-value	결과
PU → PV	0.638	0.729	0.069	10.515	***	채택
TE → PV	0.266	0.264	0.052	5.116	***	채택
PV → IU	0.858	0.987	0.056	17.542	***	채택

* $p<0.05$, ** $p<0.01$, *** $p<0.001$

PU: 지각된 유용성, TE: 기술특성, PV: 지각된 가치, IU: 이용의도

매개효과분석

매개효과분석은 독립변수와 종속변수 간의 인과관계를 보다 잘 설명하고자 중간에 매개변수를 개입시킬 때 매개 역할을 하는지 알아보는 분석방법이다. 독립변수가 종속변수에 미치는 직접효과뿐 아니라 매개변수를 경유한 간접효과도 유의한지 확인하는 것이다. 매개효과의 통계적 유의성을 검증하는 방법으로 Bootstrapping 방법, Sobel Test, Aroian Test 등이 있다. Amos에서는 Bootstrapping 방법을 사용하여 매개효과를 검증한다.

1 ❶ 작업 아이콘의 'Analysis properties' 버튼을 눌러 분석옵션을 설정한다.

❷ Analysis properties 창의 'Output' 탭에서 'Indirect, direct & total effects'를 체크 표시한다.

❸ Analysis properties 창의 'Bootstrap' 탭에서 'Performance bootstrap'을 체크하고 2,000번 수행을 지정한다. 'Percentile confidence intervals'와 'Bias-corrected confidence intervals'에는 신뢰구간 95%를 지정하고 'Bootstrap ML'은 체크 표시한다.

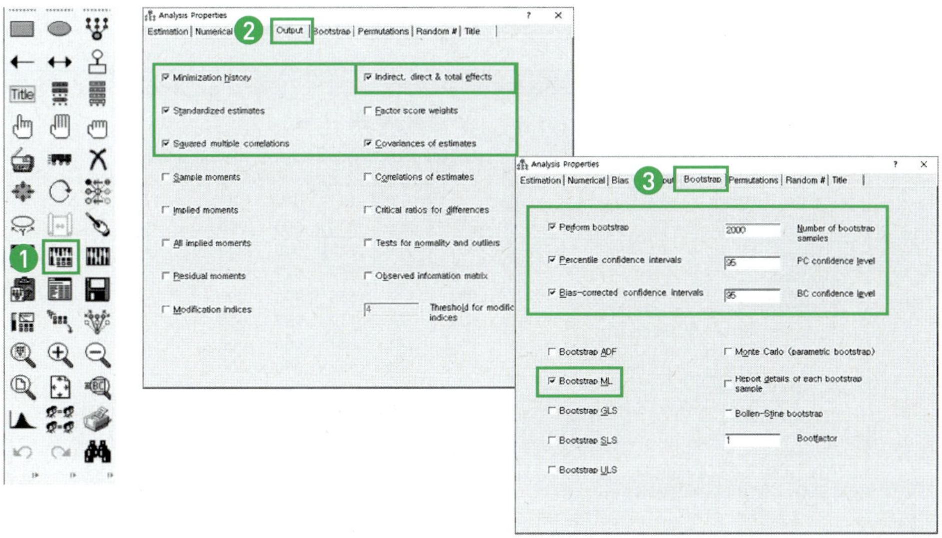

2 ❹ 분석을 위해 작업 아이콘에서 'Calculate estimates' 버튼을 클릭한다.

❺ 분석결과를 확인하기 위해 'View text' 버튼을 클릭한다.

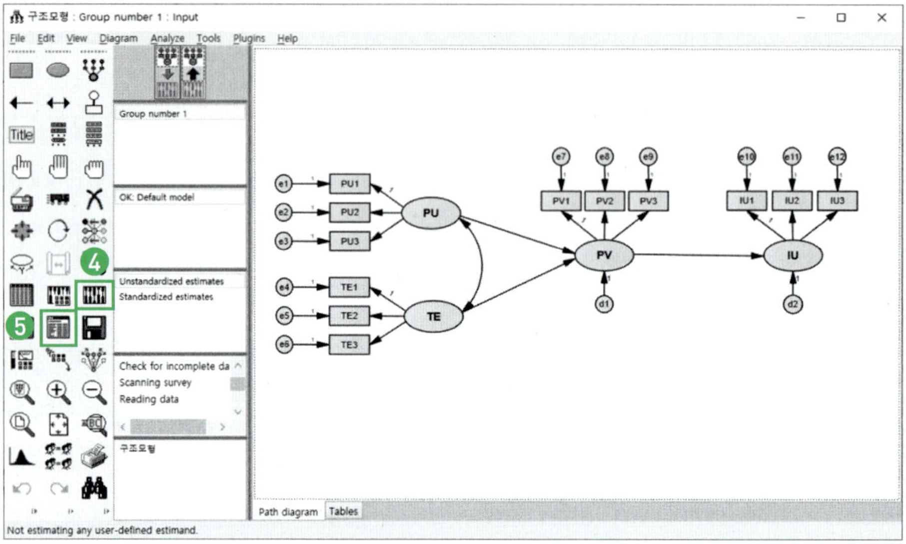

3 Amos Output 창의 'Estimates'의 하위 메뉴 'Matrices > Indirect Effects'를 클릭하면 하단의 'Estimates/Bootstrap'이 활성화된다. 여기서 'Estimates'를 선택하고서 우측의 'Indirect Effects' 수치를 Excel에 복사한다.

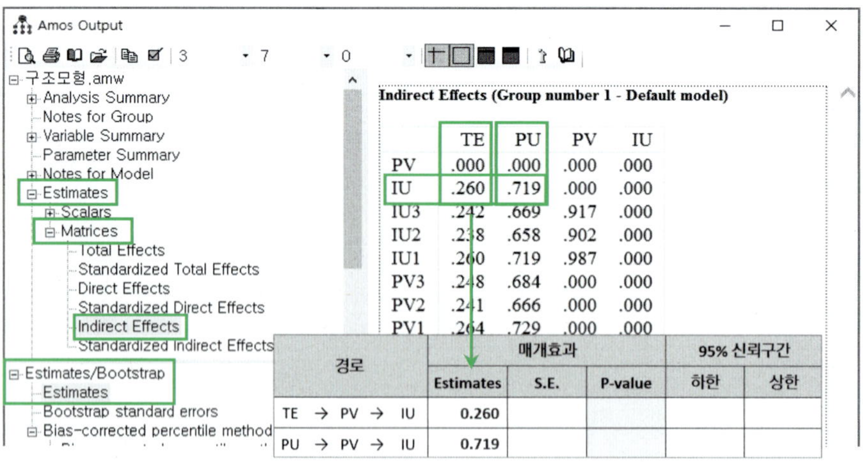

경로	매개효과			95% 신뢰구간	
	Estimates	S.E.	P-value	하한	상한
TE → PV → IU	0.260				
PU → PV → IU	0.719				

4 하단 'Estimates/Bootstrap'의 'Bootstrap standard errors'를 선택하고서 우측의 'Indirect Effects - Standard Errors' 수치를 Excel에 복사한다.

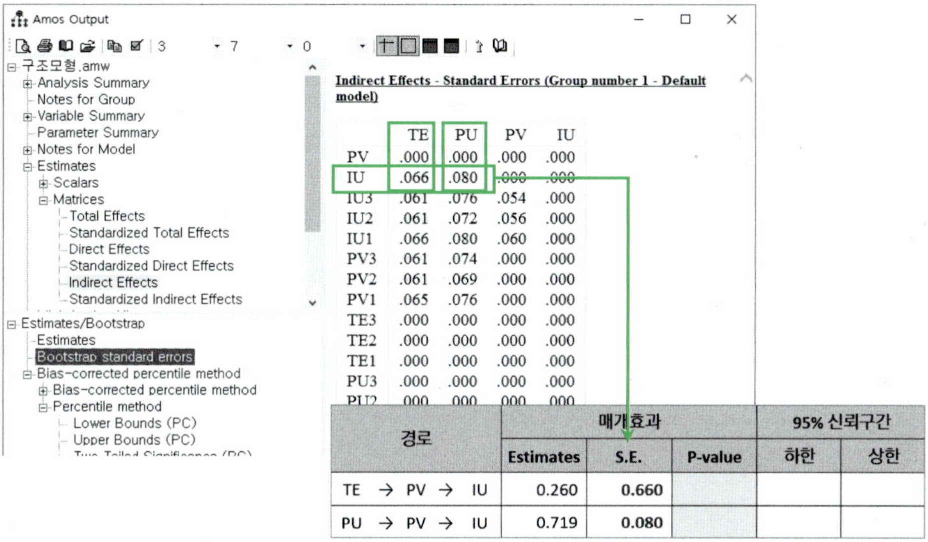

5 하단 'Estimates/Bootstrap'의 'Bias-corrected percentile method > Percentile method > Two Tailed Significance'를 선택하고서 우측의 'Indirect Effects - Two Tailed Significance' 수치를 Excel에 복사한다.

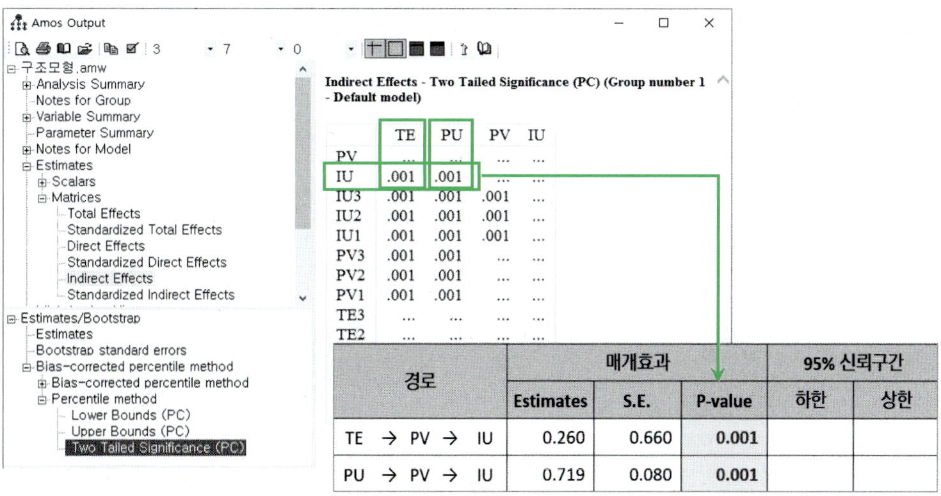

6 하단 'Estimates/Bootstrap'의 'Bias-corrected percentile method > Percentile method > Lower Bounds'를 선택하고서 우측의 'Indirect Effects-Lower Bounds' 수치를 Excel에 복사한다.

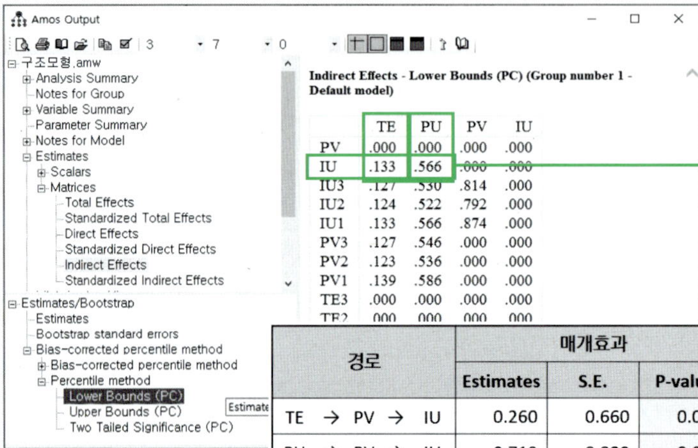

경로	매개효과			95% 신뢰구간	
	Estimates	S.E.	P-value	하한	상한
TE → PV → IU	0.260	0.660	0.001	0.133	
PU → PV → IU	0.719	0.080	0.001	0.566	

7 하단 'Estimates/Bootstrap'의 'Bias-corrected percentile method > Percentile method > Upper Bounds'를 선택하고서 우측의 'Indirect Effects-Upper Bounds' 수치를 Excel에 복사한다.

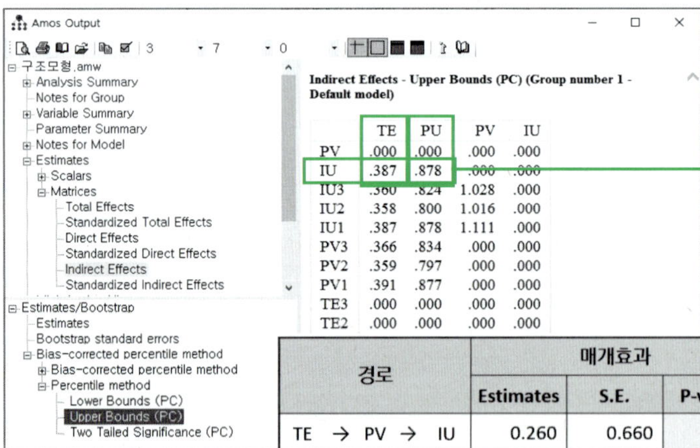

경로	매개효과			95% 신뢰구간	
	Estimates	S.E.	P-value	하한	상한
TE → PV → IU	0.260	0.660	0.001	0.133	0.387
PU → PV → IU	0.719	0.080	0.001	0.566	0.878

8 매개효과의 통계적 유의성은 p-value와 95% 신뢰구간을 기준으로 판정한다. p-value와 상관없이 95% 신뢰구간에 0을 포함하면 통계적으로 유의하지 않다고 판정한다. 아래 예시에서 두 경로 모두 $p<0.05$이고 95% 신뢰구간이 0을 포함하지 않아 통계적으로 유의하기 때문에 매개효과가 있다고 할 수 있다.

경로	매개효과			95% 신뢰구간	
	Estimates	S.E.	P-value	하한	상한
TE → PV → IU	0.260	0.660	0.001	0.133	0.387
PU → PV → IU	0.719	0.080	0.001	0.566	0.878

조절효과분석

조절변수는 독립변수와 종속변수의 관계 방향 또는 강도에 영향을 미치는 변수로서 독립변수와 매개변수, 종속변수의 관계가 조절변수의 수준에 따라 달라질 때 우리는 조절효과가 존재한다고 말한다(김수영, 2016).

조절효과의 유의성을 판단하려면 먼저 측정모형에 대해 다중집단 확인적 요인분석을 수행하여 동일 모집단에서 추출한 다중표본이 측정 동일성을 확보하였는지 교차타당성을 검증해야 한다. 교차타당성이 검증되면 구조모형에 대해 다중집단비교분석을 수행하여 비제약모형과 구조가중치모형 간 차이가 유의하면 전체 모형에 대해 조절효과가 있는 것으로 판단한다.

1 메뉴에서 'Analyze > Manage Groups'을 클릭하여 Manage Groups 창을 열고 분석할 그룹 개수만큼 생성한다.

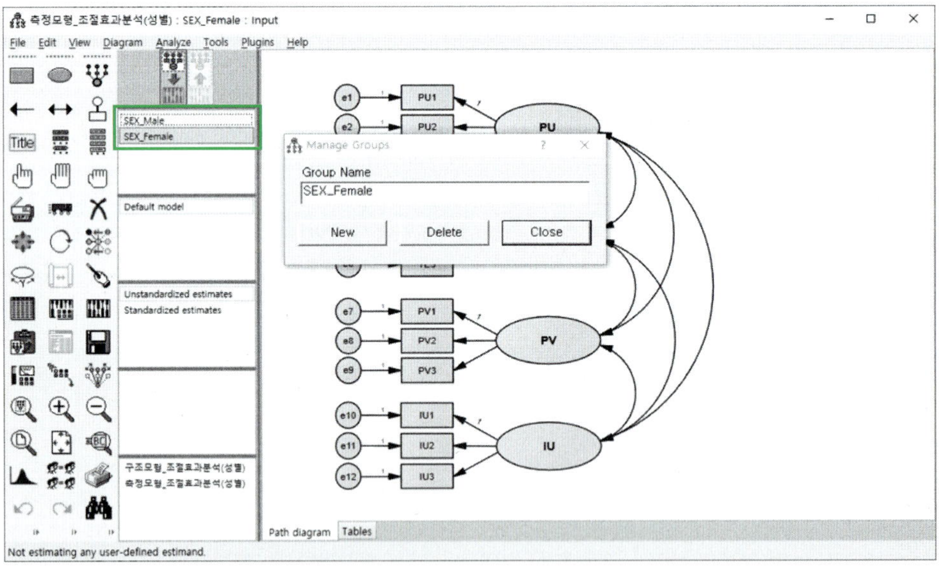

2 ❶ 작업 아이콘에서 'Select data file(s)' 버튼을 눌러 분석자료를 선택한다.

❷ 'Group Variable' 버튼을 눌러 조절변수를 선택한다(예: SS1=성별).

❸ 'Group Value' 버튼을 눌러 Choose Value for Group 창에서 그룹별 값을 선택한다(1: 남성, 2: 여성).

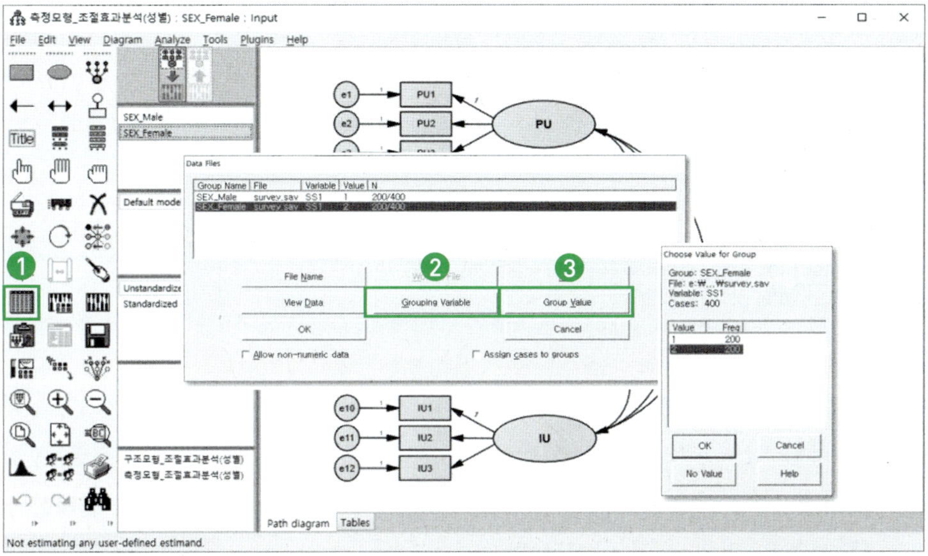

3 다중집단 확인적 요인분석을 진행한다. 측정모형의 작업 아이콘에서 'Multiple-Group Analysis' 버튼을 누르면 Multiple-Group Analysis 창이 뜬다. Multiple-Group 1~3번 모델까지 체크 표시되었는지 확인한다(Measurement weights가 반드시 체크 표시).

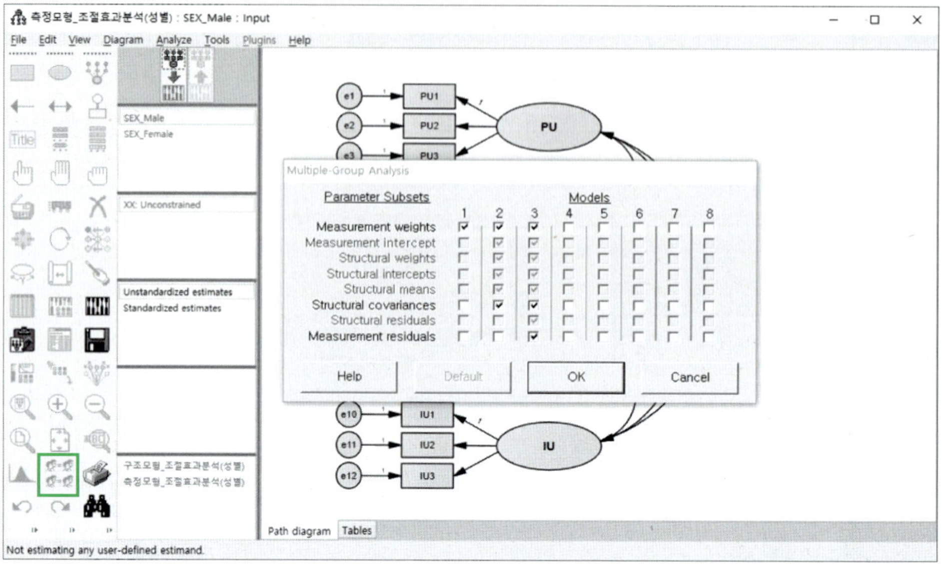

4 ❹ 작업 아이콘의 'Analysis properties' 버튼을 눌러 분석옵션을 설정한다. Analysis Properties 창에서 'Critical ratios for differences' 옵션을 선택한다.

❺ 분석을 위해 작업 아이콘에서 'Calculate estimates' 버튼을 클릭한다.

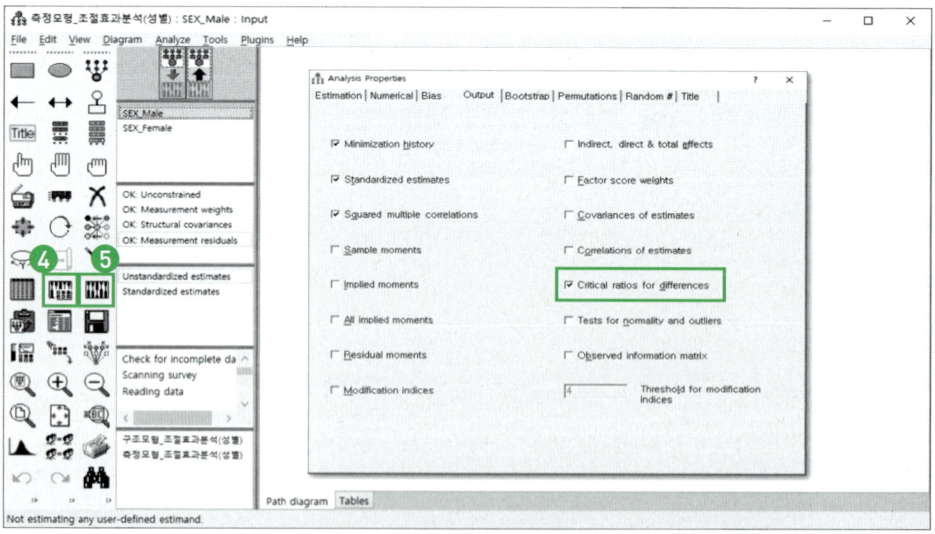

5 교차타당성 검증을 위해 Amos Output의 'Model Fit'를 선택하여 비제약모형과 측정가중치모형의 CMIN 값을 Excel에 복사한다. 또한 'Model Comparison'을 선택하여 측정가중치모형의 CMIN, p-value를 Excel에 복사한다.

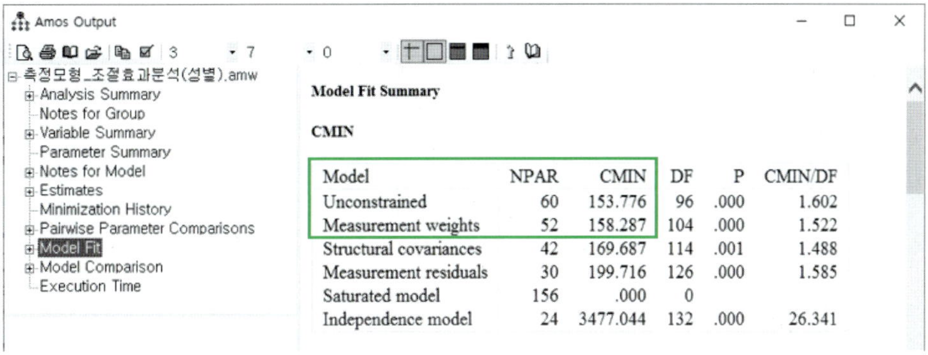

Model	NPAR	CMIN	DF	P	CMIN/DF
Unconstrained	60	153.776	96	.000	1.602
Measurement weights	52	158.287	104	.000	1.522
Structural covariances	42	169.687	114	.001	1.488
Measurement residuals	30	199.716	126	.000	1.585
Saturated model	156	.000	0		
Independence model	24	3477.044	132	.000	26.341

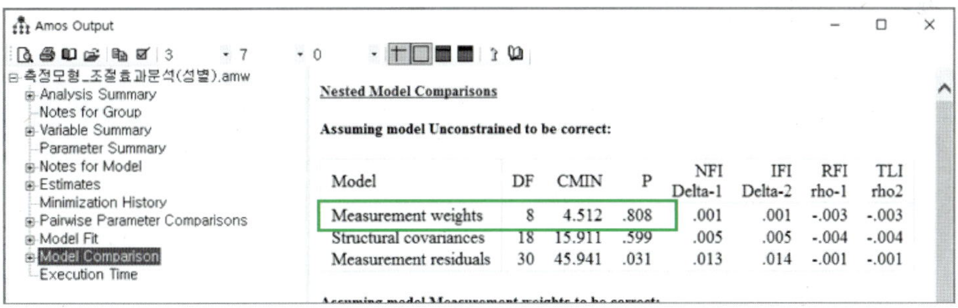

Model	DF	CMIN	P	NFI Delta-1	IFI Delta-2	RFI rho-1	TLI rho2
Measurement weights	8	4.512	.808	.001	.001	-.003	-.003
Structural covariances	18	15.911	.599	.005	.005	-.004	-.004
Measurement residuals	30	45.941	.031	.013	.014	-.001	-.001

6 ❻ 다중집단비교분석을 진행한다. 구조모형에서 Manage Groups 창을 열고 분석할 그룹 개수만큼 생성한다. 작업 아이콘의 'Multiple-Group Analysis' 버튼을 눌러 Multiple-Group 1~5번 모델까지 체크 표시되었는지 확인한다(Structural weights가 반드시 체크 표시).

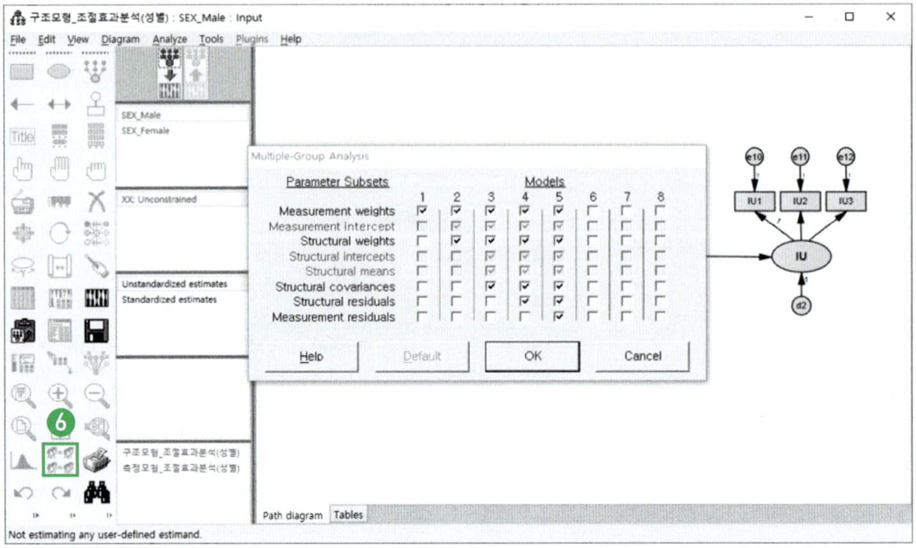

7 ❼ 작업 아이콘의 'Analysis properties' 버튼을 눌러 분석옵션을 설정한다. Analysis Properties 창에서 'Critical ratios for differences' 옵션을 선택한다. ❽ 분석을 위해 작업 아이콘에서 'Calculate estimates' 버튼을 클릭한다.

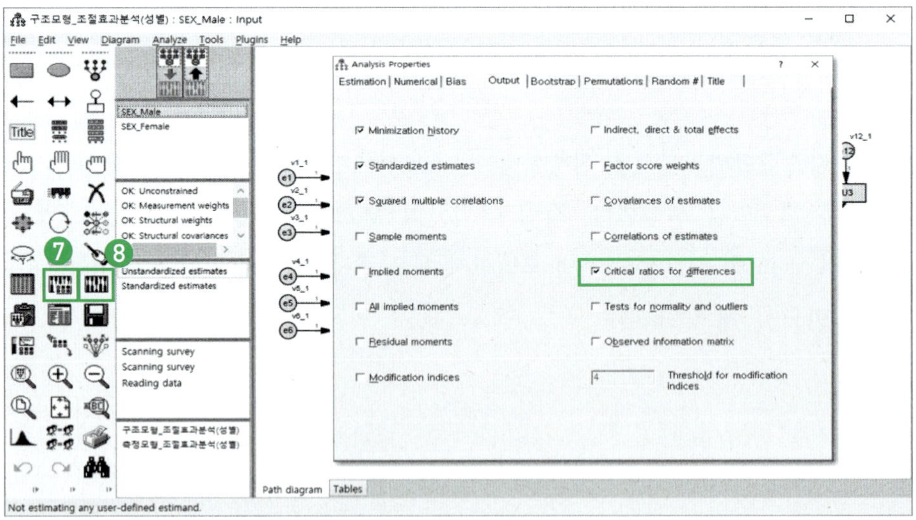

8 다중집단비교분석 결과 확인을 위해 Amos Output의 'Model Fit'를 선택하여 비제약모형과 구조가중치모형의 CMIN 값을 Excel에 복사한다. 또한 'Model Comparison'를 선택하여 구조가중치모형의 CMIN, p-value를 Excel에 복사한다.

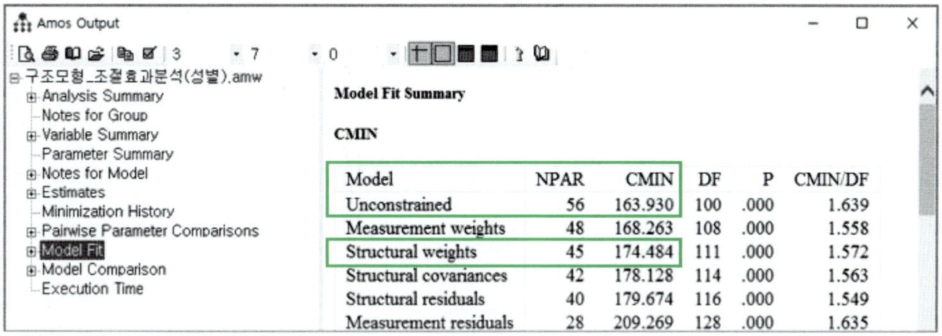

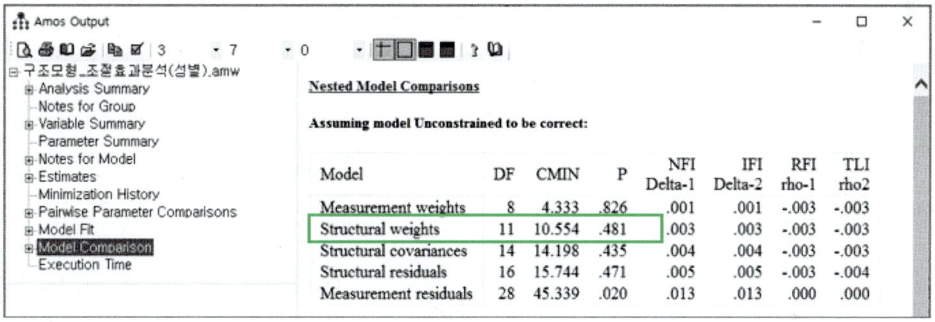

9 조절효과의 유의성 판단기준은 교차타당성 검증을 통해 측정 동일성이 확보되어야 하고($p>0.05$) 다중집단비교분석을 통해 $p<0.05$를 충족해야 한다.

아래 예시에서 교차타당성 검증결과 두 성별 집단은 측정 동일성이 확보되었다고 본다. 그러나 다중집단비교분석 결과 통계적으로 유의하지 않아(p-value=0.481 >0.05) 전체 모형에 대한 성별(SS1)의 조절효과는 없다고 할 수 있다.

❖ 교차타당성 검증결과 ❖

구분	비제약모형 (Unconstrained Model)	측정가중치모형 (Measurement Weights Model)
χ^2	153.776	158.287
χ^2 차이	4.512	
χ^2 차이의 p-value	0.808	

❖ 다중집단비교분석 결과 ❖

구분	비제약모형 (Unconstrained Model)	제약모형(구조가중치모형) (Structural Weights Model)
χ^2	163.93	174.484
χ^2 차이	10.554	
χ^2 차이의 p-value	0.481	

5

수수께끼의 R 세계로 떠나다

통계도구는 어떤 것이 좋을까?

먼저 도구를 이야기하기에 앞서 통계에 대한 기초 지식은 당연히 있어야 한다. 분석 결과에 대한 해석과 논문 심사 시 다양한 질문에 대해 긴장하지 않고 답변이 가능하기 때문이다. 통계 지식을 가졌다는 전제하에 도구의 선택을 고민한다면 어떤 것이 가장 좋을까? 앞 장에서 전통적으로 가장 많이 사용되는 SPSS와 AMOS에 대해 살펴보았다. 이번 장에서는 R과 jamovi를 소개하고자 한다.

SPSS, AMOS와 가장 눈에 띄는 차이점은 무료로 사용할 수 있는 프로그램이라는 점이다. 무료라서 뭔가 기능이 부족하거나 정확하지 않은 계산을 사용하지 않을까 걱정할 필요는 없다. 동일한 통계이론을 사용하기 때문에 계산결과도 같을 수밖에 없고, 상용 프로그램보다 더 쉽고 확장성이 뛰어나 점점 더 사용자가 늘어나고 있다. R은 1993년 오클랜드 대학교에서 개발된 통계 및 그래프 작업을 위한 대화형 프로그래밍 언어이다. 전 세계의 통계학자들이 각종 패키지를 지속적으로 개발하여 공유함으로써 뛰어난 확장성과 발전을 거듭해 왔다. 하지만 명령어 기반 인터페이스(CLI)에 친숙하지 않은 일반인 입장에서는 코딩을 배워야 하는 진입장벽으로 인해 접근하기가 어렵다. 이러한 문제를 해결해 준 획기적인 프로그램이 jamovi이다. 2017년 뉴캐슬 대학에서 R 기반으로 개발되었으며, 다양하고 복잡한 통계를 간단한 클릭으로 쉽게 만들고 편집과 출력이 가능하다. 그래픽 기반 인터페이스(GUI)로 R 소스 코드를 자동 생성해 줌으로써 입문자도 R 언어를 쉽게 사용하도록 해준다. 논문을 위한 각종 통계와 구조방정식분석을 SPSS와 AMOS를 사용하지 않더라도 직관적으로 더 쉽게 할 수 있다. 그럼, 수수께끼의 R과 jamovi의 세계로 함께 여행을 떠나 보자.

설치는 어떻게 하나요?

R과 jamovi 설치는 간단하다. 다운로드와 다음 버튼만 누르면 된다.

1 R 홈페이지(r-project.org)에서 설치 파일을 다운로드받는다.

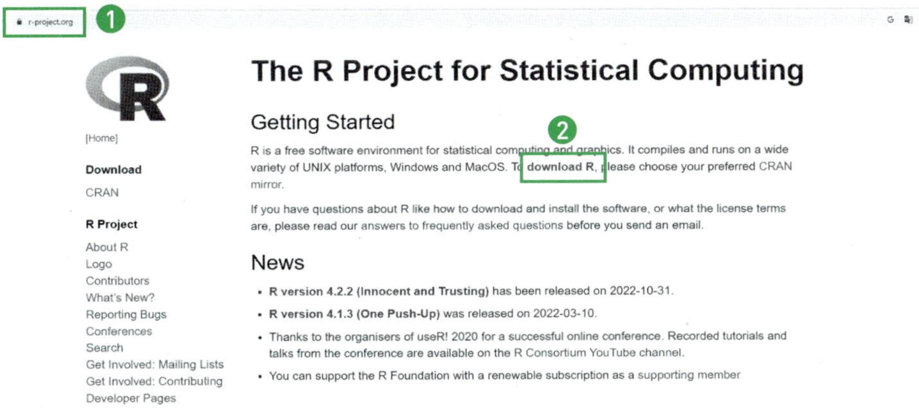

아래 그림과 같이 다음을 계속 눌러서 설치를 완료한다.

3

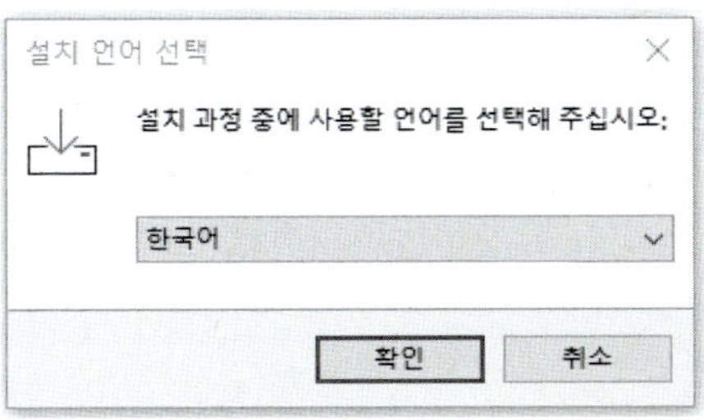

4

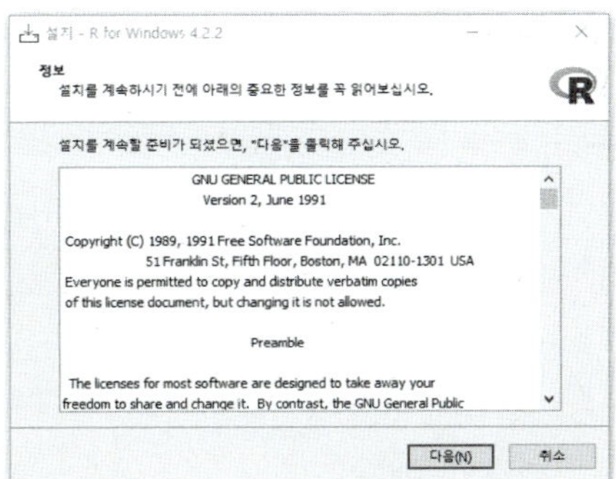

5

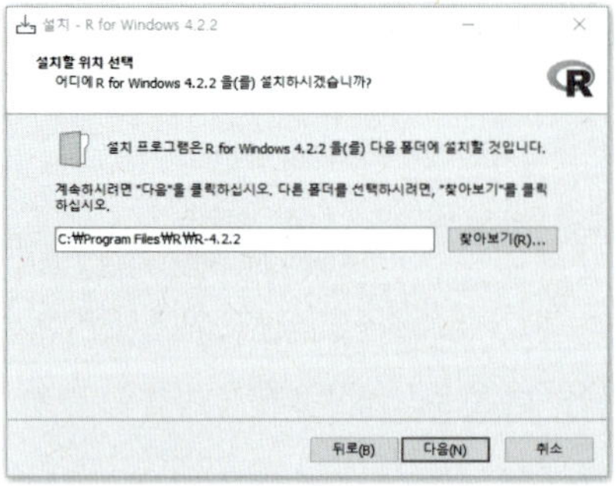
설치 - R for Windows 4.2.2
설치할 위치 선택
어디에 R for Windows 4.2.2 을(를) 설치하시겠습니까?
설치 프로그램은 R for Windows 4.2.2 을(를) 다음 폴더에 설치할 것입니다.
계속하시려면 "다음"을 클릭하십시오. 다른 폴더를 선택하시려면, "찾아보기"를 클릭하십시오.
C:₩Program Files₩R₩R-4.2.2
찾아보기(R)...
뒤로(B)
다음(N)
취소

6

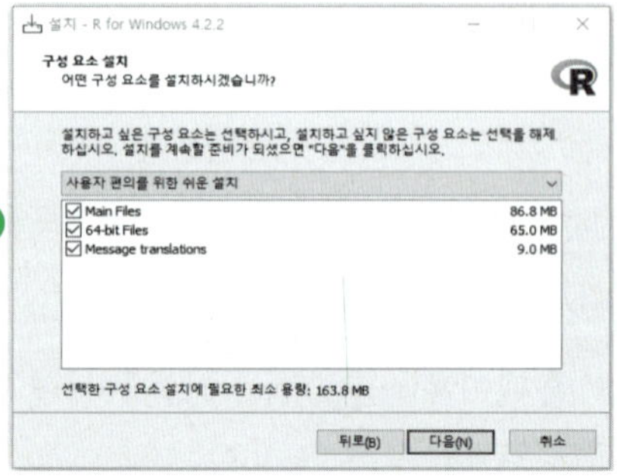
설치 - R for Windows 4.2.2
구성 요소 설치
어떤 구성 요소를 설치하시겠습니까?
설치하고 싶은 구성 요소는 선택하시고, 설치하고 싶지 않은 구성 요소는 선택을 해제하십시오. 설치를 계속할 준비가 되셨으면 "다음"을 클릭하십시오.
사용자 편의를 위한 쉬운 설치
Main Files 86.8 MB
64-bit Files 65.0 MB
Message translations 9.0 MB
선택한 구성 요소 설치에 필요한 최소 용량: 163.8 MB
뒤로(B)
다음(N)
취소

7

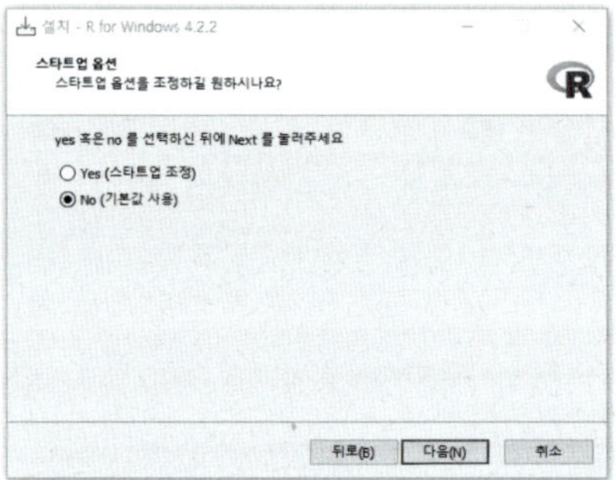
설치 - R for Windows 4.2.2
스타트업 옵션
스타트업 옵션을 조정하길 원하시나요?
yes 혹은 no 를 선택하신 뒤에 Next 를 눌러주세요
Yes (스타트업 조정)
No (기본값 사용)
뒤로(B)
다음(N)
취소

8

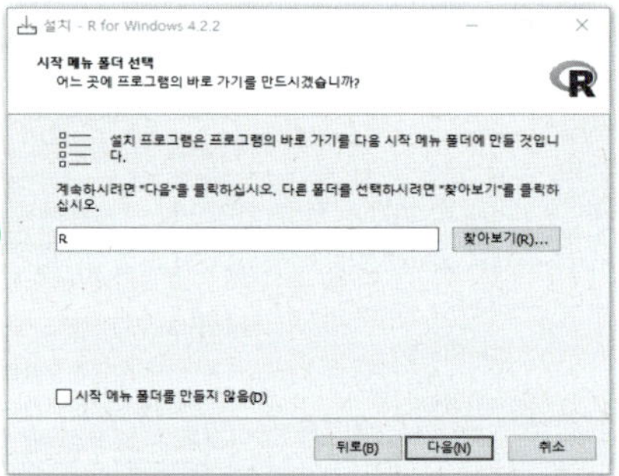
설치 - R for Windows 4.2.2
시작 메뉴 폴더 선택
어느 곳에 프로그램의 바로 가기를 만드시겠습니까?
설치 프로그램은 프로그램의 바로 가기를 다음 시작 메뉴 폴더에 만들 것입니다.
계속하시려면 "다음"을 클릭하십시오. 다른 폴더를 선택하시려면 "찾아보기"를 클릭하십시오.
R
찾아보기(R)...
시작 메뉴 폴더를 만들지 않음(D)
뒤로(B)
다음(N)
취소

9

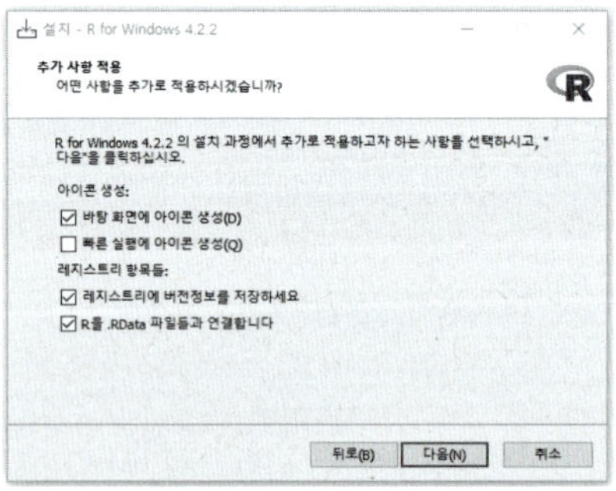
설치 - R for Windows 4.2.2
추가 사항 적용
어떤 사항을 추가로 적용하시겠습니까?
R for Windows 4.2.2 의 설치 과정에서 추가로 적용하고자 하는 사항을 선택하시고, "다음"을 클릭하십시오.
아이콘 생성:
바탕 화면에 아이콘 생성(D)
빠른 실행에 아이콘 생성(Q)
레지스트리 항목들:
레지스트리에 버전정보를 저장하세요
R을 .RData 파일들과 연결합니다
뒤로(B)
다음(N)
취소

10

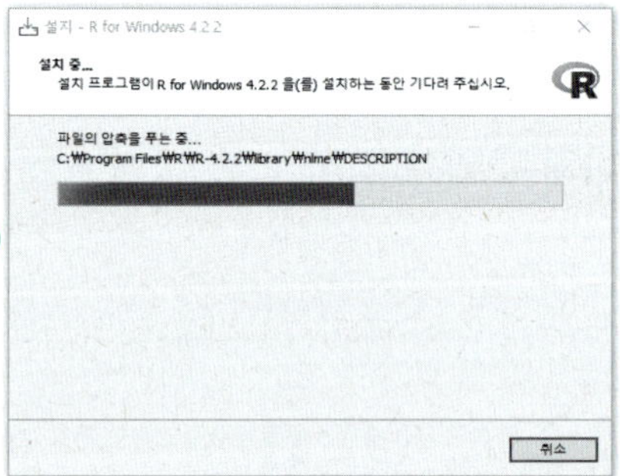
설치 - R for Windows 4.2.2
설치 중...
설치 프로그램이 R for Windows 4.2.2 을(를) 설치하는 동안 기다려 주십시오.
파일의 압축을 푸는 중...
C:₩Program Files₩R₩R-4.2.2₩library₩nlme₩DESCRIPTION
취소

11

설치 - R for Windows 4.2.2
R for Windows 4.2.2 설치 완료
설치 프로그램이 R for Windows 4.2.2 의 설치를 완료했습니다. 설치된 바로 가기를 실행하시면 프로그램이 실행됩니다.
"완료"를 클릭하여 설치를 완료하십시오.
완료(F)

2 R Studio 홈페이지(rstudio.com)에서도 설치 파일을 다운로드받는다.

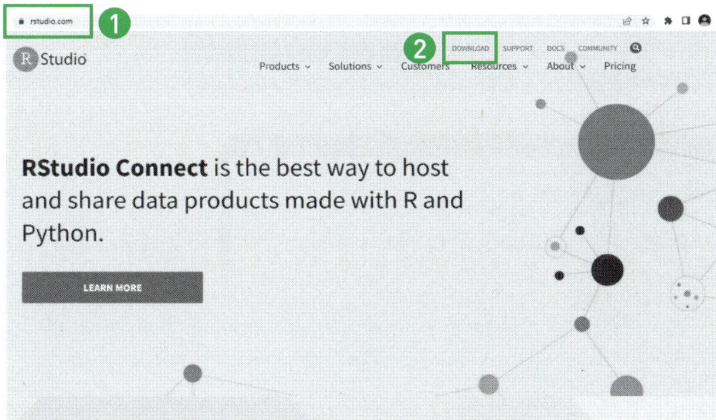

마찬가지로 다음을 계속 눌러서 설치를 완료한다.

③

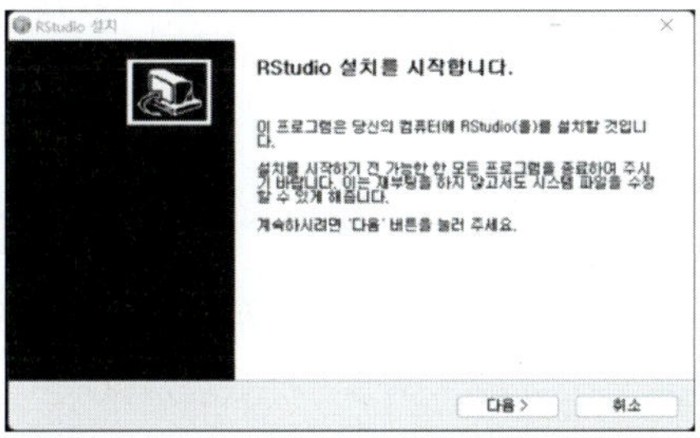

④

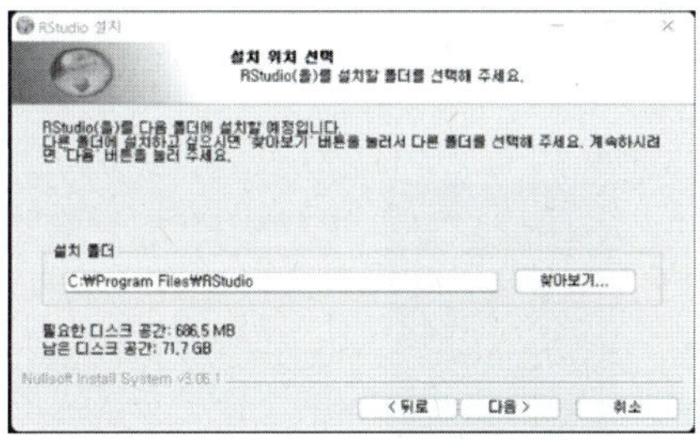

⑤

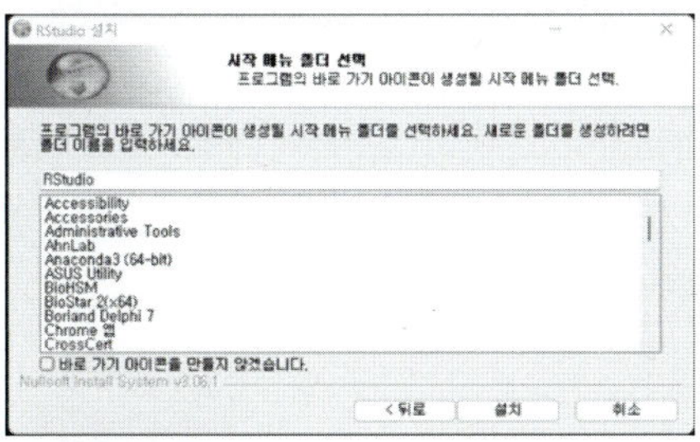

⑥

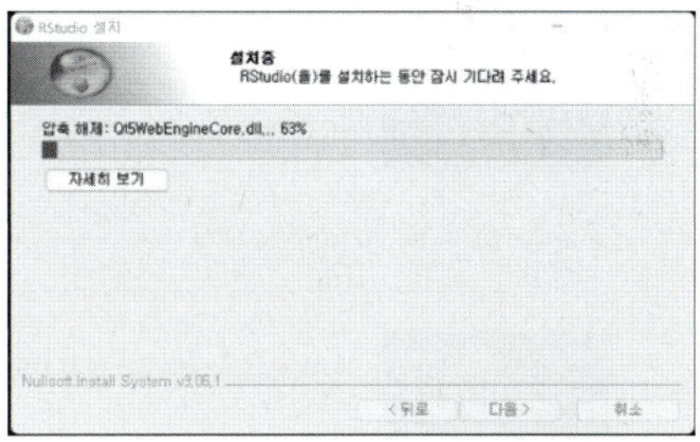

⑦

3 jamovi 홈페이지(jamovi.org)에서 설치 파일을 다운로드받는다.

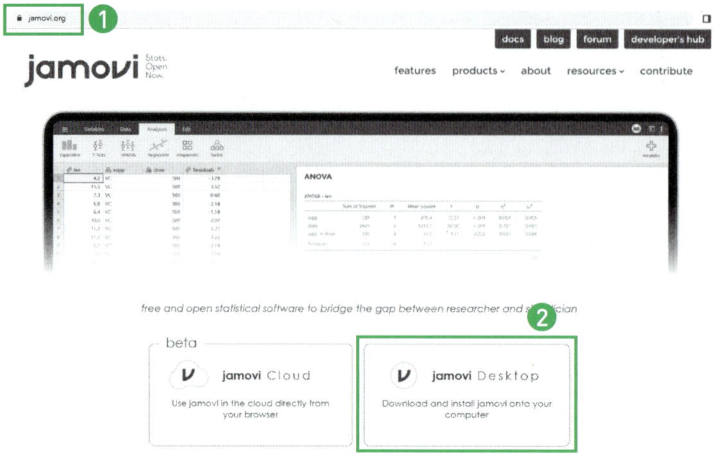

아래 그림과 같이 다음을 계속 눌러서 설치를 완료한다.

③

④

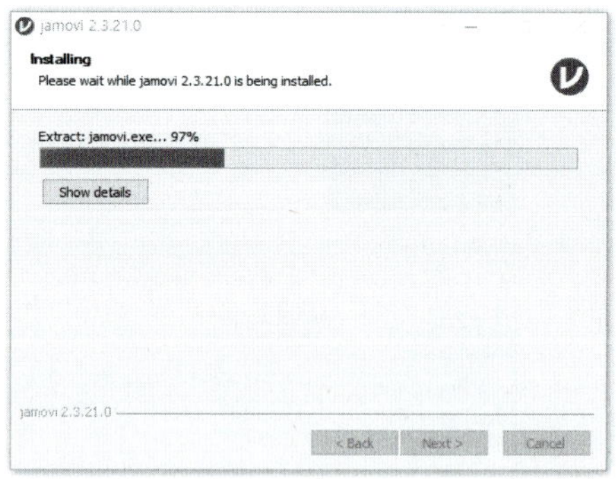

⑤

인구통계학적 분석

통계분석의 가장 먼저 나오는 분석은 아래와 같은 표본의 인구통계학적 특성을 분석하는 것이다. R을 활용하여 코드로 작성할 수도 있으나 jamovi를 이용하여 간단히 생성하고 R로 변환하는 법을 알아본다.

[표 4-3] 표본의 인구통계학적 특성

구 분		빈도수	비율(%)	그룹
성별	남	200	50.0	남성
	여	200	50.0	여성
	합계	400	100.0	
연령	20대	42	10.5	MZ세대 (50%)
	30대	158	39.5	
	40대	118	29.5	기성세대 (50%)
	50대	66	16.5	
	60세 이상	16	4.0	
	합계	400	100.0	
월소득	200만원 미만	41	10.2	저소득 (40%)
	200~400만원 미만	119	29.8	
	400~600만원 미만	80	20.0	중소득
	600~800만원 미만	107	26.8	고소득 (40%)
	800만원 이상	53	13.2	
	합계	400	100.0	

1 ❶ 설치된 jamovi를 실행하고 ❷ 예제 설문결과 파일(survey.csv)을 연다.

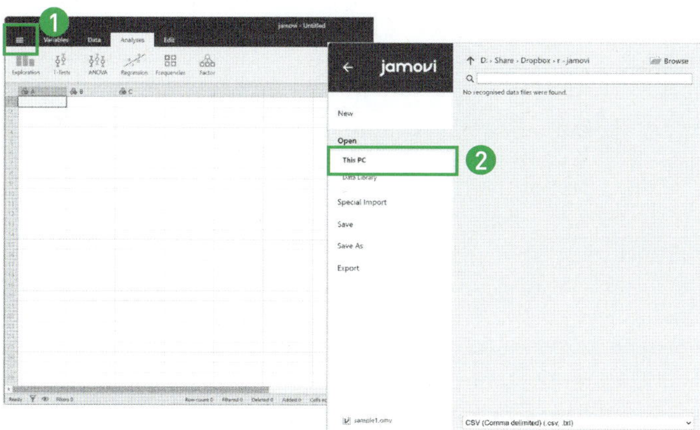

2 ❸ 'Exploration'에서 ❹ 'Descriptives'를 클릭한다.

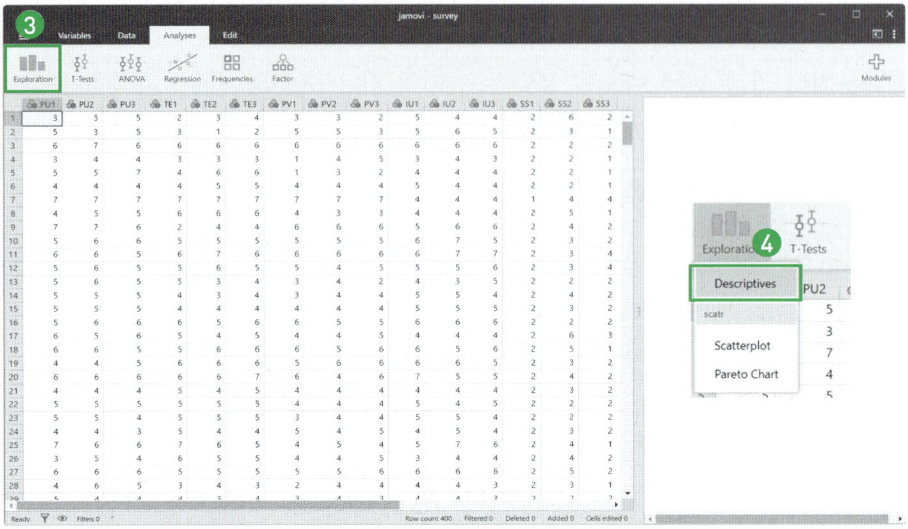

3 빈도분석이 필요한 항목 세 가지(성별, 연령, 월소득)에 해당하는 ❺ SS1~3을 선택하고 ❻ Variables로 이동시킨다.

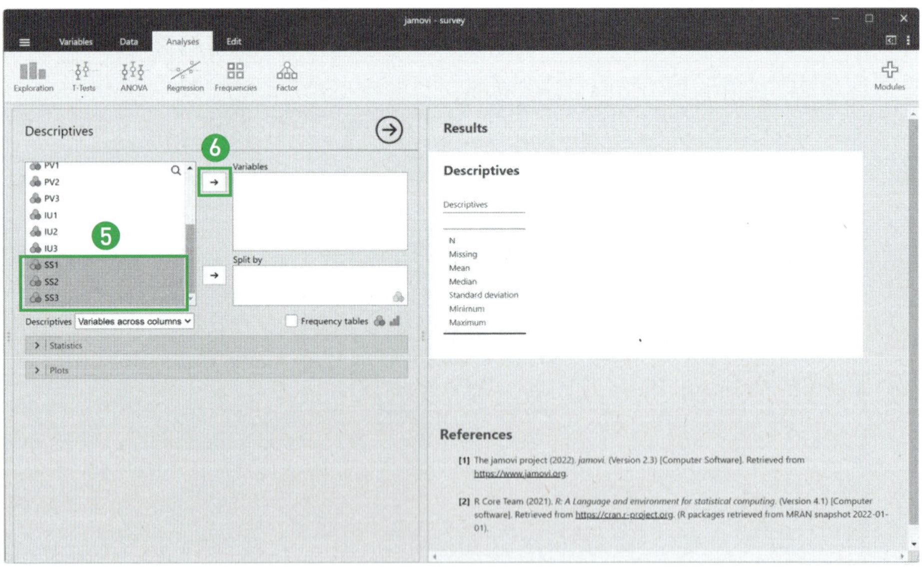

4 ⑦ 항목이 들어간 것을 확인할 수 있다. ⑧ 'Variables across rows'를 선택한다. ⑨ 'Frequency tables'를 선택한다. ⑩ 결과 화면에 빈도분석 결과를 확인할 수 있다. 결과를 마우스 우클릭 'Copy'를 통해 엑셀이나 한글로 쉽게 복사할 수 있다.

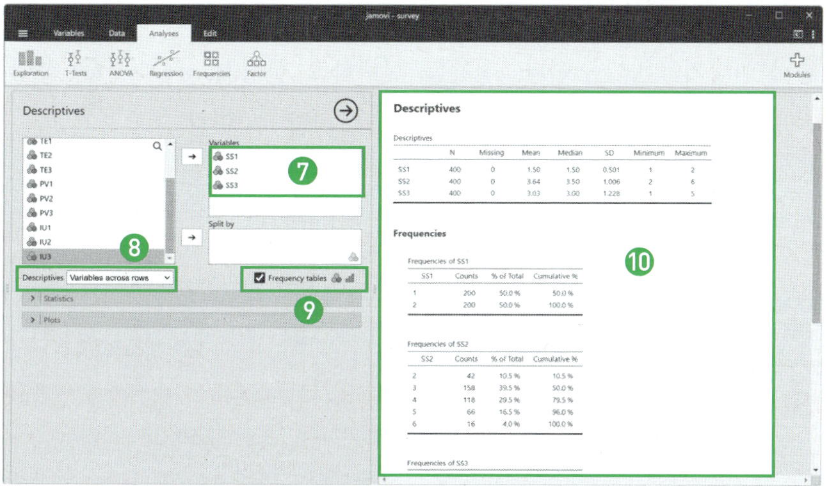

5 R 프로그램으로 복사하는 방법은 우측 상단 ⋮ 버튼을 눌러 ⑪ 'Syntax mode'를 클릭한다. 표시된 소스를 마우스 우클릭 ⑫ 'Copy'로 복사한다.

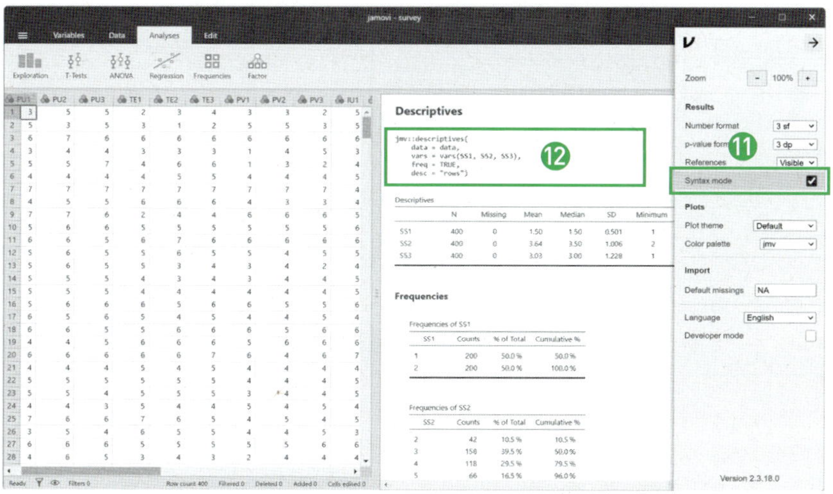

6 R Studio 프로그램을 실행한다. ⓭ install.packages('jmv')를 입력하고 실행(범위를 선택하고 'Run'을 클릭하거나 Ctrl + Enter↵를 입력)한다. jamovi 패키지가 한 번 설치된 이후에는 다시 설치할 필요는 없다. ⓮ 'jmv' 라이브러리를 사용을 선언하고 csv 파일의 경로에서 예제 설문 데이터 파일을 읽는다. ⓯ jamovi에서 복사한 소스를 붙여넣기(Ctrl+V)한다. 전체를 선택하고 실행(Run)한다. ⓰ 실행결과는 jamovi와 동일하며 R소스는 저장하고 다시 실행할 수 있다.

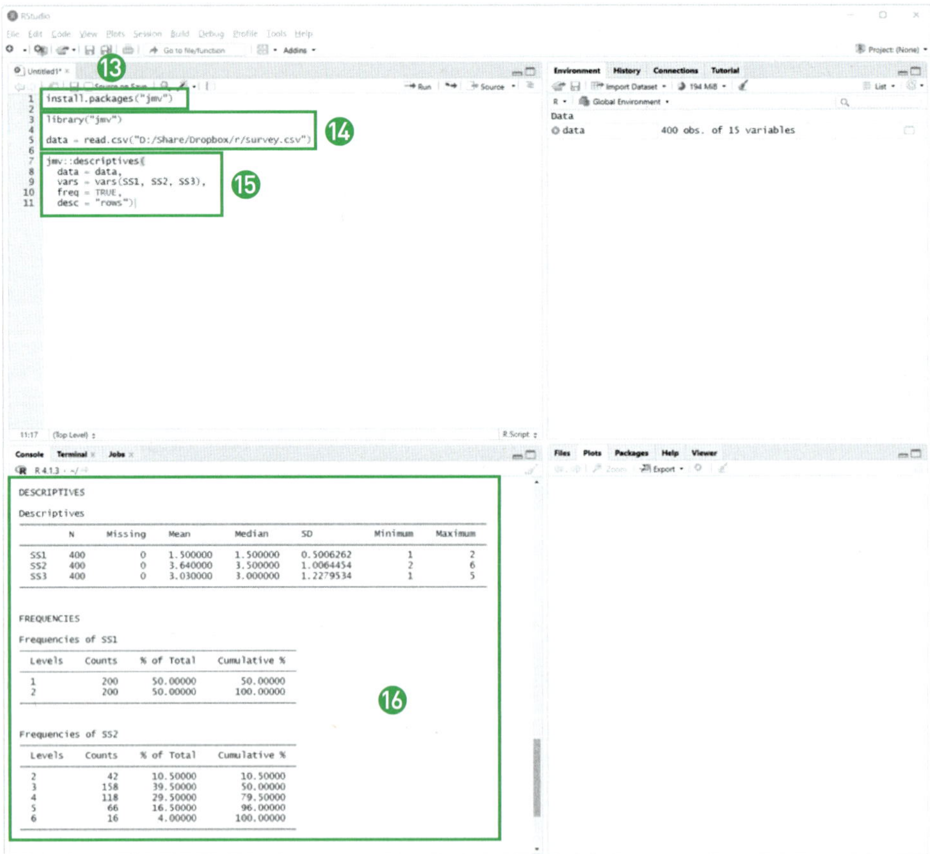

```
### 패키지 설치(1회만 실행)
install.packages("jmv")

### 라이브러리 로드, 설문파일 읽어오기
library("jmv")
data = read.csv("D:/Share/Dropbox/r/survey.csv")

### 인구통계학적 분석
jmv::descriptives(
  data = data,
  vars = vars(SS1, SS2, SS3),
  freq = TRUE,
  desc = "rows")
```

Shapiro-Wilk 정규성 검정

다음으로 기본적인 통계분석을 시행하기 전에 척도의 정규성을 검정하는 방법으로 Shapiro-Wilk 검정방법에 대해 알아보겠다.

[표 4-4] 관측변수의 Shapiro-Wilk 검증결과

잠재 변수	관측 변수	SW	p-value	잠재 변수	관측 변수	SW	p-value
네트워크 효과	NE1	0.855	0.000	지각된 즐거움	PE1	0.915	0.000
	NE2	0.878	0.000		PE2	0.924	0.000
	NE3	0.852	0.000		PE3	0.907	0.000
	NE4	0.876	0.000		PE4	0.915	0.000
	NE5	0.887	0.000		PE5	0.923	0.000
데이터 통제성	DC1	0.910	0.000	지각된 비용	PF1	0.929	0.000
	DC2	0.919	0.000		PF2	0.933	0.000
	DC3	0.934	0.000		PF3	0.931	0.000
	DC4	0.915	0.000		PF4	0.942	0.000
	DC5	0.934	0.000		PF5	0.936	0.000

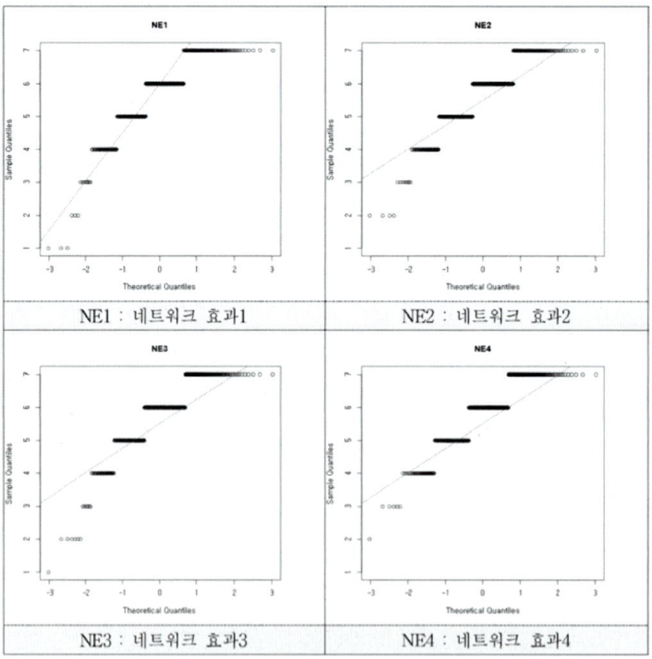

NE1 : 네트워크 효과1

NE2 : 네트워크 효과2

NE3 : 네트워크 효과3

NE4 : 네트워크 효과4

[그림 4-1] 네트워크 효과 관측변수들의 Q-Q plot

1 ❶ '관측변수' 전체를 변수에 배치시킨다. ❷ 샘플 개수 'N'과 'Shapiro-Wilk'를 체크한다. ❸ Shapiro-Wilk 정규성 검정결과를 확인하고 엑셀이나 한글로 복사하여 편집한다. ❹ 소스를 마우스 우클릭 'Copy'를 눌러 복사하여 R 소스로 저장 가능하다.

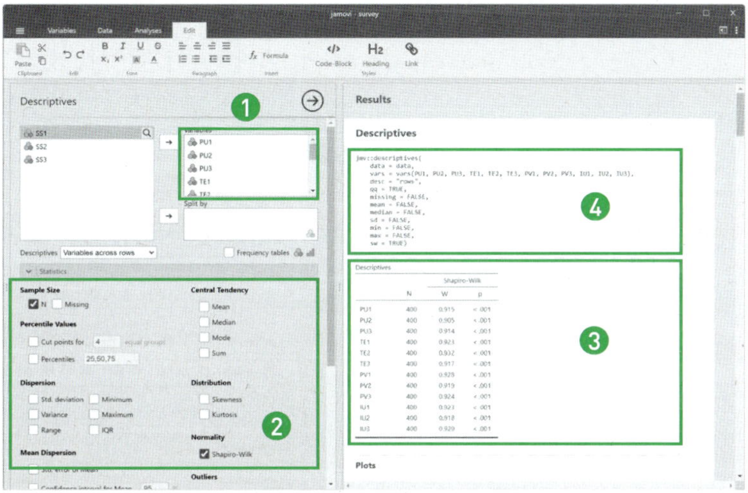

2 ❺ 'Q-Q Plot'을 체크하면 ❻ 해당 플롯을 확인하고 복사할 수 있다.

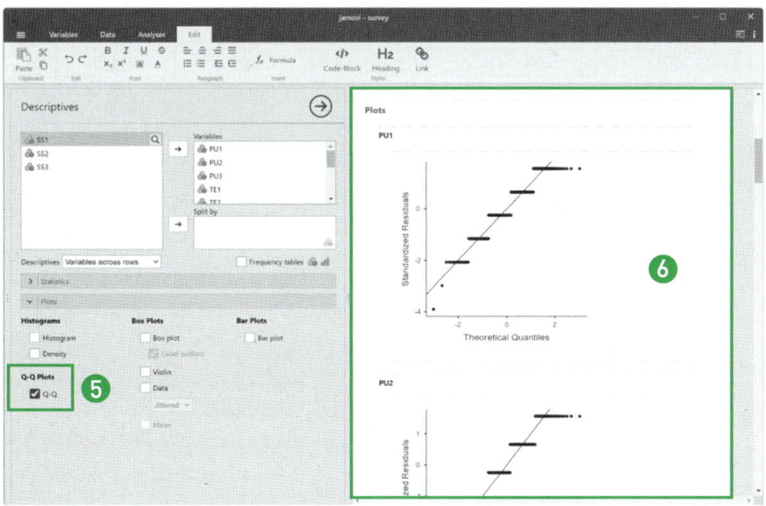

기술통계량 정규성 검정

다른 검정방법으로 기술통계량에 의한 정규성 검정이 있다. 정규성은 왜도(Skewness), 첨도(Kurtosis)를 활용하여 일변량 정규성 검정을 실시한다. 마찬가지로 jamovi를 이용해 간단한 클릭 몇 번으로 결과를 생성하고 R로 변환하는 방법을 알아본다.

[표 4-5] 관측변수의 기술통계량

잠재변수	관측변수	평균	표준편차	왜도	첨도
네트워크 효과	NE1	5.72	1.115	-1.117	1.972
	NE2	5.66	1.025	-0.740	0.707
	NE3	5.74	1.073	-1.105	1.838
	NE4	5.78	0.968	-0.582	0.093
	NE5	5.61	1.023	-0.627	0.581
데이터 통제성	DC1	5.34	1.115	-0.468	-0.154
	DC2	5.03	1.104	-0.232	-0.428
	DC3	4.82	1.233	-0.288	-0.151
	DC4	5.19	1.124	-0.445	-0.067
	DC5	4.69	1.315	-0.363	0.054
신뢰성	RE1	4.13	1.323	-0.215	-0.039
	RE2	4.73	1.164	-0.288	0.299
	RE3	4.69	1.214	-0.192	-0.169
	RE4	4.90	1.131	-0.255	0.207
	RE5	4.83	1.135	-0.198	-0.044
경제성	EE1	3.93	1.550	-0.137	-0.659
	EE2	5.14	1.120	-0.277	0.044
	EE3	5.00	1.133	-0.299	0.237
	EE4	5.19	1.163	-0.554	0.338
	EE5	4.83	1.145	-0.060	-0.126
개인화	PR1	5.15	1.040	-0.506	0.801
	PR2	4.96	1.143	-0.314	0.191
	PR3	5.17	1.066	-0.281	0.070
	PR4	4.51	1.261	-0.266	0.066
	PR5	4.94	1.155	-0.448	0.647

1 ❶ '관측변수' 전체를 변수에 배치시킨다. ❷ 평균(Mean)과 표준편차(Std. deviation), 첨도(Skewness), 왜도(Kurtosis)를 선택한다. ❸ 기술통계량 정규성 검정결과를 확인하고 엑셀이나 한글로 복사하여 편집한다. ❹ 소스를 마우스 우클릭 'Copy'를 눌러 복사한다.

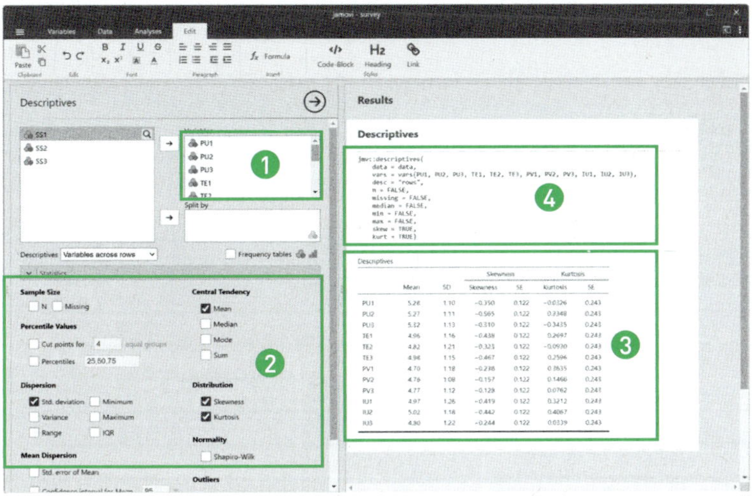

2 ❺ R Studio 프로그램을 실행하고 붙여넣기(Ctrl+V)로 복사한다. ❻ 실행(Run)을 하면 jamovi와 동일한 결과를 얻을 수 있다.

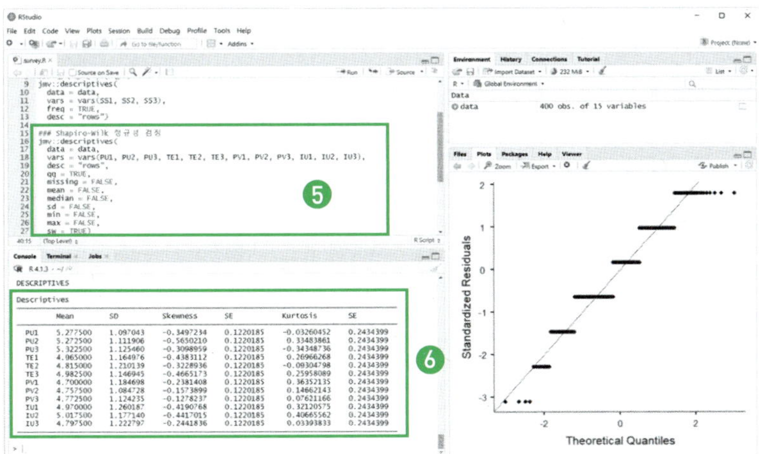

신뢰도분석

신뢰도는 내적 일관성 신뢰도(Internal Consistency Reliability)와 지표 신뢰도(Indicator Reliability)로 평가할 수 있다. 내적 일관성 신뢰도는 Cronbach's α 계수값이 0.7 이상을 충족한 경우 관측변수들의 내적 신뢰도를 확보한다. MVs는 잠재변수의 개수를 나타내며 C.alpha가 Cronbach's α 계수값이다. jamovi를 이용해 간단한 클릭 몇 번으로 결과를 생성하고 R로 변환하는 방법을 알아본다.

Cronbach's alpha	Internal consistency
$0.9 \leq \alpha$	Excellent
$0.8 \leq \alpha < 0.9$	Good
$0.7 \leq \alpha < 0.8$	Acceptable
$0.6 \leq \alpha < 0.7$	Questionable
$0.5 \leq \alpha < 0.6$	Poor
$\alpha < 0.5$	Unacceptable

Source: Cronbach's alpha coefficient for internal consistency (George & Mallery, 2003).

[표 4-9] 내적일관성 신뢰도 평가결과

잠재변수	MVs	C.alpha	DG.rho	eig.value
네트워크 효과	5	0.892	0.921	3.494
데이터 통제성	5	0.824	0.877	2.951
신뢰성	5	0.919	0.940	3.784
경제성	5	0.861	0.901	3.232
개인화	5	0.907	0.931	3.646
지각된 유용성	5	0.906	0.930	3.637
지각된 즐거움	5	0.897	0.924	3.547
지각된 비용	5	0.897	0.924	3.550
프라이버시 염려	5	0.947	0.959	4.126
지각된 가치	5	0.910	0.933	3.676
이용의도	5	0.927	0.945	3.869

1 ❶ 'Reliability Analysis' 메뉴를 클릭한다. ❷ '관측변수' PU 3개를 변수에 배치시킨다. ❸ 크론바흐 알파(Cronbach's α)와 맥도날드 오메가(McDonald's ω)를 선택한다. ❹ 신뢰도 분석결과를 확인한다. ❺ 소스를 마우스 우클릭하여 'Copy'를 눌러 복사한다.

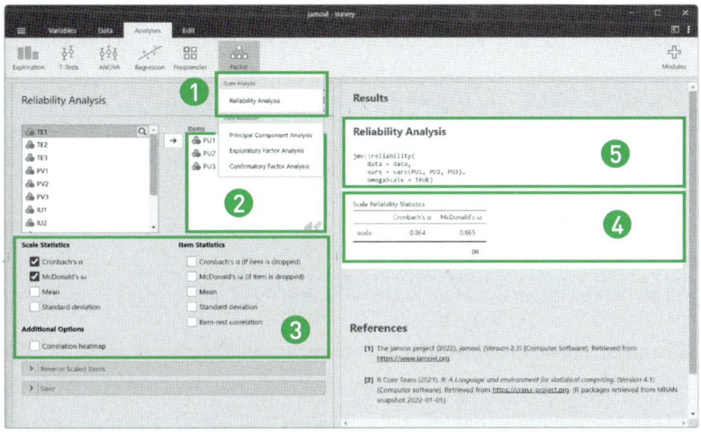

2 ❻ 마우스 우클릭 'Duplicate'로 분석을 복제한다. ❼ 다음 관측변수 'TE'를 변수에 배치시킨다. ❽ 결과값을 확인한다. 나머지 변수들도 동일한 방법으로 신뢰도값을 구할 수 있다.

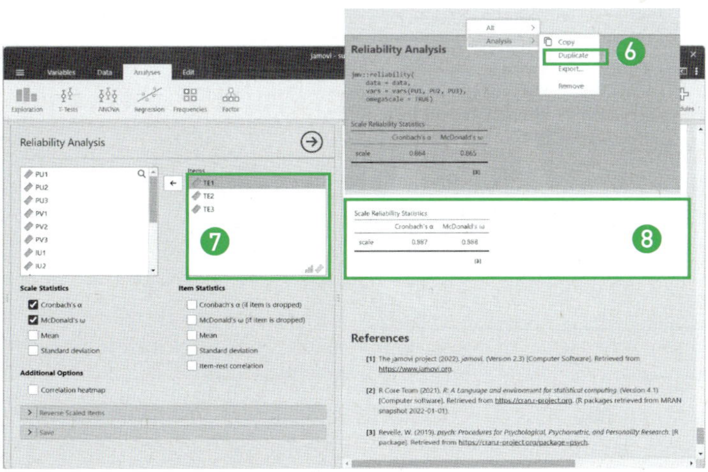

3 ❾ R Studio 프로그램을 실행하고 붙여넣기(Ctrl+V)로 복사한다. ❿ 실행(Run)을 하면 jamovi와 동일한 결과를 얻을 수 있다. 아래와 같이 소스를 수정하여 모든 잠재변수(샘플에서는 4개)에 대해 값을 한번에 구할 수 있다.

```
### 신뢰도 평가
result = NULL
temp = jmv::reliability(data = data, vars = vars(PU1, PU2, PU3), omegaScale
= TRUE)
result = rbind(result, temp$scale$asDF)
result$name[1] = 'PU'

temp = jmv::reliability(data = data, vars = vars(TE1, TE2, TE3), omegaScale
= TRUE)
result = rbind(result, temp$scale$asDF)
result$name[2] = 'TE'

temp = jmv::reliability(data = data, vars = vars(PV1, PV2, PV3), omegaScale
= TRUE)
result = rbind(result, temp$scale$asDF)
result$name[3] = 'PV'

temp = jmv::reliability(data = data, vars = vars(IU1, IU2, IU3), omegaScale
= TRUE)
result = rbind(result, temp$scale$asDF)
result$name[4] = 'IU'

rownames(result) = NULL
library(knitr)
kable(result, format = "pandoc", digits = 3,
    caption = "[표 4-10] 지표 신뢰도 평가 결과")
```

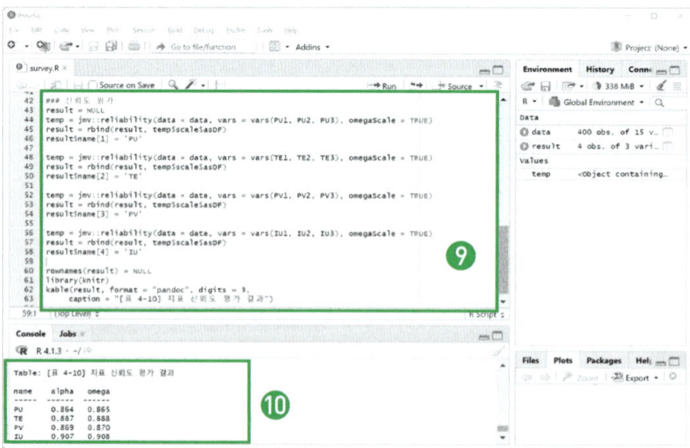

타당도분석

타당도(Validity)는 측정하려는 개념이나 속성이 얼마나 정확하게 측정되었는가를 의미한다(이훈영, 2018). 타당도분석은 jamovi의 탐색적 요인분석(Exploratory Factor Analysis: EFA) 기능으로 쉽게 분석 가능하며, 관측변수들이 가지고 있는 내재적 요인들이 어떠한 구조로 연결되었는지 확인할 수 있다. 아래 예제는 탐색적 요인분석을 논문에 사용한 사례이다. jamovi를 이용하여 아래 탐색적 요인분석 결과를 생성하고 R로 변환하는 방법을 알아본다.

[표 4-13] 교차적재기준 평가 결과

잠재 변수	관측 변수	요인 1	2	3	4	5	6	7	8	9	10	11
네트워크 효과	NE1	0.863	0.461	0.326	0.306	0.416	0.470	0.383	-0.275	0.143	0.373	0.423
	NE2	0.870	0.431	0.334	0.355	0.444	0.498	0.439	-0.252	0.141	0.388	0.406
	NE3	0.833	0.401	0.327	0.323	0.435	0.489	0.421	-0.264	0.156	0.381	0.394
	NE4	0.823	0.407	0.297	0.317	0.411	0.460	0.386	-0.231	0.178	0.369	0.368
	NE5	0.788	0.457	0.408	0.394	0.447	0.474	0.415	-0.370	0.091	0.439	0.486
데이터 통제성	DC1	0.527	0.680	0.353	0.343	0.414	0.445	0.411	-0.304	0.119	0.399	0.360
	DC2	0.422	0.830	0.534	0.469	0.525	0.475	0.530	-0.447	0.001	0.469	0.462
	DC3	0.300	0.806	0.509	0.429	0.465	0.384	0.429	-0.435	-0.066	0.358	0.388
	DC4	0.462	0.745	0.420	0.412	0.500	0.470	0.433	-0.285	0.117	0.385	0.378
	DC5	0.239	0.766	0.500	0.419	0.476	0.392	0.371	-0.448	-0.080	0.389	0.412
신뢰성	RE1	0.272	0.495	0.832	0.546	0.553	0.491	0.536	-0.565	-0.317	0.519	0.533
	RE2	0.376	0.573	0.860	0.560	0.604	0.547	0.575	-0.521	-0.135	0.560	0.546
	RE3	0.335	0.544	0.890	0.626	0.613	0.575	0.625	-0.573	-0.227	0.631	0.628
	RE4	0.374	0.516	0.875	0.586	0.613	0.584	0.577	-0.490	-0.154	0.553	0.531
	RE5	0.414	0.503	0.892	0.610	0.606	0.619	0.591	-0.528	-0.130	0.585	0.574
경제성	EE1	0.082	0.408	0.546	0.700	0.488	0.363	0.478	-0.517	-0.234	0.448	0.427
	EE2	0.446	0.503	0.579	0.826	0.671	0.620	0.607	-0.450	-0.039	0.590	0.523
	EE3	0.319	0.411	0.527	0.839	0.607	0.507	0.559	-0.435	-0.147	0.484	0.474
	EE4	0.436	0.389	0.491	0.794	0.554	0.562	0.542	-0.406	-0.076	0.491	0.495
	EE5	0.342	0.460	0.562	0.851	0.608	0.573	0.594	-0.489	-0.150	0.570	0.528
개인화	PR1	0.522	0.517	0.553	0.592	0.809	0.713	0.607	-0.370	0.043	0.550	0.527
	PR2	0.454	0.553	0.603	0.642	0.870	0.682	0.662	-0.507	-0.013	0.624	0.606
	PR3	0.518	0.539	0.587	0.608	0.849	0.711	0.605	-0.427	0.028	0.604	0.565
	PR4	0.299	0.517	0.587	0.638	0.844	0.623	0.652	-0.486	-0.115	0.613	0.559
	PR5	0.429	0.534	0.602	0.639	0.895	0.698	0.673	-0.475	-0.066	0.624	0.597
지각된 유용성	PU1	0.438	0.495	0.604	0.577	0.714	0.844	0.648	-0.426	0.027	0.622	0.589
	PU2	0.510	0.489	0.519	0.539	0.680	0.850	0.626	-0.386	0.032	0.626	0.566
	PU3	0.463	0.470	0.509	0.528	0.655	0.847	0.645	-0.381	-0.034	0.608	0.582
	PU4	0.531	0.510	0.576	0.567	0.700	0.882	0.684	-0.423	-0.005	0.656	0.615
	PU5	0.500	0.462	0.549	0.584	0.663	0.841	0.665	-0.423	-0.033	0.647	0.610
지각된 즐거움	PE1	0.418	0.494	0.540	0.575	0.631	0.645	0.860	-0.484	-0.140	0.623	0.588
	PE2	0.366	0.495	0.578	0.619	0.646	0.616	0.856	-0.548	-0.219	0.658	0.607
	PE3	0.461	0.438	0.480	0.509	0.551	0.623	0.769	-0.455	0.004	0.556	0.523
	PE4	0.429	0.481	0.593	0.586	0.645	0.691	0.876	-0.485	-0.088	0.675	0.634
	PE5	0.397	0.500	0.616	0.625	0.678	0.654	0.846	-0.566	-0.129	0.647	0.605

1 ❶ 'Exploratory Factor Analysis' 메뉴를 클릭한다. ❷ 측정변수 전체를 배치시킨다. ❸ 회전은 베리맥스(Varimax)를 선택하고 바틀렛(Bartlett) 검정과 KMO를 선택한다. ❹ 분석결과를 확인한다. ❺ 소스를 마우스 우클릭 'Copy'를 눌러 복사한다.

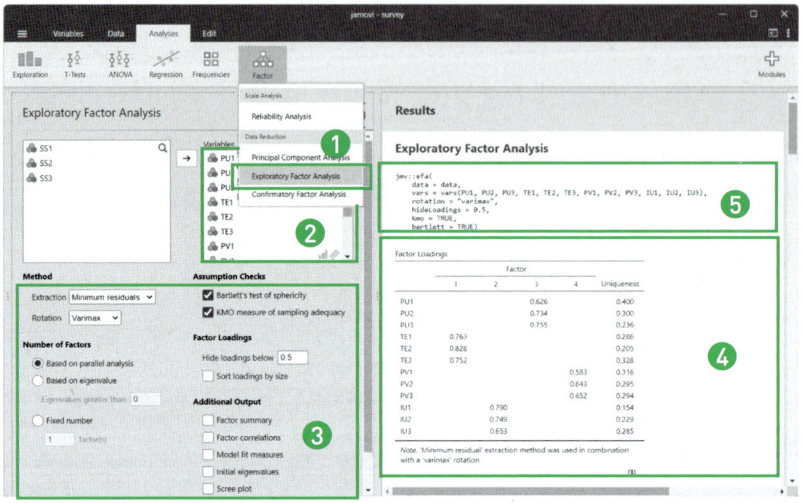

2 ❻ R Studio 프로그램을 실행하고 붙여넣기(Ctrl+V)로 복사한다. ❼ 실행(Run)을 하면 jamovi와 동일한 결과를 얻을 수 있다.

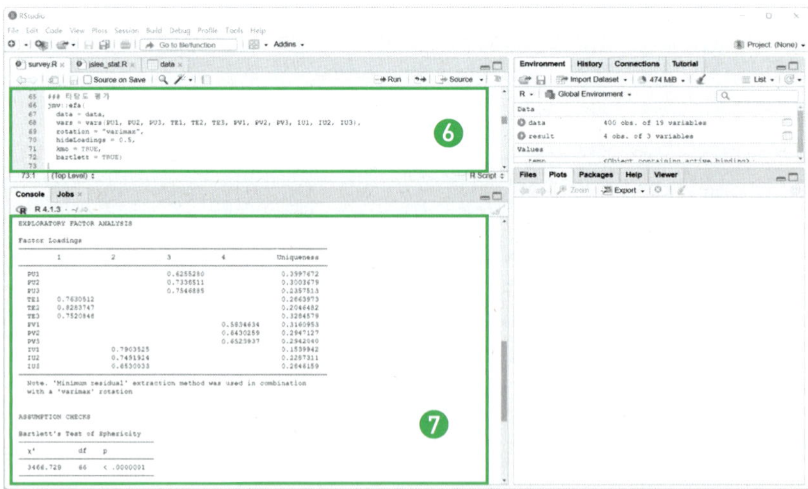

확인적 요인분석

확인적 요인분석은 이미 개발되어 있는 연구모형이나 사전지식을 기반으로 추출할 요인의 수와 각 요인에 속할 변수들을 미리 확정하고 검증하기 위한 요인분석이다(이훈영, 2012). 확인적 요인분석은 논리적 근거나 선행연구의 이론적 배경을 중요시하기에 이론 검증과정에 가깝다 할 수 있다. 아래 예제는 확인적 요인분석과 모델적합도를 논문에 사용한 사례이다. jamovi를 이용하여 아래 확인적 요인분석과 모델적합도 분석결과를 생성하고 R로 변환하는 방법을 알아본다.

[표4-4] 확인적 요인분석 및 모델적합도

잠재변수	측정 변수	Estimate		S.E.	C.R.
		B	β		
정보품질	정보품질1	1	0.639		
	정보품질2	1.091	0.603	0.12	9.06***
	정보품질3	1.153	0.596	0.128	8.982***
	정보품질4	1.119	0.613	0.122	9.206***
	정보품질5	1.096	0.686	0.109	10.084***
사용의도	사용의도1	1	0.685		
	사용의도2	1.009	0.699	0.092	11.006***
	사용의도3	0.914	0.653	0.088	10.342***
	사용의도4	0.91	0.617	0.093	9.81***
	사용의도5	0.876	0.587	0.094	9.359***

*p<.05, **p<.01, ***p<.001

구분	X^2/df	GFI	RMR	RMSEA	IFI	TLI	CFI
기준	3이하	0.8~0.9	0.05이하	0.1이하	0.9이상	0.8~0.9	0.8~0.9
모형	1.69	0.816	0.038	0.048	0.905	0.892	0.903

1 ❶ 'Confirmatory Factor Analysis' 메뉴를 클릭한다. ❷ '잠재변수' PU에 대해 관측변수' PU1~3을 배치시킨다. 나머지 변수들도 'Add New Factor'를 눌러서 동일하게 등록한다. ❸ 요인 공분산(Factor convariance)과 검정통계량(Test statistics), 표준화 계수(Standardized estimate, β)를 선택한다. ❹ 분석결과를 확인한다.

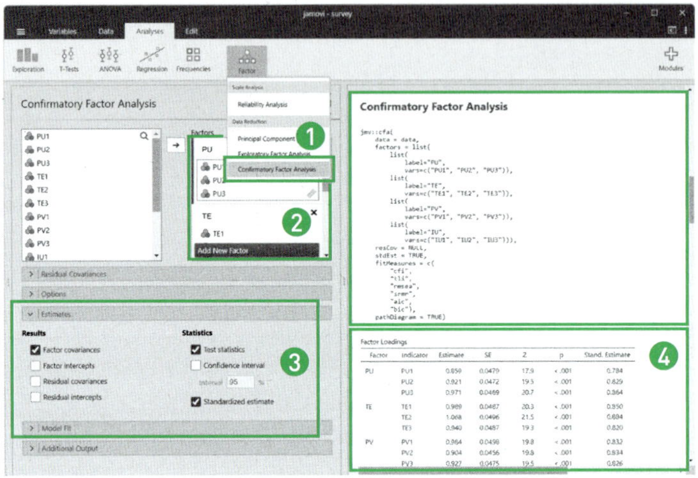

2 ❺ 모델적합도의 모든 항목을 체크한다. ❻ 분석결과를 확인한다.

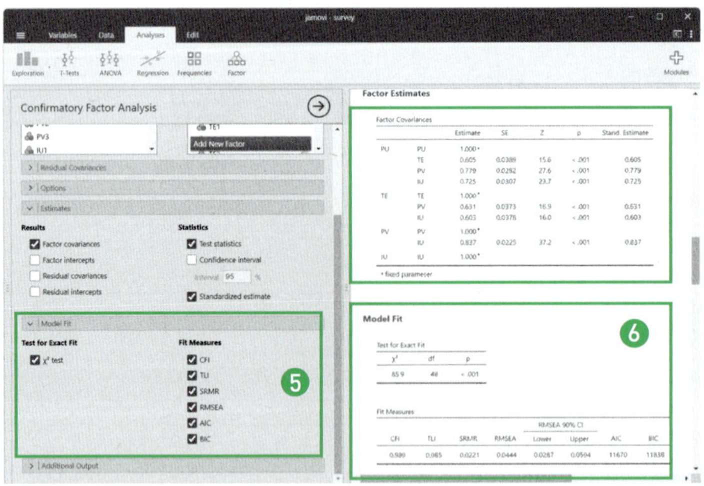

3 ❼ R Studio 프로그램을 실행하고 붙여넣기(Ctrl+V)로 복사한다. ❽ 실행(Run)을 하면 jamovi와 동일한 결과를 얻을 수 있다.

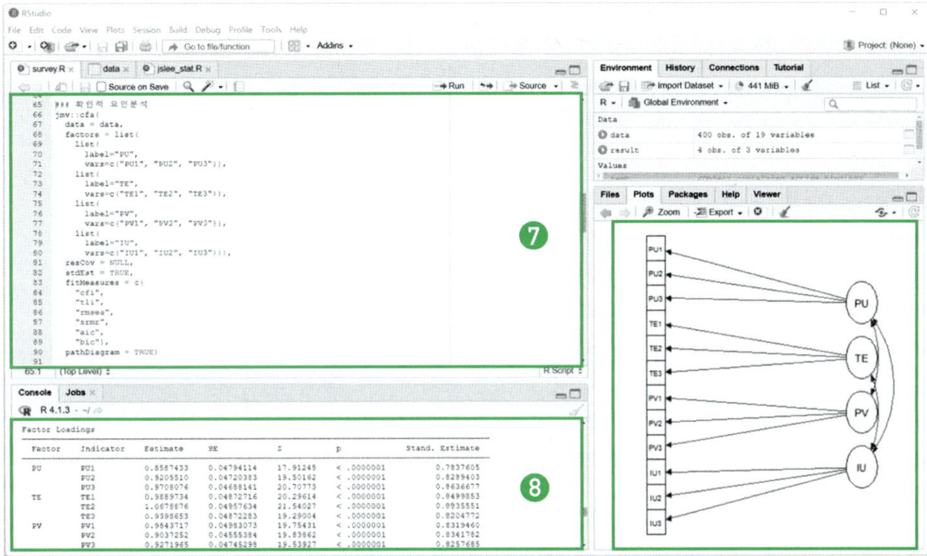

상관관계분석

상관관계분석은 각 변수 간의 관계를 상관계수(r)로 표현하는데, 양(+)이면 정적, 음(−)이면 부적 관계이다. 상관계수 절대값이 0.7 이상이면 강한 상관관계를 갖는다. 아래 예제는 논문에 사용한 사례이다. jamovi를 이용하여 상관관계분석을 생성하고 R로 변환하는 방법을 알아본다.

[표 4-10] 상관관계 분석 결과

	완전성	정확성	형식성	보안성	가용성	반응성	인지된 유용성	인지된 용이성	사회적 영향	신뢰	사용의도	평균	표준편차
완전성	1											4.7947	1.13387
정확성	675**	1										4.8589	1.16506
형식성	660**	.640**	1									5.1526	1.06112
보안성	545**	.693**	.462**	1								4.4184	1.36483
가용성	510**	.567**	.489**	.599**	1							4.4663	1.21730
반응성	564**	.580**	.663**	.459**	.487**	1						5.1879	1.10464
인지된 유용성	578**	.584**	.673**	.525**	.509**	.658**	1					5.1411	1.14505
인지된 용이성	559**	.582**	.670**	.497**	.501**	.662**	.694**	1				4.9726	1.15578
사회적 영향	519**	.517**	.580**	.433**	.460**	.564**	.608**	.614**	1			5.0237	1.14471
신뢰	580**	.687**	.578**	.731**	.609**	.577**	.624**	.594**	.526**	1		4.6079	1.22113
사용의도	583**	.616**	.684**	.558**	.554**	.614**	.701**	.725**	.620**	.705**	1	4.9432	1.16923

** 유의수준 $p<0.01$

1 ❶ 잠재변수에 해당되는 계산변수를 생성한다. 'Computed Variable'의 'Append' 메뉴를 클릭한다. ❷ '잠재변수' PU에 대해 관측변수' PU1~3의 평균값을 구해서 생성한다. ❸ 나머지 변수들도 'Append'를 눌러서 동일하게 등록한다. ❹ 생성된 변수의 계산값을 확인한다.

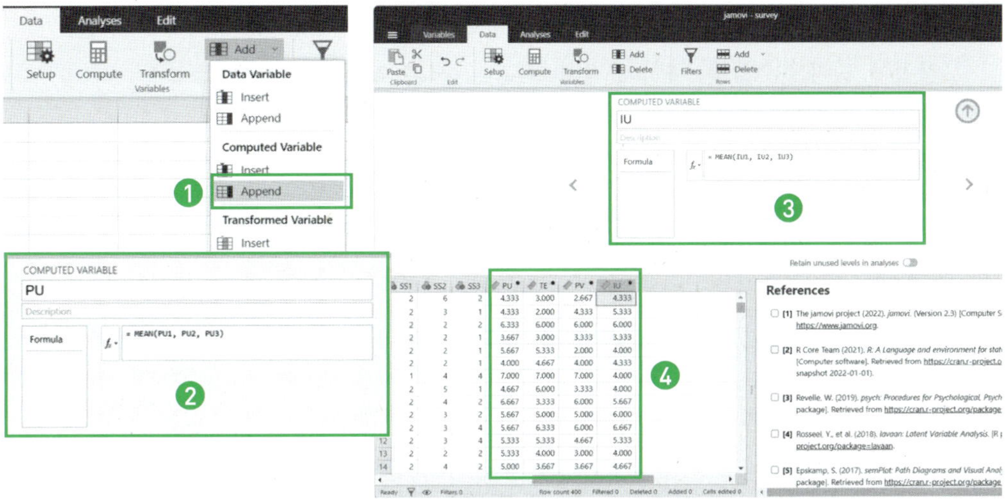

2 ❺ 'Correlation Matrix' 메뉴를 클릭한다. ❻ 계산된 '잠재변수' 4개를 배치시킨다. ❼ 피어슨(Pearson)과 유의한 상관관계 표시(Flag significant correlations), Plot 전체를 선택한다. ❽ 분석결과를 확인한다. ❾ 소스를 마우스 우클릭 'Copy'를 눌러 복사한다.

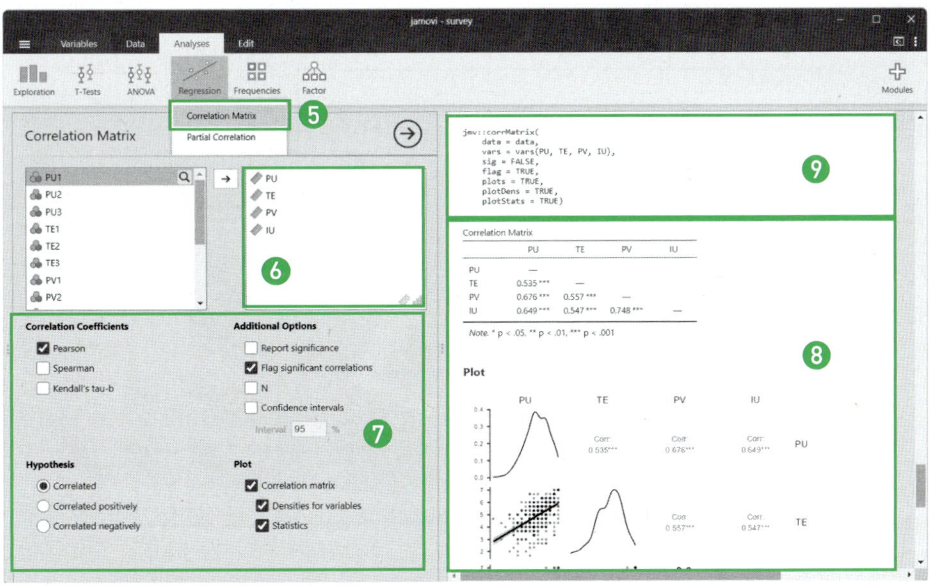

3 ⑩ R Studio 프로그램을 실행하고 붙여넣기(Ctrl+V)로 복사한다.

앞쪽에 잠재변수값을 구하기 위한 부분(4줄)은 직접 입력한다.

```
### 상관관계분석
data$PU = (data$PU1 + data$PU2 + data$PU3 ) / 3
data$TE = (data$TE1 + data$TE2 + data$TE3 ) / 3
data$PV = (data$PV1 + data$PV2 + data$PV3 ) / 3
data$IU = (data$IU1 + data$IU2 + data$IU3 ) / 3

jmv::corrMatrix(
  data = data,
  vars = vars(PU, TE, PV, IU),
  sig = FALSE,
  flag = TRUE,
  plots = TRUE,
  plotDens = TRUE,
  plotStats = TRUE)
```

⑪ 실행(Run)을 하면 jamovi와 동일한 결과를 얻을 수 있다.

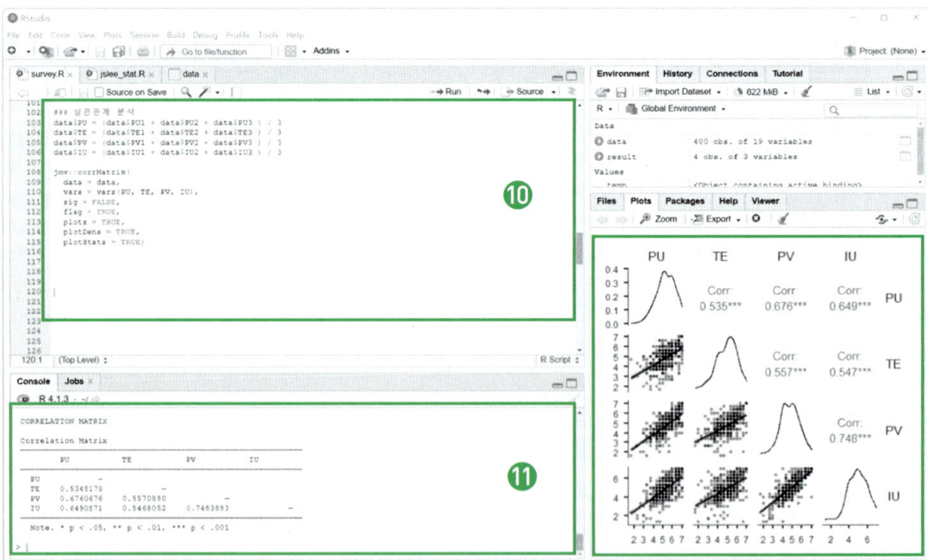

구조방정식분석

구조방정식(Structural Equation Modeling)의 경로분석을 통해서 경로계수를 구하고 산출된 특정 오류의 확률(유의수준)에서 유의 여부를 판단한다. 구조방정식은 관계를 추정하는 접근법에 따라 CB(Covariance Based)−SEM과 PLS(Partial Least Squares)−SEM으로 나누어진다. jamovi에서는 AMOS에서와 동일한 CB−SEM을 지원한다. R은 CB−SEM과 PLS−SEM 두 가지 모두 지원한다. 아래 예제는 논문에 경로분석을 하고 표시한 내용의 일부이다. jamovi를 이용하여 구조방정식 분석방법을 알아보고 R에서도 lavaan 패키지를 활용하여 코드로 작성해 본다.

[표 4-14] 경로 분석 결과

가설		가 설 경 로			Estimate	Std.Error	t-value	p-value	결과
H1	H1-1	네트워크 효과	→	지각된 유용성	0.205	0.034	6.027	0.000***	채택
	H1-2	데이터 통제성			-0.002	0.039	-0.055	0.956	기각
	H1-3	신뢰성			0.136	0.043	3.191	0.002**	채택
	H1-4	경제성			0.089	0.044	2.027	0.043*	채택
	H1-5	개인화			0.538	0.048	11.300	0.000***	채택
H2	H2-1	네트워크 효과	→	지각된 즐거움	0.103	0.037	2.803	0.005**	채택
	H2-2	데이터 통제성			0.053	0.042	1.248	0.213	기각
	H2-3	신뢰성			0.188	0.046	4.090	0.000***	채택
	H2-4	경제성			0.226	0.047	4.773	0.000***	채택
	H2-5	개인화			0.370	0.051	7.179	0.000***	채택
H5	H5-1	지각된 유용성	→	지각된 가치	0.405	0.045	8.974	0.000***	채택
	H5-2	지각된 즐거움			0.283	0.049	5.728	0.000***	채택
H6	H6-1	지각된 비용	→	지각된 가치	-0.248	0.036	-6.818	0.000***	채택
	H6-2	프라이버시 염려			-0.059	0.030	-1.998	0.046*	채택
H7		지각된 가치	→	이용의도	0.829	0.028	29.577	0.000***	채택

※ 유의수준 : *p<0.05, **p<0.01, ***p<0.001

1 ❶ 구조방정식분석을 위해 추가 모듈 설치가 필요하다. 'jamovi library'를 클릭한다. ❷ 'semlj-SEM'을 설치(INSTALL)한다.

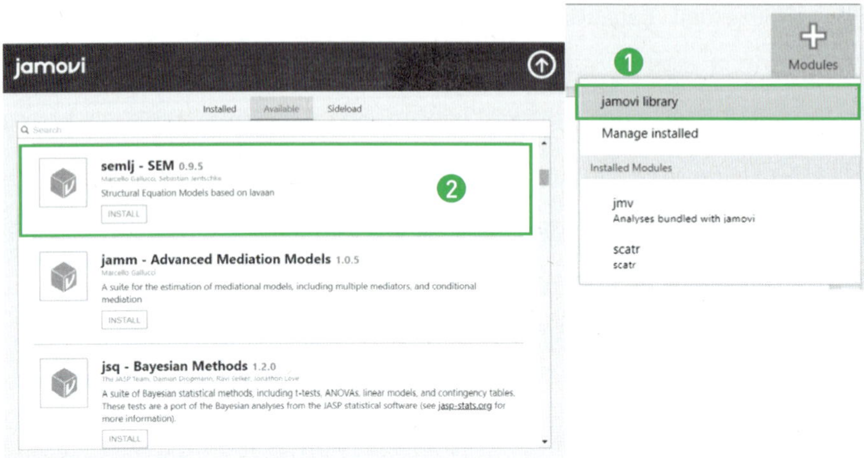

2 ❸ 'SEM(interactive)' 메뉴를 클릭한다. ❹ 변수들 간의 관계를 직접 타이핑하여 입력한다. '=~'는 관측변수와 잠재변수 간의 관계이며, 상관관계는 '~'로 표시한다. 'Path diagram'을 체크하여 경로모형을 표시하도록 한다. ❺ 분석결과를 확인한다.

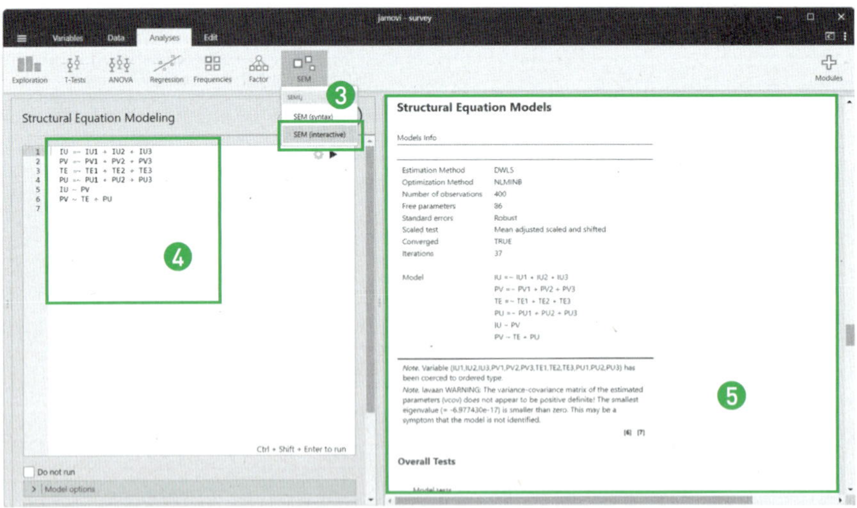

Overall Tests

Model tests

Label	X^2	df	p
User Model	60.0	50	0.157
Baseline Model	34109.5	66	< .001
Scaled User	133.1	50	< .001
Scaled Baseline	12228.6	66	< .001

Fit indices

			95% Confidence Intervals		
Type	SRMR	RMSEA	Lower	Upper	RMSEA p
Classical	0.026	0.022	0.000	0.041	0.995
Robust	0.024				
Scaled	0.024	0.065	0.051	0.078	0.035

User model versus baseline model

	Model
Comparative Fit Index (CFI)	1.000
Tucker-Lewis Index (TLI)	1.000
Bentler-Bonett Non-normed Fit Index (NNFI)	1.000
Bentler-Bonett Normed Fit Index (NFI)	0.998
Parsimony Normed Fit Index (PNFI)	0.756
Bollen's Relative Fit Index (RFI)	0.998
Bollen's Incremental Fit Index (IFI)	1.000
Relative Noncentrality Index (RNI)	1.000

Estimates

Parameters estimates

				95% Confidence Intervals				
Dep	Pred	Estimate	SE	Lower	Upper	β	z	p
IU	PV	0.933	0.0279	0.878	0.988	0.874	33.43	< .001
PV	TE	0.264	0.0413	0.183	0.345	0.273	6.40	< .001
PV	PU	0.665	0.0450	0.577	0.753	0.643	14.78	< .001

Measurement model

				95% Confidence Intervals				
Latent	Observed	Estimate	SE	Lower	Upper	β	z	p
IU	IU1	1.000	0.0000	1.000	1.00	0.919		
	IU2	0.972	0.0201	0.932	1.01	0.893	48.3	< .001
	IU3	0.981	0.0176	0.947	1.02	0.902	55.8	< .001
PV	PV1	1.000	0.0000	1.000	1.00	0.861		
	PV2	0.981	0.0257	0.930	1.03	0.845	38.1	< .001
	PV3	0.983	0.0249	0.934	1.03	0.846	39.5	< .001
TE	TE1	1.000	0.0000	1.000	1.00	0.892		
	TE2	1.007	0.0285	0.951	1.06	0.898	35.3	< .001
	TE3	0.954	0.0250	0.905	1.00	0.851	38.2	< .001
PU	PU1	1.000	0.0000	1.000	1.00	0.833		
	PU2	1.022	0.0341	0.955	1.09	0.851	30.0	< .001
	PU3	1.073	0.0324	1.009	1.14	0.893	33.1	< .001

Variances and Covariances

				95% Confidence Intervals				
Variable 1	Variable 2	Estimate	SE	Lower	Upper	β	z	p
IU1	IU1	0.155	0.0000	0.155	0.155	0.155		
IU2	IU2	0.203	0.0000	0.203	0.203	0.203		
IU3	IU3	0.186	0.0000	0.186	0.186	0.186		
PV1	PV1	0.259	0.0000	0.259	0.259	0.259		
PV2	PV2	0.287	0.0000	0.287	0.287	0.287		
PV3	PV3	0.284	0.0000	0.284	0.284	0.284		
TE1	TE1	0.205	0.0000	0.205	0.205	0.205		
TE2	TE2	0.193	0.0000	0.193	0.193	0.193		
TE3	TE3	0.276	0.0000	0.276	0.276	0.276		
PU1	PU1	0.306	0.0000	0.306	0.306	0.306		
PU2	PU2	0.276	0.0000	0.276	0.276	0.276		
PU3	PU3	0.202	0.0000	0.202	0.202	0.202		
IU	IU	0.199	0.0233	0.154	0.245	0.236	8.55	< .001
PV	PV	0.215	0.0213	0.174	0.257	0.290	10.12	< .001
TE	TE	0.795	0.0287	0.739	0.852	1.000	27.67	< .001
PU	PU	0.694	0.0348	0.626	0.762	1.000	19.93	< .001
TE	PU	0.466	0.0304	0.407	0.526	0.628	15.34	< .001

Intercepts

			95% Confidence Intervals			
Variable	Intercept	SE	Lower	Upper	z	p
IU1	0.000	0.000	0.000	0.000		
IU2	0.000	0.000	0.000	0.000		
IU3	0.000	0.000	0.000	0.000		
PV1	0.000	0.000	0.000	0.000		

Path diagrams

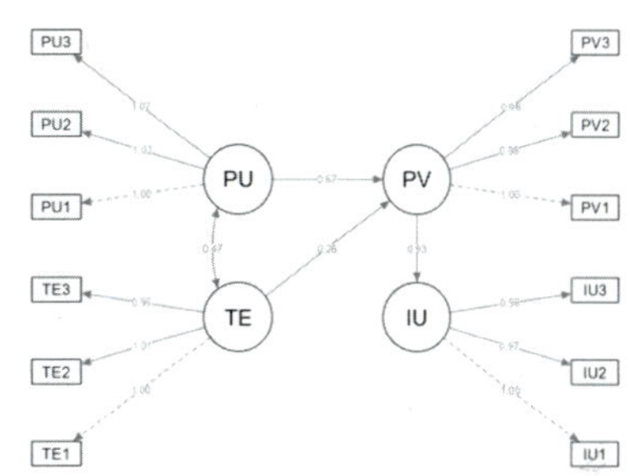

3 ❻ R Studio 프로그램을 실행하고 아래 코드를 입력한다. lavaan과 semPlot 패키지가 필요하므로 install.packages 명령으로 설치하고 library 명령으로 로드한다. 모델코드는 jamovi와 동일하다. 나머지 코드를 입력한다.

```
### 패키지 설치(1회만 실행)
install.packages("lavaan")
install.packages("semPlot")

### 구조방정식분석
library("lavaan")
library("semPlot")
model = '
  IU =~ IU1 + IU2 + IU3
  PV =~ PV1 + PV2 + PV3
  TE =~ TE1 + TE2 + TE3
  PU =~ PU1 + PU2 + PU3
  IU ~ PV
  PV ~ TE + PU
  '
fit = sem(model, data=data, estimator = "ML")
summary(fit, fit.measure=TRUE)
diagram = semPlot::semPaths(fit,
                        whatLabels="std", intercepts=FALSE, style="lisrel",
                        nCharNodes=0, nCharEdges=0, curveAdjacent=TRUE,
                        title=TRUE, layout="tree2", curvePivot=TRUE)
```

❼ 실행(Run)을 하면 jamovi와 동일한 결과를 얻을 수 있다.

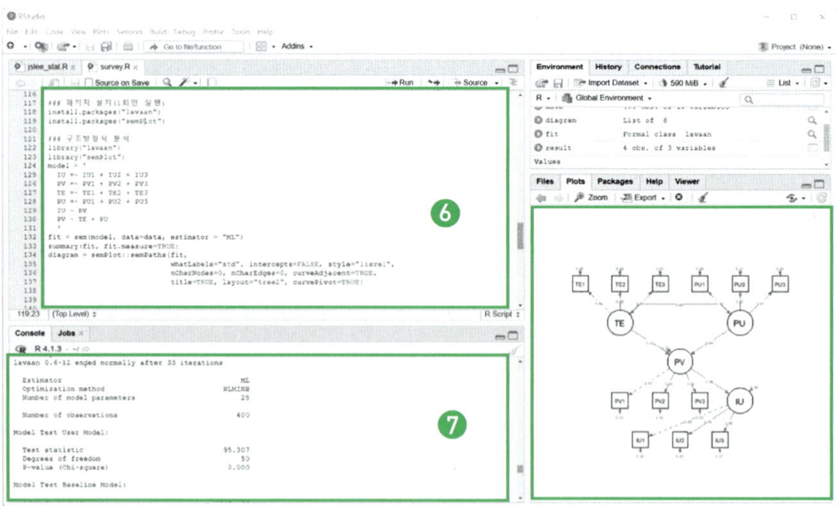

매개효과분석

매개효과분석은 매개변수가 종속변수와 독립변수 간에서 교량적 역할을 하는지 알아보는 분석방법이다. 경로분석에서 어떤 변수가 다른 변수에 영향을 주는 정도를 효과라 하며 직접효과, 간접효과로 나누어진다(배병렬, 2015). 아래 예제는 논문에 매개효과분석을 하고 표시한 내용의 일부이다. jamovi와 R을 이용한 분석방법을 알아본다.

[표4-8] 매개변수의 직접 효과 및 간접효과

	정보 품질	시스템 품질	서비스 품질	성과 기대	노력 기대	촉진 조건	사회적 영향	경제적 가치	기능적 가치
성과 기대	.232*** (.000)	.293*** (.000)	.344*** (.000)						
노력 기대	.389*** (.000)	.340*** (.000)	-.093 (.000)						
촉진 조건	.243*** (.000)	.374*** (.000)	.188** (.000)						
사회적 영향	.362*** (.000)	.181** (.000)	.311*** (.000)						
경제적 가치	.283*** (.147**)	.051 (.166)	.079 (.01**)	.081 (.000)	.294*** (.000)	.138* (.000)	-.054 (.000)		
기능적 가치	.099 (.196**)	.064 (.204**)	.111 (.115**)	.172** (.000)	.174*** (.000)	.198*** (.000)	.11 (.000)		
사용 의도	-.100 (.272**)	-.026 (.23**)	.174** (.253**)	.285*** (.05)	.013 (.057*)	.032 (.06*)	.271*** (.03)	.028 (.000)	.281*** (.000)

$^{*}p<.05$, $^{**}p<.01$, $^{***}p<.001$

1 ❶ 매개효과분석을 위해 추가 모듈 설치가 필요하다. 'jamovi library'를 클릭한다. ❷ 'medmod'를 설치(INSTALL)한다.

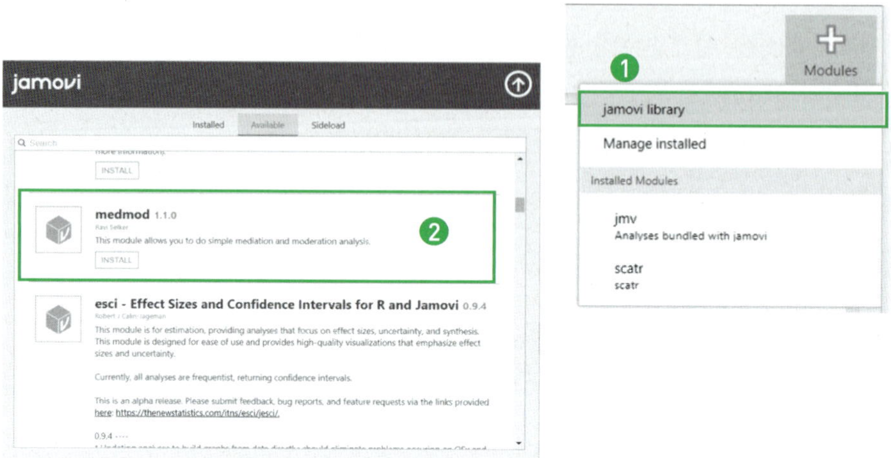

2 ❸ 'Mediation' 메뉴를 클릭한다. ❹ 종속변수, 매개변수, 독립변수를 각각 배치한다. ❺ AMOS와 동일하게 Bootstrap 방식을 선택한다. ❻ 분석결과를 확인한다. 예시의 경우 간접효과가 40%인 부분매개효과에 해당된다.

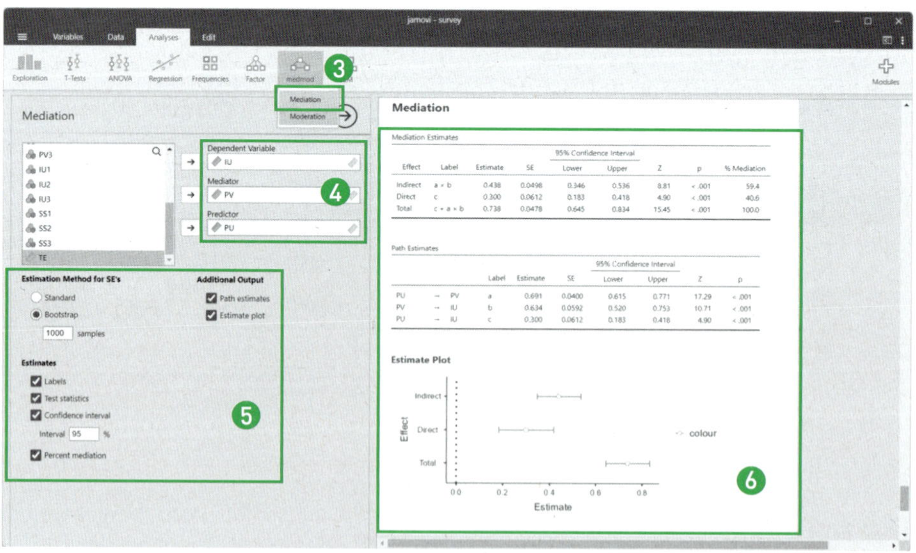

3 ⑦ R Studio 프로그램을 실행하고 붙여넣기(Ctrl+V)로 복사한다. ⑧ 실행(Run)을 하면 jamovi와 동일한 결과를 얻을 수 있다.

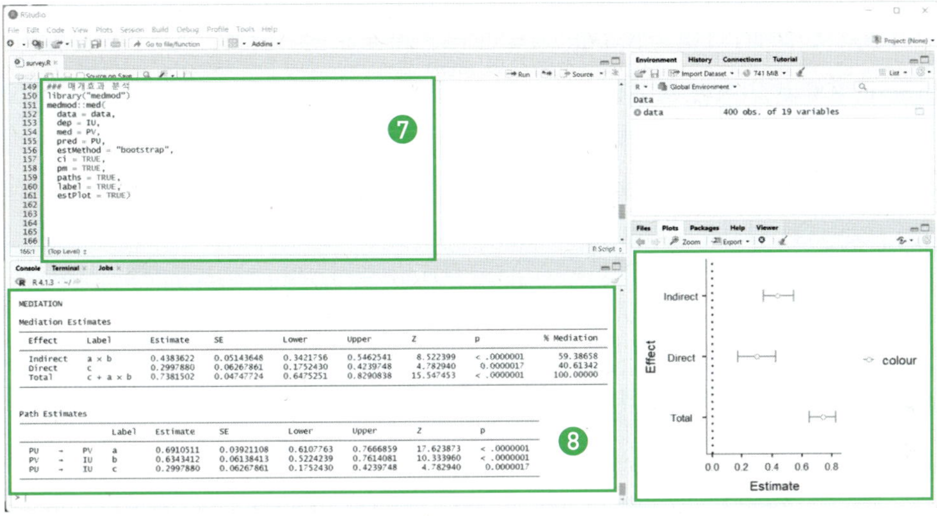

조절효과분석

조절효과(Moderating Effect)는 독립변수와 종속변수의 관계에 있어서 관계의 강도나 방향에 영향을 미치는 분산을 갖는 조절변수에 의해 야기되는 효과로 독립변수 X와 조절변수 M의 상호작용효과를 분석하는 것을 통해 그 조절효과를 분석할 수 있다(Baron & Kenny, 1986). 아래 예제는 논문에 조절효과분석을 하고 표시한 내용의 일부이다. jamovi와 R을 이용한 분석방법을 알아본다.

[표4-10] 혁신 저항의 조절 효과 검증

	변수	B	$S.E$	β	t	p	F	R^2 (adj R^2)
1	성과기대	.388	.056	.388	6.954***	<.001	114.548***	.608 (.603)
	노력기대	.054	.044	.054	1.220	0.223		
	촉진조건	.113	.054	.113	2.090*	0.037		
	사회적영향	.328	.060	.328	5.456***	<.001		
2	성과기대	.364	.056	.364	6.477***	<.001	94.179***	.616 (.609)
	노력기대	.066	.044	.066	1.503	0.134		
	촉진조건	.113	.054	.113	2.111*	0.036		
	사회적영향	.327	.060	.327	5.494***	<.001		
	혁신저항	-.088	.037	-.088	-2.363*	0.019		
3	성과기대	.361	.056	.361	6.469***	<.001	54.783***	.630 (.618)
	노력기대	.063	.044	.063	1.450	0.148		
	촉진조건	.116	.053	.116	2.180*	0.030		
	사회적영향	.339	.059	.339	5.742***	<.001		
	혁신저항	-.113	.041	-.113	-2.796**	0.006		
	성과기대*혁신저항	-.054	.062	-.050	-0.876	0.382		
	노력기대*혁신저항	-.050	.041	-.055	-1.229	0.220		
	촉진조건*혁신저항	.168	.055	.170	3.050**	0.002		
	사회적영향*혁신저항	-.008	.069	-.007	-0.111	0.912		

*p<.05, **p<.01, ***p<.001

1 ❶ 조절효과도 'medmod' 라이브러리를 사용한다. ❷ 설치되지 않은 경우 설치(INSTALL)하고 사용한다.

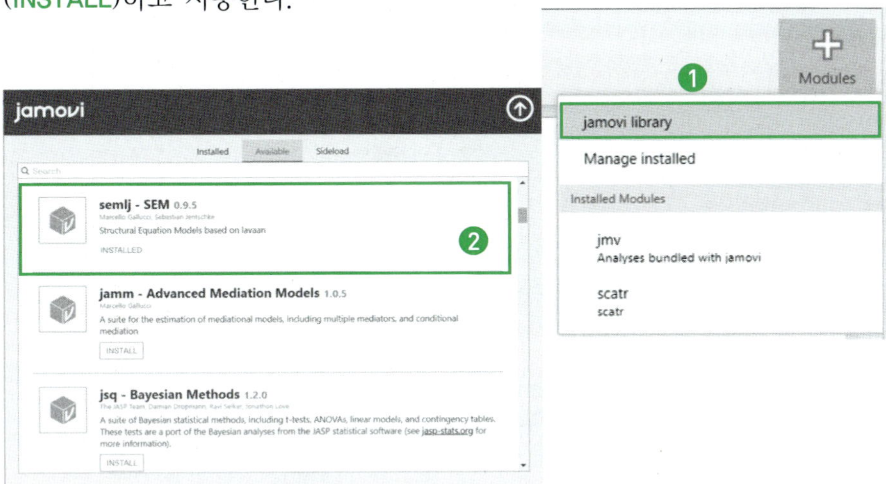

2 ❸ 'Moderation' 메뉴를 클릭한다. ❹ 종속변수, 조절변수, 독립변수를 각각 배치한다. ❺ AMOS와 동일하게 Bootstrap 방식을 선택한다. ❻ 분석결과를 확인한다. 아래 예시는 조절효과가 0.361로 유의하지 않은 경우이다.

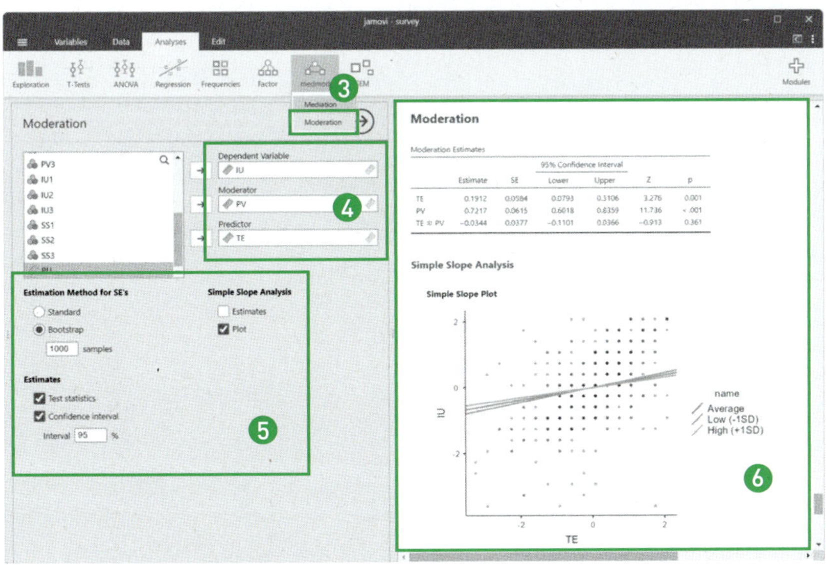

3 ❼ R Studio 프로그램을 실행하고 붙여넣기(Ctrl+V)로 복사한다. ❽ 실행(Run)을 하면 jamovi와 동일한 결과를 얻을 수 있다.

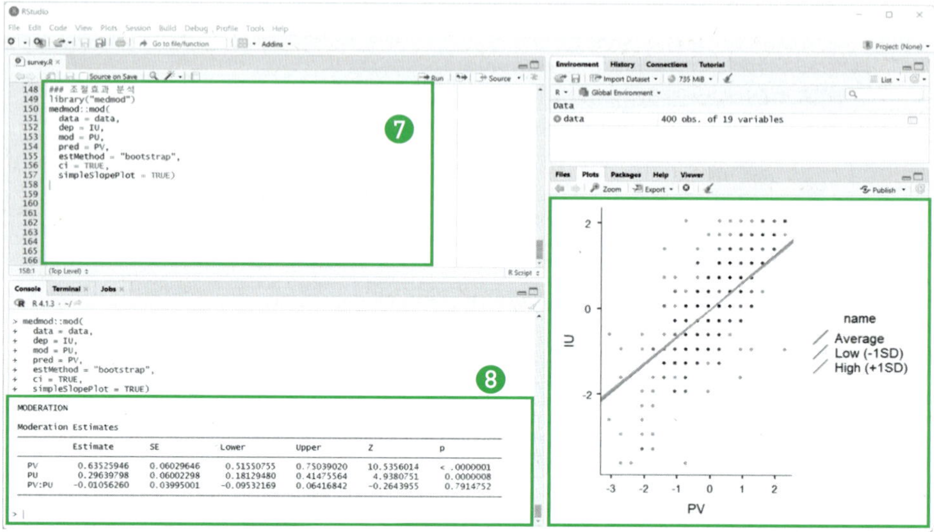

독립표본 T-Test 그룹 간 비교

그룹 간의 차이를 검정하는 차이 검정으로 독립적이고 등분산인 두 모집단의 평균에 유의미한 차이가 있는지 비교하는 방법이다. 아래 예제는 논문에 성별에 따른 그룹 간 독립표본 T-Test 분석을 하고 표시한 내용의 일부이다. jamovi와 R을 이용한 분석방법을 알아본다.

[표 4-18] 성별에 따른 독립표본 t-검정

관측변수	평균 여성 1 n=135	평균 남성 2 n=148	평균차이	t-test	Levene의 등분산 검정 F	Levene의 등분산 검정 유의확률 p<0.05	평균의 동일성에 대한 t-검정 t t=±1.96	평균의 동일성에 대한 t-검정 유의확률(양쪽) p<0.05
편리성	3.98	4.02	0.04	등분산을 가정함	3.568	.060	-.694	.488
				등분산을 가정하지 않음			-.696	.487
편재성	3.96	4.03	0.06	등분산을 가정함	2.260	.134	-.975	.330
				등분산을 가정하지 않음			-.980	.328
사회적 실재감	3.77	3.82	0.05	등분산을 가정함	.048	.827	-.707	.480
				등분산을 가정하지 않음			-.705	.481
쾌락적 가치	3.81	3.78	0.02	등분산을 가정함	1.770	.184	.354	.724
				등분산을 가정하지 않음			.356	.722
지각된 가치	3.82	3.87	0.05	등분산을 가정함	4.471	.035*	-.818	.414
				등분산을 가정하지 않음			-.813	.417
구매의도	3.84	3.81	0.03	등분산을 가정함	.616	.433	.385	.701
				등분산을 가정하지 않음			.384	.701

*p<0.05, **p<0.01, ***p<0.001

1 ❶ 'Independent Samples T-Test' 메뉴를 클릭한다. ❷ 종속변수, 통제변수를 각각 배치한다. ❸ 등분산 가정 확인을 위해 'Homogeneity test'를 선택한다. ❹ 분석결과를 확인한다. 아래 예시는 독립표본 T-Test 결과 네 가지 변수 모두 검정통계량 유의수준 0.05보다 작아서 영가설은 기각되었다. 등분산 검정결과 3개 변수(PU, PV, IU)가 유의확률이 0.05보다 커서 등분산 조건을 충족한다. 따라서 두 집단(성별)의 평균의 차이는 3개 변수(PU, PV, IU)에 대해 남녀 간 차이가 유의미한 분석결과이다.

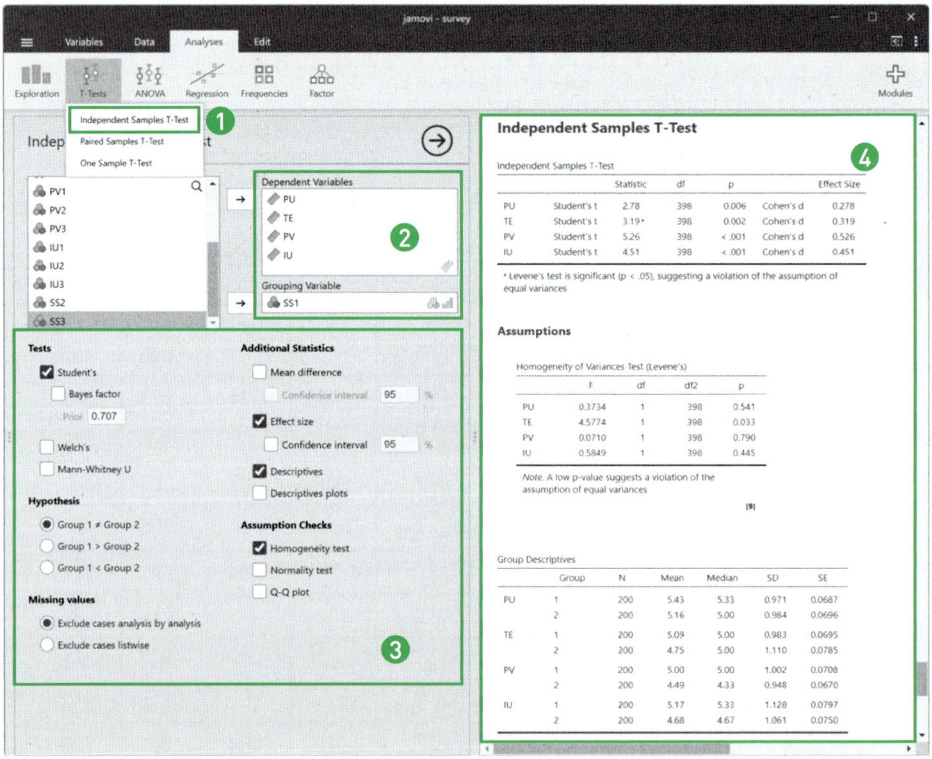

2 ⑤ R Studio 프로그램을 실행하고 붙여넣기(Ctrl+V)로 복사한다. ⑥ 실행(Run)을 하면 jamovi와 동일한 결과를 얻을 수 있다.

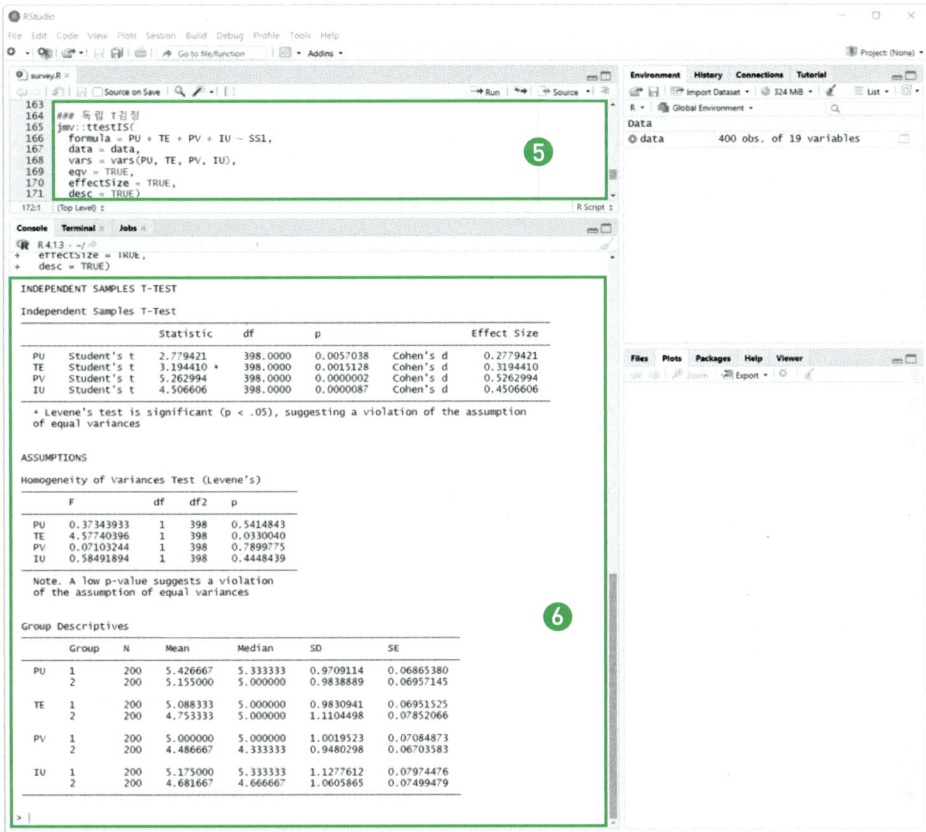

앨리스와 함께 떠나는 논문나라 여행
어서와! 논문은 처음이지
Alice의 단계별 고급통계분석

6

논문통계 보는 눈을 높이자

논문통계를 보는 눈을 높여야 하는 이유

"앨리스, 사실 논문통계는 그냥 전문가에게 맡겨도 되지 않나요? 연구자가 다 해야 할까요?" 논문을 처음 접할 때는 본문 쓰는 것만으로도 너무 힘든 일이다. 논문통계는 내가 하는 게 아닌 것으로 생각해 왔다. 하지만 앨리스는 박사논문을 작성할 때에는 연구가설에서의 기각률이 60%이다 보니 데이터 정제부터 다시 시작해야 하고 여러 가지 채택의 가설을 높이기 위해 방법을 찾아야 했다. 제안 발표 파일럿을 준비할 때까지만 해도 논문통계를 조교에게 부탁해서 통계값이 나왔지만, 기각률이 낮다 보니 데이터를 다시 정제해서 통계값을 더 실행해 달라고 부탁하기가 망설여지고 제안 발표 파일럿부터 최종심사 통계까지 도움을 요청하기가 좀 어려웠다. 그러기에 직접 통계공부를 시작했다. 논문통계에서 가장 많이 활용되고 있는 SPSS와 AMOS를 도서, 유튜브, 블로그 등을 통해 배워 나가고 선배와 조교에게 모르는 것을 물어가면서 하나하나 습득하기 시작했다.

처음에는 SPSS와 AMOS로 통계값을 구하려고 하였으나, SPSS에서 잠재변수 간 요인분석에서 묶이지 않는 현상이 발생하여 연구를 포기해야 할지 고민했었다. 하지만 다행히도 AMOS 대신 R 프로그램을 활용하여 다른 방법으로 연구를 검증할 수 있는 기회를 얻게 되었다. 그런데 통계값을 낼 수 있다고 해서 연구논문에 작성해야 하는 통계표에 대한 명칭과 값이 맞게 들어갔는지, 어떻게 해석해야 하는지 등은 계속 공부를 해서 습득하고 배워 나가야 했다. 여러 선행연구들을 참고하여 논문통계의 해석을 나름 작성하여 완료하였다. 앨리스가 직접 선행연구들을 참고하여 작성했던 것을 이제 연구를 시작하는 많은 연구자들 또한 앨리스가 거쳐왔던 길을 똑같이 습득해 가고 있을 것이다.

앨리스는 직장을 그만두고 논문 작성에 매진했기에 일반 직장인 연구자보다 시간을 더 투자해서 좀 더 공부를 할 수 있는 시간이 있었다. 따라서 그만큼 선행연구에서 다루어진 통계값의 의미, 해석방법, 표 구성방법 등을 익힐 수 있었지만, 직장을 다니는 연구자에게는 이러한 시간 투자가 쉽지 않다. 그러기에 통계값에 대한 이해가 부족하면 낭패를 볼 수 있다.

빈도분석에서 성별 작성 오류

본 내용은 앨리스가 처음 제안 발표 논문통계에서 빈도분석을 했을 때 실수했던 부분이다. 빈도분석을 진행하고 며칠이 지났을까, 아무 생각 없이 빈도분석 통계값을 전체적으로 검토하던 중 앨리스는 황당한 점을 발견했다. "모바일 커머스에서 재구매의도 설문 문항에 남성이 더 설문을 많이 했다고?" 다시 살펴보니 설문 문항에서 ① 여성, ② 남성으로 표시하여 설문을 받았지만, SPSS에서 빈도분석을 할 때는 1. 남성, 2. 여성으로 빈도분석을 진행하여 통계값이 오류로 작성된 것을 발견했다. 다행히 제안 발표 전에 발견하고 수정하여 제안 발표에는 맞는 비율의 값으로 수정하여 발표를 진행했다.

Ⅸ. 다음은 귀하의 기본적 사항에 대한 질문입니다.

1. 귀하의 성별은 무엇입니까?

① 여성 ② 남성

2. 귀하의 연령은 어떻게 되십니까?

① 20대 ② 30대 ③ 40대 ④ 50대 ⑤ 60대 또는 이상

제4장 실증분석

4.1.2 자료수집 및 표본의 특성

인구통계학적 특성

구분		빈도수	구성비율(%)
성별	남성	58	57.4
	여성	43	42.6
	총계	101	100.0
연령	20대	15	14.9
	30대	34	33.7
	40대	33	32.7
	50대	12	11.9
	60대 또는 60대 이상	7	6.9

구분		빈도수	구성비율(%)
모바일 커머스 월 이용 횟수	거의 매일	9	8.9
	일주일 5회 미만	31	30.7
	일주일 5회 이상	15	14.9
	15일에 10회 미만	4	4.0
	15일에 10회 이상	3	3.0
	한달에 20회 미만	13	12.9
	특정 서비스 이용 시 한시적 사용	26	25.8
	G마켓/11번가 등 오픈마켓	24	23.8
	GS Shop/CJ Mall 등 홈쇼핑	4	4.0

빈도분석 합계의 오류

논문 코칭을 하면서 연구자들의 논문을 검토하는 데 모든 것을 매의 눈으로 살펴보면서 "이게 맞는 거야?"라고 의문을 갖고 살펴보면 오류들을 많이 발견하곤 한다. 합계는 맞겠지 하면서 살펴보던 중 당연히 맞아야 하는 빈도분석의 합계가 맞지 않은 것을 보면서, 연구논문에는 "당연히 맞을 거야!"라고 생각하면 큰 실수라는 것을 깨달았다.

[표 4-3] 표본의 인구통계학적 특성

구 분		빈도수	비율(%)	그룹
성별	남	296	74.0%	남성
	여	104	26.0%	여성
	합계	400	100.0	
연령	20대	12	3.0%	MZ세대 (18%)
	30대	60	15.0%	
	40대	104	26.0%	기성세대 (82%)
	50대	116	29.0%	
	60세 이상	108	27.0%	
	합계	400	100.0	
월소득	200만원 미만	32	8.0%	저소득 (48%)
	200~400만원 미만	169	40.0%	
	400~600만원 미만	129	32.2%	중소득
	600~800만원 미만	52	13.0%	고소득 (20.6%)
	800만원 이상	27	6.8%	
	합계	400	100.0	

합계를 계산하면 "409"

빈도분석의 표 구성의 오류

빈도분석 표를 구성할 때 유의사항 세 가지가 있다.

첫째, 욕심내서 너무 여러 가지 질문 넣지 않기. 욕심을 내서 설문지에 인구학적 통계의 질문을 여러 가지(성별, 연령, 직업, 부서, 연봉, 직급, 사용/경험 유무, 지역, 근무연수 등)를 넣다 보면 빈도분석 결과가 무의미하게 나올 수 있다. 꼭 필요한 질문만 넣기를 권고한다. 왜냐하면 특히나 박사논문의 설문 문항도 많을 텐데 인구학적 통계까지 설문 내용이 많으면, 앨리스라도 "그냥 성의 없는 찍기를 할까"라고 생각하고 행동으로 옮길 수도 있다.

둘째, 유의미한 질문 문항만 빈도분석에 추려 넣기. 설문지에 질문 문항을 모두 빈도분석에 넣을 필요는 없다. 유의미하다고 판단되는 부분을 추려서 빈도분석에 포함시킬 수 있도록 하자. 처음에 설문을 할 때는 아무것도 모르고 궁금한 사항을 모두 넣을 수는 있지만, 논문통계에서 빈도분석을 진행하면서 중요한 다섯 가지 이내로 의미적인 표현을 하며 작성하는 것을 추천한다.

셋째, 처음 설문지를 제작할 때와 빈도분석 결과를 작성할 때의 내용을 동일하게 유지하기. 처음 설문지를 제작할 때와 빈도분석의 결과를 작성할 때 내용이 상이하면 안 된다는 것이다. 빈도분석에 작성한 내용으로 동일하게 수정해야 한다. 예를 들어 설문지에는 '20대, 30대, 40대, 50대, 60대, 70대 이상'이라는 문구를 작성하고 빈도분석에는 '20대, 30대, 40대, 50대'로 표시하였다. "왜? 그랬을까?" 60대와 70대에게 설문을 받지 못할 경우 빈도분석에 60대와 70대 이상을 한꺼번에 작성했기 때문이다.

연령	20대	91	26.2
	30대	72	20.7
	40대	95	27.4
	50대	89	25.6
	고졸 이하	25	7.2

65. 귀하의 연령은?
① 20대이하 ② 30대이하 ③ 40대이하 ④ 50대이하 ⑤ 60대이하 ⑥ 70대이상

66. 귀하의 학력은?
① 고졸 이하 ② 대학교 재학(전문대 포함)
③ 대학교 졸업(전문대 포함) ④ 대학원 이상

해석과 표 수치의 오류

빈도분석뿐만 아니라 통계표를 본문에 해석을 나열해서 작성하게 된다. 이때 통계값이 순조롭게 한번에 원하는 데이터가 나와서 쭉쭉 작성하면 좋겠지만, 본문 내용과 표를 작성할 때 자주 수정되고는 한다. 이때 너무 수정하다 보니 "수정했을 거야!"라고 그냥 지나치는 경우가 있다. 이럴 경우 해석과 표의 수치가 상이한 부분이 많이 발견된다. 논문 코칭할 때 100이면 100명 모두 해석과 표 수치가 달랐다. 이는 누구나 실수할 수 있는 부분이기에 논문 작성 끝무렵에 아무리 보기 싫더라도 다시 한번 점검하길 바란다.

빈도분석

각각 50%로 동일하다. 세대의 경우 밀레니얼세대(1980년~1994년)가 48.5%로 가장 높은 비중을 차지하고 있으며, 다음은 X세대(1965년~1979년)가 26.2%, Z세대(1995년 이후)가 17.8%로 나타났다. 베이비붐세대(1950년~1964년)은 7.5%로 수집되었다. 세대에 따른 비교 그룹으로는 MZ세대가 66%, 기성세대가 34%로 MZ세대의 온라인 협업 툴 사용 경험이 좀 더 높은 것을 알 수 있다.

세대	Z세대(1995년 이후)	41	10.2	MZ세대 (66%)
	밀레니얼세대(1980~1994년)	119	29.8	
	X세대(1965~1979년)	107	26.8	기성세대 (34%)
	베이비붐세대(1950~1964년)	53	13.2	

통계결과

과 남성 모두 모바일에 익숙함에 주목하여 두 그룹을 설정하였다. 이에 그룹 1(n=200)은 여성, 그룹 2(n=200)는 남성으로 설정하여 표본을 분석하였다. 성별의 그룹 간 경로계수 분석에서는 총 17개 경로에 대한 성별 특성의 차이를 확인한 결과 편리성에서 쾌락적 가치의 경로에서 그룹 간 차이가 존재하는 것으로 확인되었다(p=0.02). 편리성이 쾌락적 가치에 미치는 영향 관계에서 그룹 1(여성) 경로계수가 0.21로 정(+)의 영향을 미치는데 반해 그룹 2(남성)의 경우 -0.01로 부(-)의 영향을 미치는 것으로 나타났다. 성별의 그룹 간 경로계수의 비교분석은 [표 4-24]와 같다.

[표 4-24] 성별의 그룹 간 경로계수 비교분석

가설	경로	성별		diff.abs	p-value	p<0.05
		1	2			
		여성	남성			
		n=135	n=148			
H1-1	편리성 → 쾌락적 가치	0.21	-0.01	0.22	0.05*	yes

*p<0.05, **p<0.01, ***p<0.001

잠재변수와 관측변수 문구의 오류

이 또한 앨리스가 실수한 부분인데, 논문 작성하다 보면 헷갈리는 문구들이 많이 있다. "이게 잠재변수였나? 관측변수였나?" 작성 당시에는 인지하지 못하여 아직도 수정 못한 채로 잠재변수 문구가 관측변수 문구로 되어 있다. 이제 봐도 그때 당시에 헷갈려서 한 많은 오류가 발견되어 창피할 정도다. 다른 연구자들은 이러한 실수를 하지 않길 바라며 본 내용을 넣었다. 다른 연구자들에게도 실수하지 않도록 **'관측변수는 관 속에 있는 작은 변수들'**이라고 외워버렸더니, 이후 헷갈리지는 않았다.

잠재변수 관측변수

[표 4-9] 지표 신뢰도 평가결과

관측변수	관측변수	요인적재량	Communality	Redundancy
편리성	CON1	0.715	0.511	0.000
	CON2	0.722	0.521	0.000
	CON3	0.730	0.533	0.000
	CON4	0.682	0.465	0.000
편재성	UBI2	0.664	0.441	0.000
	UBI3	0.638	0.407	0.000
	UBI4	0.790	0.624	0.000
	UBI5	0.764	0.584	0.000
사회적 실재감	SOP2	0.688	0.474	0.000
	SOP3	0.718	0.515	0.000
	SOP4	0.820	0.673	0.000

잠재변수

[표 4-8] 내적 일관성 신뢰도 평가

관측변수	MVs	C.alpha (0.6이상)	DG.rho (0.7이상)	Eigen alues (1이상)
편리성	4	0.680	0.807	2.047
편재성	4	0.688	0.810	2.069
사회적 실재감	3	0.601	0.790	1.669
매력성	3	0.616	0.796	1.699

잠재변수 관측변수

[표 4-11] 판별타당성 평가결과

관측변수	문항	Mean. Boot	Std. Error	perc. 025	perc. 975	t_value
편리성	CON1	0.713	0.044	0.626	0.791	16.389
	CON2	0.719	0.044	0.627	0.795	16.490
	CON3	0.729	0.037	0.645	0.790	19.672
	CON4	0.679	0.044	0.590	0.753	15.356
편재성	UBI2	0.663	0.047	0.552	0.739	13.976
	UBI3	0.635	0.054	0.518	0.725	11.735
	UBI4	0.790	0.027	0.733	0.837	29.774
	UBI5	0.761	0.042	0.666	0.832	18.100

변수명 중복기재 불필요

통계표는 선행연구를 바탕으로 비슷하게 작성하려고 한다. 그렇기 때문에 선행연구가 다 맞게 작성했겠지라는 생각으로 따라서 표를 구성할 수 있는데, 불필요한 부분은 따라 하지 않아도 된다. 예를 들어 아래와 같이 표 안에 변수명이 있는데도 불구하고 캡션 밑 부분에 영문자를 변수로 해석해서 풀이를 할 수 있는데 이러한 경우 중복기재가 되므로 불필요하다.

✣ 예시 ✣

[표 4-8] 내적 일관성 신뢰도 평가

잠재변수		MVs	C.alpha (0.6이상)	DG.rho (0.7이상)	Eigen alues (1이상)
편리성	CON	4	0.680	0.807	2.047
편재성	UBI	4	0.688	0.810	2.069
사회적 실재감	SOP	3	0.601	0.790	1.669
매력성	ATT	3	0.616	0.796	1.699
생생함	VIV	3	0.656	0.813	1.778
전문성	EXP	4	0.672	0.803	2.036
정보품질	INQ	3	0.602	0.791	1.671
호환성	COM	4	0.736	0.835	2.235
쾌락적 가치	HEV	4	0.738	0.836	2.249
지각된 가치	PEV	4	0.716	0.825	2.162
구매의도	PUI	4	0.774	0.855	2.386

CON : 편리성, UBI : 편재성, SOP : 사회적 실재감, INQ : 정보품질, COM : 호환성, EXP : 전문성, ATT : 매력성, VIV : 생생함, HEV : 쾌락적 가치, PEV : 지각된 가치, PUI : 구매의도

불필요

[표 4-10] 집중타당성과 판별타당성 평가결과

잠재변수	1	2	3	4	5	6	7	8	9	10	11	AVE
CON	0.712											0.507
UBI	0.483	0.717										0.514
SOP	0.320	0.417	0.744									0.554
ATT	0.401	0.360	0.388	0.752								0.566
VIV	0.426	0.372	0.425	0.520	0.769							0.592
EXP	0.372	0.334	0.413	0.493	0.580	0.712						0.507
INQ	0.463	0.495	0.461	0.448	0.542	0.518	0.746					0.556
COM	0.516	0.437	0.431	0.382	0.500	0.507	0.471	0.747				0.558
HEV	0.443	0.453	0.474	0.508	0.529	0.457	0.492	0.457	0.749			0.562
PEV	0.426	0.386	0.503	0.541	0.589	0.592	0.580	0.532	0.549	0.735		0.540
PUI	0.446	0.455	0.490	0.522	0.598	0.533	0.560	0.525	0.725	0.677	0.772	0.596

CON : 편리성, UBI : 편재성, SOP : 사회적 실재감, INQ : 정보품질, COM : 호환성, EXP : 전문성, ATT : 매력성, VIV : 생생함, HEV : 쾌락적 가치, PEV : 지각된 가치, PUI : 구매의도

필요

통계표 줄의 오류

통계분석한 후 엑셀에 통계값을 붙여넣기를 하고 이를 다시 한글본에 붙여넣기하여 표를 구성한다. 이럴 때 엑셀과 한글본의 호환이 안 되거나, 통계값이 며칠 후 변경되어 관측변수의 수가 달라지는 경우 그냥 붙여넣기를 한다면 어떻게 될까? 당연히 수치와 표의 양식이 변경될 수 있다. 예를 들어 편재성은 UBI 2, 3, 4, 5인데, UBI 2, 3, 4로 표시되어 있고 사회적 실재감에 UBI5~SOP5까지 표시가 되어 있었다. 이는 통계표를 잘못 구성한 치명적 실수라 할 수 있다. 그래서 표를 구성할 잠재변수별 관측변수가 잘 들어가 있는지 체크해 보아야 한다.

[표 4-9] 지표 신뢰도 평가결과

잠재변수	관측변수	요인적재량	Communality	Redundancy
편리성	CON1	0.715	0.511	0.000
	CON2	0.722	0.521	0.000
	CON3	0.730	0.533	0.000
	CON4	0.682	0.465	0.000
편재성	UBI2	0.664	0.441	0.000
	UBI3	0.638	0.407	0.000
	UBI4	0.790	0.624	0.000
사회적 실재감	UBI5	0.764	0.584	0.000
	SOP2	0.688	0.474	0.000
	SOP3	0.718	0.515	0.000
	SOP4	0.820	0.673	0.000
매력성	ATT2	0.722	0.521	0.000
	ATT4	0.764	0.583	0.000
	ATT5	0.770	0.594	0.000
생생함	VIV1	0.757	0.573	0.000
	VIV2	0.823	0.678	0.000
	VIV3	0.724	0.524	0.000
전문성	EXP2	0.633	0.401	0.000
	EXP3	0.666	0.443	0.000
	EXP4	0.776	0.602	0.000
	EXP5	0.764	0.583	0.000

소수점을 맞추면 깔끔해 보여요

소수점을 동일하게 맞추면 깔끔해 보인다. 세 자리 또는 두 자리로 맞추어서 작성하는 것이 앨리스가 논문을 살펴보았을 때 정렬 부분에서 깔끔하다고 판단되기 때문에 연구자의 선택이지만, 소수점을 맞추어서 작성하길 권고한다.

[표 4-8] 내적 일관성 신뢰도 평가

잠재변수		MVs	C.alpha (0.6이상)	DG.rho (0.7이상)	Eigen alues (1이상)
편리성	CON	4	0.68	0.807	2.047
편재성	UBI	4	0.688	0.81	2.069
사회적 실재감	SOP	3	0.601	0.79	1.669
매력성	ATT	3	0.616	0.796	1.699
생생함	VIV	3	0.656	0.813	1.778
전문성	EXP	4	0.672	0.803	2.036
정보품질	INQ	3	0.602	0.791	1.671
호환성	COM	4	0.736	0.835	2.235
쾌락적 가치	HEV	4	0.738	0.836	2.249
지각된 가치	PEV	4	0.716	0.825	2.162
구매의도	PUI	4	0.774	0.855	2.386

[표 4-8] 내적 일관성 신뢰도 평가

잠재변수		MVs	C.alpha (0.6이상)	DG.rho (0.7이상)	Eigen alues (1이상)
편리성	CON	4	0.680	0.807	2.047
편재성	UBI	4	0.688	0.810	2.069
사회적 실재감	SOP	3	0.601	0.790	1.669
매력성	ATT	3	0.616	0.796	1.699
생생함	VIV	3	0.656	0.813	1.778
전문성	EXP	4	0.672	0.803	2.036
정보품질	INQ	3	0.602	0.791	1.671
호환성	COM	4	0.736	0.835	2.235
쾌락적 가치	HEV	4	0.738	0.836	2.249
지각된 가치	PEV	4	0.716	0.825	2.162
구매의도	PUI	4	0.774	0.855	2.386

"매개효과를 살펴보고자 하였다"의 오류

연구모형에서 매개변수가 있다고 하여 모든 연구가 매개효과를 살펴보는 연구는 아니다. 앨리스와 같이 매개분석을 진행했을 경우에 본문에 "매개효과를 살펴보고자 하였다."라는 문구를 작성할 수 있다.

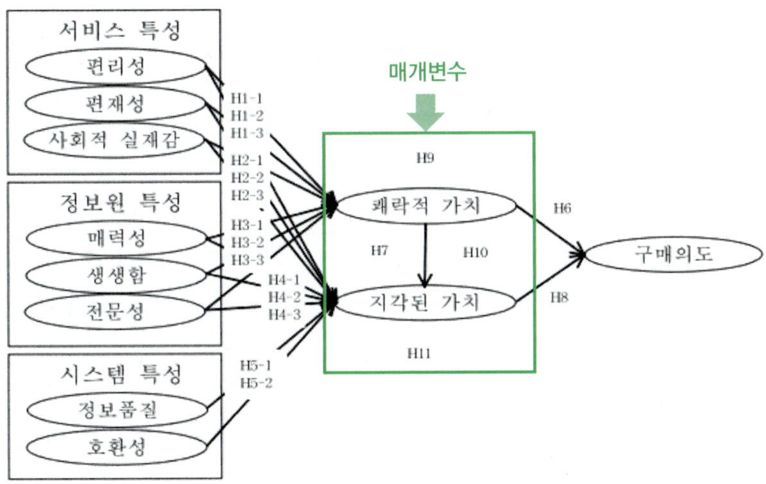

[그림 3-1] 연구모형

[표 4-13] 쾌락적 가치의 매개 분석(1)

독립변수	매개변수	종속변수	매개효과 검정단계	표준화된 β값	t값	p값	R^2
편리성	쾌락적 가치	구매 의도	1단계	0.400	7.325	0.000*	0.160
			2단계	**0.442**	8.253	0.000*	0.195
			3단계(독립변수)	**0.184**	4.175	0.000*	0.542
			3단계(매개변수)	0.643	14.575	0.000*	
편재성	쾌락적 가치	구매 의도	1단계	0.424	7.844	0.000*	0.180
			2단계	**0.443**	8.293	0.000*	0.197
			3단계(독립변수)	**0.170**	3.793	0.000*	0.538
			3단계(매개변수)	0.645	14.369	0.000*	
사회적 실재감	쾌락적 가치	구매 의도	1단계	0.478	9.114	0.000*	0.228
			2단계	**0.472**	8.981	0.000*	0.223
			3단계(독립변수)	**0.168**	3.630	0.000*	0.536
			3단계(매개변수)	0.636	13.731	0.000*	

[표 4-14] 쾌락적 가치의 매개 분석(2)

독립변수	매개변수	종속변수	매개효과 검정단계	표준화된 β값	t값	p값	R^2
편리성	쾌락적 가치	지각된 가치	1단계	0.400	7.325	0.000*	0.160
			2단계	**0.414**	7.615	0.000*	0.171
			3단계(독립변수)	**0.233**	4.401	0.000*	0.342
			3단계(매개변수)	0.452	8.539	0.000*	
편재성	쾌락적 가치	지각된 가치	1단계	0.424	7.844	0.000*	0.180
			2단계	**0.370**	6.676	0.000*	0.137
			3단계(독립변수)	**0.170**	3.117	0.002*	0.320
			3단계(매개변수)	0.473	8.695	0.000*	

[표 4-15] 지각된 가치의 매개 분석

독립변수	매개변수	종속변수	매개효과 검정단계	표준화된 β값	t값	p값	R^2
편리성	지각된 가치	구매 의도	1단계	0.414	7.615	0.000*	0.171
			2단계	**0.442**	8.253	0.000*	0.195
			3단계(독립변수)	**0.195**	4.158	0.000*	0.490
			3단계(매개변수)	0.597	12.739	0.000*	
편재성	지각된 가치	구매 의도	1단계	0.370	6.676	0.000*	0.137
			2단계	**0.443**	8.293	0.000*	0.197
			3단계(독립변수)	**0.223**	4.920	0.000*	0.502
			3단계(매개변수)	0.595	13.104	0.000*	
사회적 실재감	지각된 가치	구매 의도	1단계	0.482	9.214	0.000*	0.232
			2단계	**0.472**	8.891	0.000*	0.223
			3단계(독립변수)	**0.190**	3.890	0.000*	0.487
			3단계(매개변수)	0.586	11.993	0.000*	

기각이 채택이 된 이유

논문통계를 보는 눈을 높여야 하는 가장 큰 이유는 바로 기각과 채택을 구분하는 눈을 가져야 하기 때문이다. 아무리 논문통계값이 잘 나왔더라도 통계값을 볼 줄 모르면 채택이 기각으로 작성될지도 모른다.

자! 아래 표에서 기각과 채택 중 잘못 기재된 부분을 찾아낼 수 있는가?

[표 4-12] 경로 분석 결과

가설		경로	Original	Mean. Boot	Std. Error	t_value	p_value	결과
H1	H1-1	편리성 → 쾌락적 가치	0.122	0.124	0.054	2.248	0.025*	기각
	H1-2	편재성 → 쾌락적 가치	0.149	0.153	0.055	2.679	0.008**	채택
	H1-3	사회적 실재감 → 쾌락적 가치	0.181	0.181	0.051	3.564	0.000***	채택
H2	H2-1	편리성 → 지각된 가치	0.016	0.019	0.059	0.275	0.784	기각
	H2-2	편재성 → 지각된 가치	-.040	-.041	0.052	-.766	0.444	기각
	H2-3	사회적 실재감 → 지각된 가치	0.129	0.135	0.051	2.534	0.012*	채택
H3	H3-1	매력성 → 쾌락적 가치	0.194	0.195	0.055	3.520	0.001***	채택
	H3-2	생생함 → 쾌락적 가치	0.200	0.199	0.057	3.493	0.001***	채택
	H3-3	전문성 → 쾌락적 가치	0.076	0.076	0.071	1.069	0.286	기각
H4	H4-1	매력성 → 지각된 가치	0.147	0.145	0.057	2.597	0.010**	채택
	H4-2	생생함 → 지각된 가치	0.134	0.135	0.057	2.326	0.021*	기각
	H4-3	전문성 → 지각된 가치	0.181	0.177	0.055	3.268	0.001*	채택
H5	H5-1	정보품질 → 지각된 가치	0.180	0.180	0.057	3.171	0.002*	채택
	H5-2	호환성 → 지각된 가치	0.129	0.130	0.050	2.584	0.010*	채택
H6		쾌락적 가치 → 구매의도	0.506	0.507	0.043	11.823	0.000***	채택
H7		쾌락적 가치 → 지각된 가치	0.123	0.122	0.058	2.130	0.034*	기각
H8		지각된 가치 → 구매의도	0.399	0.400	0.045	8.934	0.000***	채택

* 유의수준 : *p<0.05, **p<0.01, ***p<0.001

앨리스가 채택과 기각을 선별하는 방법을 공유한다. 첫째는 t통계량 값이 1.96 이상인가? 둘째는 p-value는 0.05 이하의 값인가?

① t-value 값: 1.96 이상이면 채택

② p-value 값: 0.05 이하이면 채택

위 조건을 만족하면 채택이라 할 수 있다. 선행연구마다 표현을 다르게 할 수 있는데 t-value만 제시하는 연구, p-value만 제시하는 연구, 또는 앨리스와 같이 두 값을 같이 작성하는 연구가 있다. 둘 중 하나로 표현해도 상관은 없지만, 위 두 가지 조건을 생각하여 채택과 기각을 선별하면 된다.

본 내용은 석사논문을 검토하던 중 채택인데 기각으로 표시한 연구자가 있어 또 다른 연구자들이 실수하지 않길 바라며 쓰게 되었다. 오히려 채택이 부족했는데 너무 잘 되었다고 좋아하던 목소리가 생각난다. 하지만 없던 채택을 만들어 준 것도 아닌데, 왠지 모르게 채택을 만들어 준 것처럼 앨리스도 기분이 좋았다.

✤ 구조방정식 모델의 회귀계수 유의성 기준 ✤

t-value	p-value	표시방법	해석
절대값 t ≧ 1.96	$p<0.05$	*	유의적
절대값 t ≧ 2.58	$p<0.01$	**	유의적
절대값 t ≧ 3.30	$p<0.001$	***	유의적

채택과 기각이 잘못된 부분의 정답을 다음 페이지에서 확인할 수 있다.

[표 4-12] 경로 분석 결과

가설		경로	Original	Mean. Boot	Std. Error	t_value	p_value	결과	
H1	H1-1	편리성 → 쾌락적 가치	0.122	0.124	0.054	2.248	0.025*	기각	← 채택
	H1-2	편재성 → 쾌락적 가치	0.149	0.153	0.055	2.679	0.008**	채택	
	H1-3	사회적 실재감 → 쾌락적 가치	0.181	0.181	0.051	3.564	0.000***	채택	
H2	H2-1	편리성 → 지각된 가치	0.016	0.019	0.059	0.275	0.784	기각	
	H2-2	편재성 → 지각된 가치	-.040	-.041	0.052	-.766	0.444	기각	
	H2-3	사회적 실재감 → 지각된 가치	0.129	0.135	0.051	2.534	0.012*	채택	
H3	H3-1	매력성 → 쾌락적 가치	0.194	0.195	0.055	3.520	0.001***	채택	
	H3-2	생생함 → 쾌락적 가치	0.200	0.199	0.057	3.493	0.001***	채택	
	H3-3	전문성 → 쾌락적 가치	0.076	0.076	0.071	1.069	0.286	기각	
H4	H4-1	매력성 → 지각된 가치	0.147	0.145	0.057	2.597	0.010**	채택	
	H4-2	생생함 → 지각된 가치	0.134	0.135	0.057	2.326	0.021*	기각	← 채택
	H4-3	전문성 → 지각된 가치	0.181	0.177	0.055	3.268	0.001*	채택	
H5	H5-1	정보품질 → 지각된 가치	0.180	0.180	0.057	3.171	0.002*	채택	
	H5-2	호환성 → 지각된 가치	0.129	0.130	0.050	2.584	0.010*	채택	
H6		쾌락적 가치 → 구매의도	0.506	0.507	0.043	11.823	0.000***	채택	
H7		쾌락적 가치 → 지각된 가치	0.123	0.122	0.058	2.130	0.034*	기각	← 채택
H8		지각된 가치 → 구매의도	0.399	0.400	0.045	8.934	0.000***	채택	

* 유의수준 : *p<0.05, **p<0.01, ***p<0.001

AMOS에서 경로분석과 확인적 요인분석 이미지의 오류

"연구자님의 연구논문에서 AMOS의 경로분석과 확인적 요인분석의 이미지가 데이터 결과가 아니라 전 단계의 이미지여서 수정하여야 할 것 같아요!"

"그냥 이대로 하면 안 될까요?"

무엇이 문제일까? 아시는 분?

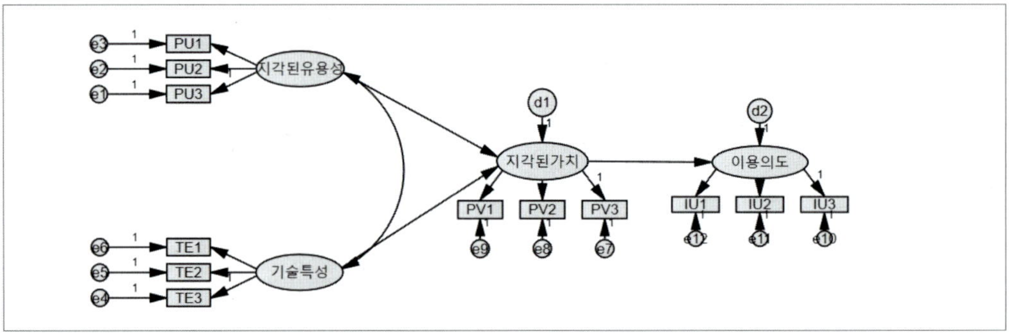

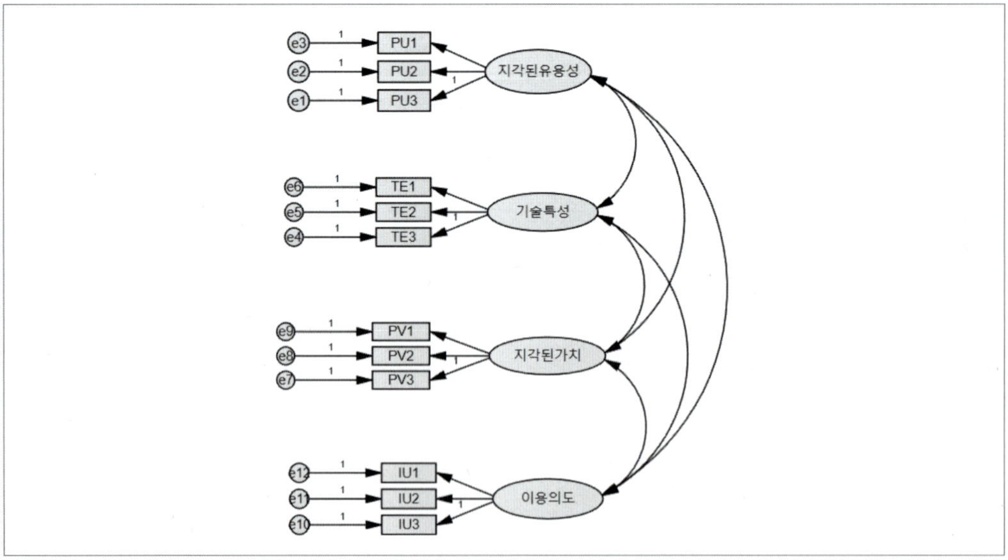

AMOS에서 경로분석과 확인적 요인분석을 했다면 당연히 두 변수 간의 관계 사이에서 데이터가 분석된 부분이 나와 있는 분석자료를 연구논문에 넣어야 한다. 위에서 보여준 숫자 1만 써 있는 그림은 구조방정식모델을 그냥 그린 그림이라 할 수 있다.

연구논문에 넣을 이미지는 아래와 같이 구조방정식모형의 계산값이 표현된 그림을 삽입해야 한다.

❖ Unstandardized estimates(비표준화 계수) ❖

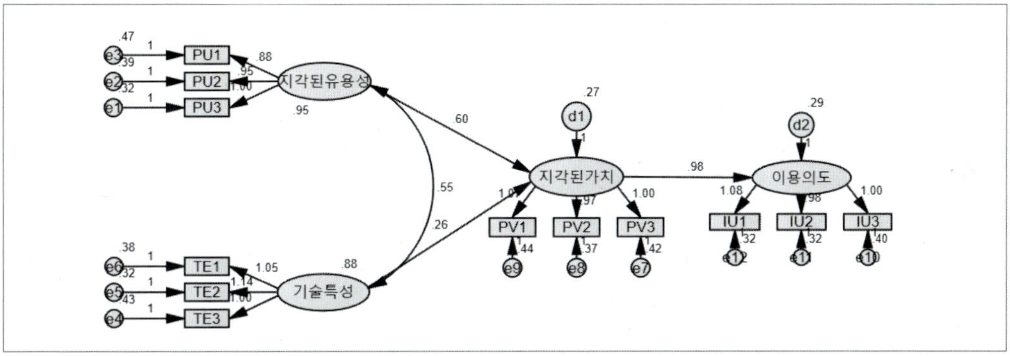

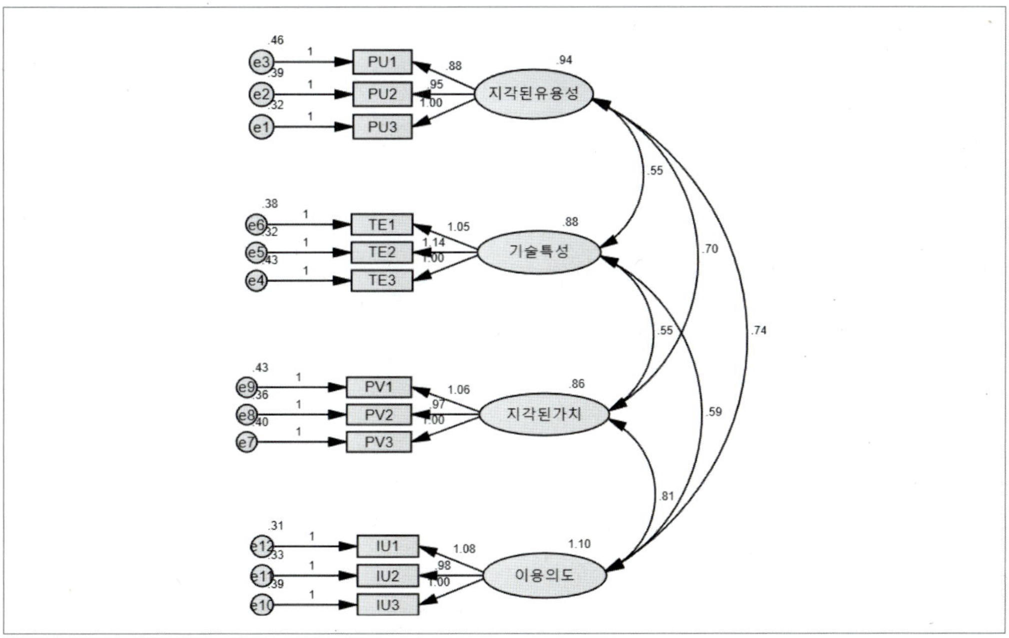

✤ Standardized estimates(표준화 계수) ✤

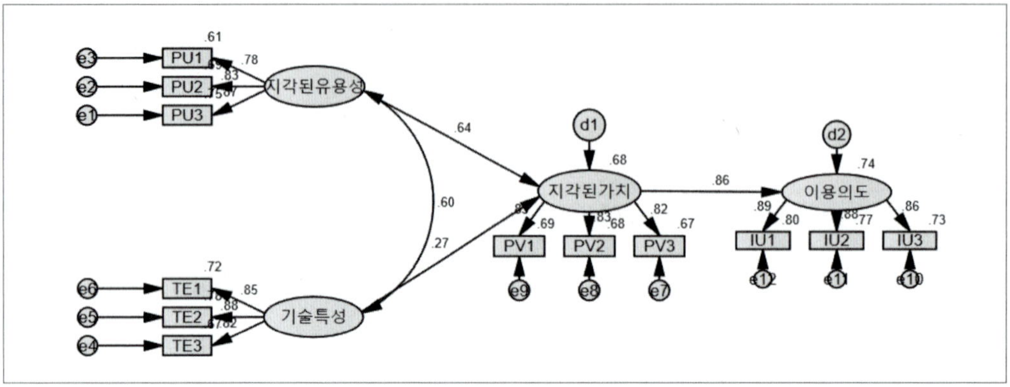

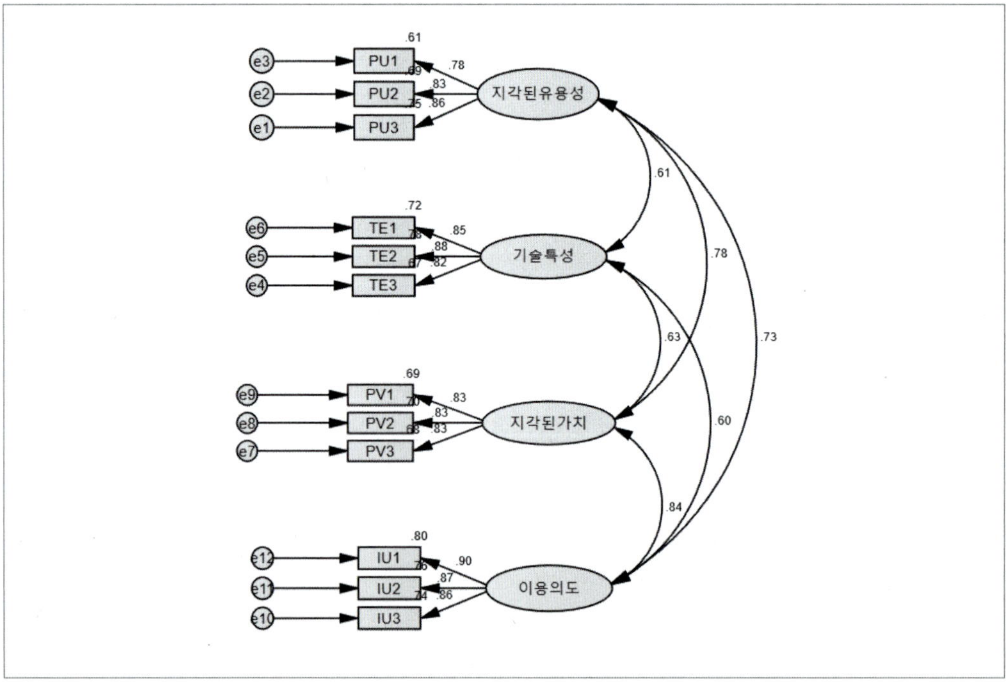

그룹별 차이의 오류

그룹별 차이를 보는 검증 표를 보면 비슷한 부분이 오류로 발견된다. 그룹별 차이에서는 대부분 인구학 통계를 바탕으로 두 그룹 또는 그 이상의 그룹으로 나누어 검증을 시행한다. 그래서 앨리스는 논문 검토를 할 때 인구통계학적 특성값과 비교하면서 살펴본다. 여러분도 인구통계학적 특성과 그룹별 명칭이나 인원수를 살펴보고 수정할 곳이 있는지 살펴보자.

자! 어느 부분을 수정해야 하는지 보이는가?

[표 4-1] 인구통계학적 특성

구분		빈도	퍼센트(%)
성별	여성	135	47.7
	남성	148	52.3
	합계	283	100
연령	20대	89	31.4
	30대	86	30.4
	40대	88	31.1
	50대 이상	20	7.1
직업	회사원	205	72.4
	자영업	9	3.2
	학생	36	12.7
	주부	13	4.6
	무직	7	2.5
	기타	13	4.6
주로 사용하는 모바일 라이브 커머스	Grip(그립)	10	3.5
	셀렉티브(네이버)	158	55.8
	Sauce(소스라이브)	3	1.1
	스쉐라이브	2	0.7
	TVON Live	5	1.8
	카카오톡 톡딜라이브	41	14.5
	JAM(잼라이브)	57	20.1
	기타	7	2.5
사용주기	매일 이용	44	15.5
	일주일 5회 미만	108	38.2
	15일 10회 미만	28	9.9
	한달 15회 미만	58	20.5
	한달 2회 미만	28	9.9
	특정 서비스 이용시 한시적 이용	17	6.0
사용시간(하루)	1시간 미만	120	42.4
	1~2시간 이내	145	51.2
	3~4시간 이내	14	4.9
	5~7시간 이내	4	1.4
지출금액(1회)	1만원 미만	17	6
	1~3만원 미만	114	40.3
	3~5만원 미만	113	39.9
	5~10만원 미만	32	11.3
	10만원 이상	7	2.5

[표 4-18] 성별에 따른 독립표본 t-검정

잠재변수	평균 남성 1 n=135	평균 여성 2 n=148	평균차이	t-test	Levene의 등분산 검정 F	Levene의 등분산 검정 유의확률 p<0.05	평균의 동일성에 대한 t-검정 t t=±1.96	평균의 동일성에 대한 t-검정 유의확률(양쪽) p<0.05
편리성	3.98	4.02	0.04	등분산을 가정함	3.568	.060	-.694	.488
				등분산을 가정하지 않음			-.696	.487
편재성	3.96	4.03	0.06	등분산을 가정함	2.260	.134	-.975	.330
				등분산을 가정하지 않음			-.980	.328

[표 4-19] 연령에 따른 독립표본 t-검정

잠재변수	평균 (1 : 20대~30대, 2 : 40대~50대 이상) 1 n=200	평균 2 n=200	평균차이	t-test	Levene의 등분산 검정 F	Levene의 등분산 검정 유의확률 p<0.05	평균의 동일성에 대한 t-검정 t t=±1.96	평균의 동일성에 대한 t-검정 유의확률(양쪽) p<0.05
편리성	**4.07**	3.90	0.17	등분산을 가정함	.834	.362	**2.705**	**.007****
				등분산을 가정하지 않음			2.633	.009
편재성	4.00	3.99	0.02	등분산을 가정함	.010	.921	.248	.805
				등분산을 가정하지 않음			.250	.803

[표 4-20] 사용주기에 따른 독립표본 t-검정

잠재변수	평균 (1 : 매일이용, 일주일 5회 미만 2 : 15일 10회 미만, 한달 15회 미만, 한시적 이용) 1 n=152	평균 2 n=131	평균차이	t-test	Levene의 등분산 검정 F	Levene의 등분산 검정 유의확률 p<0.05	평균의 동일성에 대한 t-검정 t t=±1.96	평균의 동일성에 대한 t-검정 유의확률(양쪽) p<0.05
편리성	**4.12**	3.87	0.25	등분산을 가정함	3.705	.055	4.190	**.000*****
				등분산을 가정하지 않음			4.158	.000***
편재성	**4.08**	3.90	0.17	등분산을 가정함	1.232	.268	2.628	**.009****
				등분산을 가정하지 않음			2.639	.009**

[표 4-21] 지출금액에 따른 독립표본 t-검정

잠재변수	평균 (1 : A그룹, 2 : B그룹) 1 n=131	평균 2 n=152	평균차이	t-test	Levene의 등분산 검정 F	Levene의 등분산 검정 유의확률 p<0.05	평균의 동일성에 대한 t-검정 t t=±1.96	평균의 동일성에 대한 t-검정 유의확률(양쪽) p<0.05
편리성	3.99	4.01	0.02	등분산을 가정함	2.264	.134	-.286	.775
				등분산을 가정하지 않음			-.284	.777
편재성	3.94	**4.04**	0.10	등분산을 가정함	.013	.908	-1.469	.143
				등분산을 가정하지 않음			-1.470	.143

몇 개나 맞추었는가?

그룹별 성별이 뒤바뀜

[표 4-18] 성별에 따른 독립표본 t-검정

잠재변수	평균 남성 1 n=135	평균 여성 2 n=148	평균차이	t-test	Levene의 등분산 검정 F	Levene의 등분산 검정 유의확률 p<0.05	평균의 동일성에 대한 t-검정 t t=±1.96	평균의 동일성에 대한 t-검정 유의확률(양쪽) p<0.05
편리성	3.98	4.02	0.04	등분산을 가정함	3.568	.060	-.694	.488
				등분산을 가정하지 않음			-.696	.487
편재성	3.96	4.03	0.06	등분산을 가정함	2.260	.134	-.975	.330
				등분산을 가정하지 않음			-.980	.328

비교 인원 빈도분석과 다름

[표 4-19] 연령에 따른 독립표본 t-검정

잠재변수	평균 (1 : 20대~30대, 2 : 40대~50대 이상) 1 n=200	2 n=200	평균차이	t-test	Levene의 등분산 검정 F	유의확률 p<0.05	평균의 동일성에 대한 t-검정 t t=±1.96	유의확률(양쪽) p<0.05
편리성	**4.07**	3.90	0.17	등분산을 가정함	.834	.362	**2.705**	**.007****
				등분산을 가정하지 않음			2.633	.009
편재성	4.00	3.99	0.02	등분산을 가정함	.010	.921	.248	.805
				등분산을 가정하지 않음			.250	.803

수정할 곳 없음

[표 4-20] 사용주기에 따른 독립표본 t-검정

잠재변수	평균 (1 : 매일이용, 일주일 5회 미만 2 : 15일 10회 미만, 한달 15회 미만, 한시적 이용) 1 n=152	2 n=131	평균차이	t-test	Levene의 등분산 검정 F	유의확률 p<0.05	평균의 동일성에 대한 t-검정 t t=±1.96	유의확률(양쪽) p<0.05
편리성	**4.12**	3.87	0.25	등분산을 가정함	3.705	.055	4.190	**.000*****
				등분산을 가정하지 않음			4.158	.000***
편재성	**4.08**	3.90	0.17	등분산을 가정함	1.232	.268	2.628	**.009****
				등분산을 가정하지 않음			2.639	.009**

A, B 두 그룹으로 구분하기보다는 명칭을 명확하게 작성하는 것이 좋음

[표 4-21] 지출금액에 따른 독립표본 t-검정

잠재변수	평균 (1 : A그룹 2 : B그룹) 1 n=131	2 n=152	평균차이	t-test	Levene의 등분산 검정 F	유의확률 p<0.05	평균의 동일성에 대한 t-검정 t t=±1.96	유의확률(양쪽) p<0.05
편리성	3.99	4.01	0.02	등분산을 가정함	2.264	.134	-.286	.775
				등분산을 가정하지 않음			-.284	.777
편재성	3.94	**4.04**	0.10	등분산을 가정함	.013	.908	-1.469	.143
				등분산을 가정하지 않음			-1.470	.143

상관관계에서 가로값과 세로값을 검토하는 방법

상관분석 표는 여러 가지로 방법으로 표현할 수 있다. 그런데 사선으로 표현하는 것은 비슷할 수 있다. 이때 상관관계의 값을 살펴볼 때 가로와 세로값을 비교하여 살펴본다. 아래 상관관계 계수값을 비교하여 높게 나타나면 상관관계가 높게 나타났다고 해석해 주면 된다.

✤ 상관관계 계수 및 강도기준 ✤

상관관계 계수	상관관계 강도
±0.9 이상	매우 높은 상관관계
±0.7 ~ ±0.9 미만	높은 상관관계
±0.4 ~ ±0.7 미만	다소 높은 상관관계
±0.2 ~ ±0.4 미만	낮은 상관관계
±0.2 미만	상관관계가 거의 없음

<표 Ⅳ-2> 변인 별 상관관계 분석 결과

구분	감성지능					CMX	직무열의				CD SB
	SEU	OEU	EC	EU	EI	CMX	VI	DE	AB	WE	CDSB
SEU	1										
OEU	.693**	1									
EC	.706**	.682**	1								
EU	.614**	.629**	.676**	1							
EI	.863**	.866**	.881**	.853**	1						
CMX	.532**	.609**	.562**	.522**	.642**	1					
VI	.592**	.607**	.616**	.567**	.687**	.630**	1				
DE	.574**	.521**	.550**	.468**	.608**	.574**	.784**	1			
AB	.508**	.535**	.556**	.491**	.603**	.571**	.729**	.727**	1		
WE	.613**	.610**	.631**	.560**	.696**	.650**	.926**	.918**	.891**	1	
CD SB	.547**	.563**	.507**	.426**	.587**	.674**	.484**	.518**	.463**	.535**	1

[표 4-6] 판별타당성 분석 결과

	INO	EFF	XPL	RCH	EXP	ACC	RSK	SEC	TTF	TRU	VAL	ADP
INO	0.666											
EFF	0.339	0.702										
XPL	0.270	0.166	0.781									
RCH	0.324	0.355	0.167	0.808								
EXP	0.334	0.311	0.153	0.392	0.674							
ACC	0.296	0.469	0.143	0.214	0.269	0.674						
RSK	0.510	0.458	0.268	0.391	0.401	0.501	0.625					
SEC	0.091	0.159	0.120	0.045	0.077	0.133	0.066	0.790				
TTF	0.416	0.630	0.240	0.460	0.331	0.457	0.567	0.161	0.687			
TRU	0.359	0.542	0.139	0.304	0.341	0.557	0.442	0.209	0.557	0.684		
VAL	0.524	0.504	0.252	0.413	0.420	0.566	0.614	0.085	0.666	0.560	0.689	
ADP	0.430	0.426	0.174	0.341	0.271	0.316	0.507	0.112	0.605	0.482	0.539	0.757

[표 4-10] 집중타당성과 판별타당성 평가결과

관측 변수	1	2	3	4	5	6	7	8	9	10	11	AVE
CON	0.712											0.507
UBI	0.483	0.717										0.514
SOP	0.320	0.417	0.744									0.554
ATT	0.401	0.360	0.388	0.752								0.566
VIV	0.426	0.372	0.425	0.520	0.769							0.592
EXP	0.372	0.334	0.413	0.493	0.580	0.712						0.507
INQ	0.463	0.495	0.461	0.448	0.542	0.518	0.746					0.556
COM	0.516	0.437	0.431	0.382	0.500	0.507	0.471	0.747				0.558
HEV	0.443	0.453	0.474	0.508	0.529	0.457	0.492	0.457	0.749			0.562
PEV	0.426	0.386	0.503	0.541	0.589	0.592	0.580	0.532	0.549	0.735		0.540
PUI	0.446	0.455	0.490	0.522	0.598	0.533	0.560	0.525	0.725	0.677	0.772	0.596

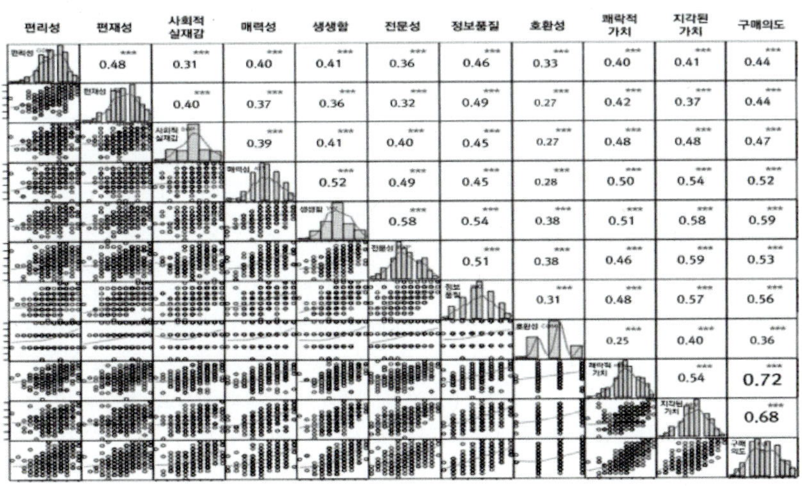

[그림 4-5] 상관관계 분석

AVE 값과 상관계수 제곱(R^2)의 값이 다르다

'상관관계에서 가로와 세로값을 검토하는 방법'에서 AVE 값과 상관계수 제곱(R^2)을 같이 표현해 주는 표가 있다. 바로 앨리스의 연구에서 활용한 표인데, AVE 값과 상관계수 제곱(R^2)을 달리 표시하여 작성하였다. 일부 연구자는 AVE 값만 논문 본문에 제시하고 상관계수 제곱(R^2)으로 해석하는 경우가 있기 때문에 유의하길 바란다.

Tip: 상관관계 값>AVE 값>상관계수 제곱(R^2)값 순으로 값이 높아지는 것으로 표현된다.

상관계수 제곱(R^2) [표 4-10] 집중타당성과 판별타당성 평가결과 AVE 값

관측변수	1	2	3	4	5	6	7	8	9	10	11	AVE
CON	0.712											0.507
UBI	0.483	0.717										0.514
SOP	0.320	0.417	0.744									0.554
ATT	0.401	0.360	0.388	0.752								0.566
VIV	0.426	0.372	0.425	0.520	0.769							0.592
EXP	0.372	0.334	0.413	0.493	0.580	0.712						0.507
INQ	0.463	0.495	0.461	0.448	0.542	0.518	0.746					0.556
COM	0.516	0.437	0.431	0.382	0.500	0.507	0.471	0.747				0.558
HEV	0.443	0.453	0.474	0.508	0.529	0.457	0.492	0.457	0.749			0.562
PEV	0.426	0.386	0.503	0.541	0.589	0.592	0.580	0.532	0.549	0.735		0.540
PUI	0.446	0.455	0.490	0.522	0.598	0.533	0.560	0.525	0.725	0.677	0.772	0.596

* 평균분산추출(Average Variance Extracted, AVE)값: 잠재변수의 표준적재량과 측정오차의 분산인 표준적재량(오차분산)을 이용하여 계산한다. 평균분산추출은 반드시 0.5 이상이어야 한다.
* 결정계수(R^2, Coefficient of Determination): 구조모델 평가 시 가장 많이 사용되는 평기기준이며 R^2으로 표시한다. 일반적으로 선형회귀분석에서는 피어슨 상관관계(r)의 제곱(r^2)을 결정계수라 하며 이는 종속변수가 가지는 총변량 중에서 회귀모델을 통해서 설명할 수 있는 분산의 비율을 말한다.

논문통계에서 알아두면 유용한 정보

1 설문지 설계

- 설문의 의의
  - 설문지는 조사자가 조사문제에 대한 해답을 구할 수 있도록 형성된 하나의 조사도구이다.
  - 설문지는 응답자가 스스로 응답할 수 있도록 고안된 일정수의 설문항목이다.
- 설문의 특징
  - 설문지법은 일련의 상호 연관된 설문들로 구성되어 있으며, 해당 설문들은 논리적으로 연결되어 있다.
  - 설문 문항에는 조직적, 폐쇄적인 것과 비조직적, 개방적인 것이 있다.
  - 설문지를 작성할 때에는 조사결과 얻어진 자료를 분석할 수 있는 기법, 필요한 정보의 종류와 측정방법, 분석내용 및 분석방법까지 모두 고려해야 한다.
  - 설문지법은 사회과학 영역에서 서베이 조사 등에 많이 사용된다.
  - 특히 설문지를 통한 응답자들의 응답에 대한 신뢰성의 문제가 부단히 제기되고 있다.
- 설문지 작성의 일반적인 절차
  - 필요한 정보의 결정 → 자료수집 방법의 결정 → 개별 항목 내용의 결정 → 설문 형태의 결정 → 개별 항목의 결정 → 설문 순서의 결정 → 설문지의 초안 완성 → 설문지의 사전조사 → 설문지의 완성
- 설문지 재설계단계
  - 1단계: 필요한 정보, 자료에 대해 결정한다.
  - 2단계: 관심 있는 주제와 자료에 대해 기존에 이미 개발된 설문 문항들과 척도들이 있는지 검토한다.

- 3단계: 기존의 설문 문항들을 수정하거나 새로운 설문 문항들을 작성한다.
- 4단계: 설문 문항들을 순서대로 나열한다.
- 5단계: 설문지 형식을 결정한다.
- 6단계: 설문지 초안에 대해 조사자 스스로 또는 동료들로 하여금 평가하도록 한다.
- 7단계: 평가된 설문 문항들에 대해 수정하며, 수정된 설문지를 검사한다.
- 8단계: 모집단의 성격과 유사한 소규모 표본을 추출(대략 20~50명 정도)하여 사전검사를 실시한다.
- 9단계: 사전검사과정에서 조사자나 응답자로부터 설문지에 조언을 얻는다.
- 10단계: 조사자가 필요로 하는 정보, 자료를 제공할 가능성이 없는 설문 문항들을 삭제한다.
- 11단계: 문제를 일으킬 설문들을 수정한다.
- 12단계: 보완되고 수정된 설문지에 대해 설문을 진행한다.

2 횡단적 연구와 종단적 연구의 비교

횡단적 연구	종단적 연구
• 표본조사이다.	• 현장조사이다.
• 모집단을 대표할 수 있는 자료를 제공한다.	• 조사마다 새롭게 표집된 표본에 관한 자료를 제공한다.
• 측정이 한 번 이루어진다.	• 측정이 반복적으로 이루어진다.
• 정태적이다.	• 동태적이다.
• 일정 시점의 특정 표본이 가지고 있는 특성을 파악한다.	• 일정 기간 변화하는 상황에 대한 조사를 한다.
• 조사대상의 특성에 따라 집단을 분류하여 비교, 분석하므로 표본의 크기가 클수록 좋다.	• 유형에 따라 서로 다른 시점에서 동일 대상자를 추적해 조사해야 하므로 표본의 크기가 작을수록 좋다.

3 변수의 종류

- **독립변수**: 원인으로 작용하는 변수
- **종속변수**: 결과를 나타내는 기능을 하는 변수
- **매개변수**: 독립변수와 종속변수의 중간에서 매개자 역할을 하는 변수
- **조절변수**: 독립변수와 종속변수 간의 관계방향 또는 강도에 영향을 미치는 변수

4 조작적 정의

- 개념적 정의는 그 추상성으로 인해 사람마다 다르게 나타날 수 있으며, 그로 인해 추상적으로 정의된 개념으로서의 가설에 대해 실증적인 검증을 하기는 어렵다.
- 조작적 정의는 추상적인 개념들을 경험적, 실증적으로 측정이 가능하도록 구체화한 것이다.
- 조작적 정의는 될 수 있는 한 실행 가능하고 관찰 가능한 조작을 좀 더 명확하게 표현한 용어로 구성된 것이며, 확인이 가능한 정의에 불과하다.
- 조작적 정의는 조사목적과 관련하여 상당히 실용주의적인 측면을 포함하고 있다.

5 가설

- 가설의 의의
  - 가설이란 둘 이상의 변수 또는 현상 간의 관계를 설명하는 검증되지 않은 명제이다.
  - 가설은 연구의 문제에 관해 검증할 수 있도록 기술된 잠정적인 응답이다.
  - 가설은 일반적으로 독립변수와 종속변수의 관계의 형태로 표명된다.
  - 가설은 잠정적인 설명으로, 연구자의 의해 하나의 가설이 제시될 당시만 해도 그 가설의 진위에 대해 확신할 수 없는 것이 보통이다.

• 제기된 가설이 거부되는 경우 새로운 가설이 성립하며, 이는 곧 과학적 지식체계 속에 삽입된다.

– 가설의 근원

• 연구자의 일상생활의 관찰로부터 나온다.

• 과거에 수행된 연구조사로부터 기인될 수 있다.

• 일반이론으로부터 연역적으로 도출된다.

• 연구자의 직관에 의해서 추구되기도 한다.

• 이상에서 언급된 요소들 가운데 둘 이상 요소들의 결합에 의해 도출되기도 한다.

6 기타 용어

– **구조방정식모델링(Structural Equation Modeling, SEM)**: 회귀분석, 요인분석 및 경로분석이 결합되어 발전된 다변량통계기법의 하나이다.

– **유의확률(p-value)**: p값을 계산된 검정의 유의수준이라고 하며, p값으로 귀무가설을 지지하는 정도를 나타내는데, p값이 매우 작으면 귀무가설을 귀각하고 대립가설을 채택한다.

– **요인적재량(Factor Loading)**: 각 변수와 요인 간의 상관관계의 정도를 나타내는 것인데 각 변수들은 요인적재량에 가장 높은 요인에 묶이게 된다.

– **결측치(Missing Values)**: 설문의 응답자가 대답하기 곤란한 설문 문항에 의도적으로 혹은 부주의로 하나 이상의 문항에 대한 답을 하지 않았을 때나 응답자가 설문내용을 제대로 이해하지 못한 경우에 답변을 하지 않은 경우를 말한다.

– **자유도(Degree of Freedom, df)**: 사례 수를 말한다. 주어진 조건 아래에서 자유롭게 변화할 수 있는 점수나 변인의 수를 뜻한다.

– **왜도(Skewness)**: 자료 분포의 모양이 어느 쪽으로 얼마만큼 기울어져 있는가, 즉 비대칭 정도를 나타내는 척도이다.

– **척도(Kurtosis)**: 분포도가 얼마나 중심에 집중되어 있는가, 즉 분포의 중심이 얼마나

뾰족한가를 측정하는 것이다.

- **정규분포**: 좌우가 대칭인 종모양의 확률분포를 말하며, 평균이 0이고 분산이 1인 특수한 경우의 정규분포를 표준정규분포(Standard Normal Distribution)라 한다.
- **신뢰도**: 측정도구가 측정하고자 하는 현상을 일관성 있게 측정하는 능력을 말한다.
- **타당도**: 조사자가 측정하고자 한 것을 실제로 측정했는가로써 실증적 수단이 조작적 정의나 지표가 측정하고자 하는 개념을 제대로 반영하는 정도를 의미한다.
- **요인분석**: 여러 변수들 간의 공분산과 상관관계 등을 이용하여 변수들 간의 상호관계를 분석하고 그 결과를 토대로 문항과 변수들 간의 상관성 및 구조를 파악하여 여러 변수들이 지닌 정보를 적은 수의 요인으로 묶어서 나타내는 분석기법이다.
- **상관관계분석**: 하나의 변수가 다른 변수와 어느 정도 밀접한 관련성을 가지고 변화하는지를 알아보기 위해 사용한다.
- **상관계수**: '피어슨 상관관계'를 간단히 지칭한 것으로, 대상변수들의 측정에 사용된 척도가 등간, 비율척도일 때 하나의 변수와 다른 변수와의 관련성을 분석하는 데 이용한다.
- **분산분석(ANOVA)**: 독립변수를 몇 개의 수준 또는 처리로 나누어 각 수준에 따라 나누어진 집단 간의 평균차를 검정하는 통계적 방법이다.
- **회귀분석**: 독립변수가 종속변수에 미치는 영향력을 분석하거나 독립변수에 따라 종속변수의 변화를 예측하기 위해서 사용하는 통계기법이다.
- **다중공선성**: 다중공선성은 한 독립변수의 값이 증가할 때 다른 독립변수의 값이 이에 관련되어 증가하거나 감소하는 현상, 특히 조사자료(Survey Data)의 분석에서 많이 발생하는데, 이 문제에 대한 해결이 전제되지 않으면 회귀분석의 결과를 신뢰하기 어렵다.
- **베리멕스(Varimax) 직각회전(Orthogonal Rotation)**: 요인을 회전하는 이유는 변수의 설명축인 요인들을 회전시킴으로써 요인의 해석을 돕고자 하는 데 있다. 회전법으로 여러 가지 회전방법이 개발되어 왔으나, 가장 널리 사용되는 방법은 베리멕스(Varimax)법이다.

- **부트스트래핑(Bootstrapping)**: 비모수적 접근을 통해서 각 계수들에 대한 검증통계량인 t값(t-value)을 추정하는 실행 명령이다.
- **가설검정**: 입증하고 싶은 모수에 대한 가설(연구자가 주장하고 싶은 대립가설)이 옳고 그른지를 판별하는 것이다.
- **귀무가설**: 일반적으로 H_0로 표기한다. 대립가설의 반대가설로 연구자가 주장하고자 하는 대립가설을 입증할 수 없을 때 대립가설을 기각시키면서 받아들이는 가설을 의미하고 영가설이라고도 한다.
- **대립가설**: 연구자가 입증을 원하는 가설로서 일반적으로 H_1으로 표기하고 있다. 귀무가설이 기각될 때 채택되는 가설로 대체가설이라고도 한다.
- **결정계수(R^2, Coefficient of Determination)**: 선형회귀모형에 있어서 종속변수의 총변동 중 선형회귀모형에 의해서 설명되는 부분의 변동비율을 의미하는 것으로, 회귀제곱합에 대한 총제곱합의 비율을 의미한다. 구조모델 평가 시 가장 많이 사용되는 평가기준이며 R^2으로 표시한다.
- **t-검정**: 두 집단 간의 평균 차이를 분석하고자 하는 경우에 이용하는 분석방법이다.
- **Z-검정**: 모집단의 분산을 알고 있는 경우에 사용한다. 표본의 크기가 30 이상인 경우 모집단의 분산을 알 수 없더라도 중심극한정리에 따라 정규분포를 가정할 수 있으므로 Z-검정을 사용할 수 있으며, 이 경우 t-검정과 거의 동일한 결과가 나온다.
- **F-검정**: Z-검정과 t-검정이 두 개 집단의 비교를 다루는 데 비해, F-검정은 두 개 이상의 집단(실제적으로 세 집단 이상)을 비교하는 데 사용되는 분석방법이다.
- **평균분산추출(Average Variance Extracted, AVE)값**: 잠재변수의 표준적재량과 측정오차의 분산인 표준적재량(오차분산)을 이용하여 계산한다. 평균분산추출은 반드시 0.5 이상이어야 한다.
- **공분산**: 두 변수 간의 관련성의 정도 및 관련 방향을 파악하는 도구이다.
- **명목척도**: 측정대상 특성의 존재 여부 또는 몇 개의 상호 배타적인 범주로의 구분을 위해 수치를 부여하는 범주형 척도이다(예시: 성별, 결혼 유무, 종교, 인종, 등).
- **서열척도**: 측정대상의 분류는 물론 대상의 특수성 또는 순서에 따라 각 측정대상들의

등급순위를 결정하는 척도이다(예시: 선호도, 석차, 소득수준, 자격등급 등).

- **등간척도:** 측정대상의 특수한 속성에 따라 대상의 '크다/작다'의 구분뿐만 아니라 그 간격에 있어서의 동일함을 의미하는 동일성의 척도이다(예시: IQ, EQ, 온도, 학력 등).
- **비율척도:** 비율척도 또는 비례척도는 등간척도가 지니는 성격에 더하여 절대 '0'의 값(절대영점)을 가짐으로써 비율의 성격을 지니는 척도이다(예시: 연령, 무게, 신장, 수입 등).
- **솔로몬 4집단 설계:** 연구대상을 4개 집단으로 무작위 할당한 것으로 통제집단 전후 비교설계와 통제집단 후 비교설계를 혼합해 놓은 방법이다.
- **기술수용모델(Technology Acceptance Model, TAM):** 정보기술 수용과 사용행동을 설명하는 모델로 널리 인정받고 있다. TAM에서는 태도에 대한 주요 영향요인으로 지각된 사용용이성(PEU)과 지각된 유용성(PU)을 제시하였다.

| 참고문헌 |

김수영. (2016). 구조방정식 모형의 기본과 확장. 서울: 학지사.

노경섭. (2016). 제대로 알고 쓰는 논문 통계분석. 서울: 한빛아카데미.

신건권. (2018). SmartPLS 3.0 구조방정식모델링. 서울: 도서출판 청람.

이종익. (2016), 사회조사 분석사 2급 필기. 서울: 시대고시기획 시대교육.

우종필. (2016). 우종필 교수의 구조방정식모델 개념과 이해. 서울: 한나래아카데미.

윤철호, 김상훈. (2014). R을 이용한 PLS 구조방정식모형 분석 튜토리얼: 예시 연구모형 및 데이터를 중심으로. Information Systems Review, 16(3), 89−112.

윤철호, 최광돈. (2015). R을 이용한 공분산 기반 구조방정식 모델링 튜토리얼: Lavaan 패키지를 중심으로. Journal of Digital Convergence, 13(10), 121−133.

히든그레이스 논문통계팀. (2018). 한번에 통과하는 논문: AMOS 구조방정식 활용과 SPSS 고급 분석. 서울: 한빛아카데미.

Bagozzi, R. P., & Yi, Y., (1988). On the evaluation of structural equation models. Journal of the Academy of Marketing Science, 16(1), 74−94.

Bentler, P. M., & Bonett, D. G. (1980). Significance tests and goodness of fit in the analysis of covariance structures. Psychological Bulletin, 88(3), 588.

Browne, M. W., & Cudeck, R. (1992). Alternative ways of assessing model fit. Sociological Methods & Research, 21(2), 230−258.

Carmines, E. G. (1981). Analyzing models with unobserved variables. Social Measurement: Current Issues, 80.

Gefen, D., Straub, D. W., & Boudreau, M. C. (2000). Structural Equation Modeling and

Regression: Guidelines For Research Practice. Communications of AIS, 4(7), 2–76.

Fornell, C., & Larcker, D. F. (1981). Evaluating Structural Equation Models with Unobservable Variables and Measurement Error. Journal of Marketing Research, 18(1), 39–50.

Hair, J. F., Anderson, R. E., Tatham, R. L., & Black, W. C. (1998). Multivariate data analysis(5th ed.). Upper Saddle River, NJ: Prentice Hall.

James, L. S., Mulaik, S. A., & Brett, J. M. (1983). Causal Analysis: Assumptions, models, and data. Beverly Hill, CA: Sage.

Jöreskog, K. G., & Sörbom, D. (1984). LISREL VI: Analysis of Linear Structural Relations by the method of Maximum Likelihood. Mooresville, IN: Scientific Software, Inc.

Mulaik, S. A., James, L. R., Van Alstine, J., Bennett, N., Lind, S., & Stilwell, C. D. (1989). Evaluation of goodness–of–fit indices for structural equation models. Psychological Bulletin, 105(3), 430.

| 저자 약력 |

이채현

[학력]
- 숭실대학교 경영학 박사 경영정보시스템 전공(2021)
- 중앙대학교 글로벌인적자원개발대학원 인적자원개발학 석사(2017)

[경력]
- ㈜소올아이티 기업부설연구소 수석연구원(2023~현재)
- 숭실대학교 경영학부 겸임교수(2022)
- 한국여성과학기술인육성재단 정책연구센터 담당(2021~2022)
- ㈜에이투제트컨설팅 교육사업부 팀장(2019~2020)
- ㈜세이브존아이엔씨 본부 인재개발부 대리(2000~2018)

[수상]
- 2020년 KBR 우수논문상 수상 주저자
- 2021년 KSMS 우수발표 논문상 부저자

[연구실적]
- 모바일 라이브 커머스 특성이 구매의도에 미치는 영향(2021)
- 대형할인점 종사원의 감성지능이 고객지향적 판매행동에 미치는 영향: 고객과 구성원의 교환관계(CMX)와 직무열의의 매개효과(2017)
- 기술기반 셀프서비스, 스마트워크, 고객관계관리(CRM), 모바일 앱 콘텐츠, 메타버스 등 10여편 학술지 논문, 학술대회 게재

이종섭

[학력]
- 숭실대학교 공학박사 IT서비스학 전공(2022)
- 연세대학교 공학석사 산업정보경영 전공(2011)

[경력]
- ㈜에이아이비즈 인공지능 R&D센터 상무(2022~현재)
- 숭실대학교 경영학부 겸임교수(2023~현재)
- 제노솔루션㈜ 클라우드사업본부 상무(2013~2022)

[연구실적]
- 오픈뱅킹 기반의 마이데이터 서비스 이용의도에 관한 연구(2022)
- 노인장기요양시설에서 웰니스 IT서비스 특성과 이용의도와의 관계(2021)
- 미래 스마트 양식 플랫폼의 구축방안에 대한 연구(2020)
- 무선통신을 이용한 이동식 뱅킹 시스템과 그 서비스 방법 등 특허 5건 등록

김영대

[학력]
- 숭실대학교 공학박사 컴퓨터공학 전공(2022)

[경력]
- SK㈜ C&C Digital Tech Center Professional Service 그룹 매니저(2002~현재)
- 중소벤처기업진흥공단 청년창업지원 심의위원(2022~현재)
- KAIST SW교육센터 App 창업지원 프로그램 심사위원(2021~2022)

[연구실적]
- 인공지능(AI) 플랫폼의 지각된 가치 및 혁신저항 요인이 수용의도에 미치는 영향(2021)
- TOE 프레임워크와 가치기반수용모형 기반의 인공지능 신약개발 시스템 활용의도에 관한 실증 연구(2021)
- 지각된 가치와 신뢰가 마이데이터 서비스 수용의도에 미치는 영향 연구(2021)

최정일

[학력]
- University of Nebraska-Lincoln 경영학 박사(2004)

[경력]
- 숭실대 경영학부 교수(2007~현재)
- 한국품질경영학회장(2022~현재)
- 한국IT서비스학회장(2019~2020)
- 미국 Merrimack College(North Andover, MA) 경영학부 교수(2004~2006)
- 프랑스 INSEAD Euro-Asia Centre 초빙연구원(1998~1999)
- 정보통신정책연구원 주임연구원(1994~1998)

[수상]
- 대통령 표창(2018)
- 한국경영학회 및 QMOD-ICQSS 등 다수의 학회지와 컨퍼런스에서 최우수논문상 수상
- Marquis Who's Who in the World 등재(2017~2019)

[연구실적]
- 경영정보시스템 및 서비스 경영분야 도서 3편 발간과 국내외 학술지 논문 106편 게재

앨리스와 함께 떠나는 논문나라 여행

어서와! 논문은 처음이지

Alice의 단계별 고급통계분석: SmartPLS, SPSS, AMOS, R

2023년 4월 1일 1판 1쇄 인쇄
2023년 4월 5일 1판 1쇄 발행

저 자 | 이채현 · 이종섭 · 김영대 · 최정일
발행인 | 이수영
발행처 | 도서출판 청람
서울시 마포구 독막로 288(대흥동, 세양상가 109호)
전 화 | 02)3272-2601~2
팩 스 | 02)3272-2603
E-mail | crbooks@daum.net
홈페이지 | http://www.crbooks.co.kr
등 록 | 2000년 8월 26일 제6-0509호

ISBN 978-89-5972-956-2 93310 [정가 20,000원]